中国工程院院士

是国家设立的工程科学技术方面的最高学术称号，为终身荣誉。

中国工程院院士传记

# 邵象华传

张柏汀　江君照　姜曦　编著

冶金工业出版社

人民出版社

**图书在版编目(CIP)数据**

邵象华传/张柏汀，江君照，姜曦编著.—北京：冶金工业出版社，2022.4

（中国工程院院士传记）

ISBN 978-7-5024-8781-2

Ⅰ.①邵… Ⅱ.①张… ②江… ③姜… Ⅲ.①邵象华（1913-2012）—传记 Ⅳ.①K826.16

中国版本图书馆 CIP 数据核字（2021）第 061520 号

**邵象华传**

| | | | | |
|---|---|---|---|---|
| **出版发行** | 冶金工业出版社 | | **电　话** | （010）64027926 |
| **地　址** | 北京市东城区嵩祝院北巷 39 号 | | **邮　编** | 100009 |
| **网　址** | www.mip1953.com | | **电子信箱** | service@mip1953.com |

责任编辑　李培禄　美术编辑　彭子赫　版式设计　禹　蕊

责任校对　李　娜　责任印制　李玉山

三河市双峰印刷装订有限公司印刷

2022 年 4 月第 1 版，2022 年 4 月第 1 次印刷

710mm×1000mm　1/16；25.5 印张；6 彩页；339 千字；382 页

**定价 139.00 元**

投稿电话　（010）64027932　投稿信箱　tougao@cnmip.com.cn

营销中心电话　（010）64044283

冶金工业出版社天猫旗舰店　yjgycbs.tmall.com

（本书如有印装质量问题，本社营销中心负责退换）

邵象华　中国科学院、中国工程院院士

1938 年邵象华（右）在瑞士作短期考察，与在当地工作的
表兄吴大任（左）及其夫人聚会留影

1942 年任武汉大学教授

1950年邵象华、王晓云摄于鞍山台町

1979年访美时与美国同行交流（右三邵象华）

1986 年 10 月参观韩国浦项制铁（前排中为邵象华）

1988 年日本不破祐教授来访（左起：张柏汀、邵象华、不破祐）

1992 年邵象华赴日领取日本钢铁学会授予的
名誉会员证书，夫人王晓云陪同前往

1997 年中国工程院化工、冶金与材料工程学部部分院士合影
（前排左一为邵象华、左三为殷瑞钰、左四为徐匡迪，
后排左二为张国成、右一为王淀佐）

1999 年日本不破祐教授来访
（前排右起：江君昭、不破祐、邵象华）

2003 年邵象华夫妇合影

2007 年 9 月庆贺魏寿昆院士百岁寿辰（中为邵象华）

2010 年邵象华在查找资料

# 中国工程院院士传记丛书

# 总　　序

20世纪是中华民族千载难逢的伟大时代。千百万先烈前贤用鲜血和生命争得了百年巨变、民族复兴，推翻了帝制，肇始了共和，击败了外侮，建立了新中国，独立于世界，赢得了尊严，不再受辱。改革开放，经济腾飞，科教兴国，生产力大发展，告别了饥寒，实现了小康。工业化雷鸣电掣，现代化指日可待。巨潮洪流，不容阻抑。

忆百年前之清末，从慈禧太后到满朝文武开始感到科学技术的重要，办"洋务"，派留学，改教育。但时机瞬逝，清廷被辛亥革命推翻。五四运动，民情激昂，吁求"德、赛"升堂，民主治国，科教兴邦。接踵而来的，是18年内战、14年抗日和4年解放战争。恃科学救国的青年学子，负笈留学或寒窗苦读，多数未遇机会，辜负了碧血丹心。

1928年6月9日，蔡元培主持建立了中国近代第一个国立综合性科研机构——中央研究院，设理化实业研究所、地质研究所、社会科学研究所和观象台四个研究机构，标志着国家建制科研机构的诞生。20年后，1948年3月26日遴选出81位院士（理工53位，人文28位），几乎都是20世纪初留学海外、卓有成就的科学家。

中国科技事业的大发展是在新中国成立以后。1949年11月1日成立了中国科学院，郭沫若任院长。1950~1960年有2500多名留学海外的科学家、工程师回到祖国，成为大规模发展中国科技事业的第一批领导骨干。国家按计划向苏联、东欧各国派遣 1.8 万名各类科技人员留学，全都按期回国，成为建立科研和现代工业的骨干力量。高等学校从新中国成立初期的 200 所增加到 600 多所，年招生增至 28 万人。到 21 世纪初，高等学校 2263 所，年招生 600 多万人，科技人力总资源量超过 5000 万人，具有大学本科以上学历科技人才达 1600 万人，已接近最发达国家水平。

新中国成立 60 多年来，从一穷二白成长为科技大国。年产钢铁从 1949 年的 15 万吨增加到 2011 年的粗钢 6.8 亿吨、钢材 8.8 亿吨，几乎是 8 个最发达国家（G8）总年产量的 2 倍。20 世纪 50 年代钢铁超英赶美的梦想终于成真。水泥年产 20 亿吨，超过全世界其他国家总产量。中国已是粮、棉、肉、蛋、水产、化肥等第一生产大国，保障了 13 亿多人口的食品和穿衣安全。制造业、土木、水利、电力、交通、运输、电子通讯、超级计算机等领域正迅速逼近世界前沿。"两弹一星"、高峡平湖、南水北调、高公高铁、航空航天等伟大工程的成功实施，无可争议地表明了中国科技事业的进步。

党的十一届三中全会以后，实行改革开放，全国工作转向以经济建设为中心。加速实现工业化是当务之急。大规模社会性基础建设，大科学工程、国防工程等是工业化社会的命脉，是数十年、上百年才能完成的任务。中国科学院张光斗、王大珩、师昌绪、张维、侯祥麟、罗沛霖等学部委员（院士）认为，为了顺利完成中华民族这项历史性任务，必须提高工程科学的地位，加速培养更多的工程科技人才。中国科学院原设的技术科学部已不能满足工程科学发展的时代需要。他们于 1992 年致书党中央、国务院，建议建立"中国工程科学技术院"，选举那些在工程科学中做出重大的、创造性成就和贡献、热爱祖国、学风正派的科学家和工程师为院士，授予终身荣誉，赋予科研和建设任务，请他们指导学科发展，培养人才，对国家重大工程科学问题提出咨询建议。中央接受了他们的建议，于 1993 年决定建立中国工程院，聘请 30 名中国科学院院士和遴选 66 名院士共 96 名为中国工程院首批院士。于 1994 年 6 月 3 日，召开了中国工程院成立大会，选举朱光亚院士为首任院长。中国工程院成立后，全体院士紧密团结全国工程科技界共同奋斗，在各条战线上都发挥了重要作用，做出了新的贡献。

中国的现代科技事业比欧美落后了 200 年。虽然在 20 世纪有了巨大进步，但与发达国家相比，还有较大差距。祖国的工业化、现代化建设，任重道远，还需要有数代人的持续奋斗才能完成。况且，世界在进步，科学无止境，社会无终态。欲把中国建设成科技强国，屹立于世界，必须持续培养造就数代以千万计的优秀科学家和工程师，服膺接力，担当使命，开拓创新，更立新功。

中国工程院决定组织出版"中国工程院院士传记"丛书，以记录他们对祖国和社会的丰功伟绩，传承他们治学为人的高尚品德、开拓创新的科学精神。他们是科技战线的功臣，民族振兴的脊梁。我们相信，这套传记的出版，能为史书增添新章，成为史乘中宝贵的科学财富，俾后人传承前贤筚路蓝缕的创业勇气、魄力和为国家、人民舍身奋斗的奉献精神。这就是中国前进的路。

宋健

2012 年 6 月

# 代　序

邵象华先生是 1955 年中国科学院首批学部委员（院士），1995
年又当选为中国工程院院士，曾是第一、二、三届全国人大代表，现
任钢铁研究总院技术顾问。

在当代中国冶金界，邵象华先生是我最崇敬的一位长者，因为邵
老为人正直，平等待人，学术思想活跃，敢于直言，对我国钢铁事业
的发展做出了杰出贡献。早在 1945 年我大学毕业后，被分配到资源
委员会四川綦江电化冶炼厂，那时邵先生是炼钢厂厂长，我只是炼铜
厂的一名甲种实习员。不久抗战胜利，邵先生率团到东北接收鞍山钢
铁公司；翌年，我也调到鞍钢，那时邵先生是六名协理之一，我则在
杨树棠协理名下做了一名技术秘书，因同在大白楼办公，开始和邵先
生有些接触。1955 年我从美国留学归来，被分配到在沈阳的中国科
学院金属研究所，报到后不久就指定我主持"支援鞍钢工作组"的
工作。当时备受邵先生无微不至的照料和精心指导，受益良多。1984
年我调至北京后，同在中国科学院技术科学部活动，与邵先生有了更
多的接触；进一步感受到邵先生的人格魅力和献身于我国钢铁事业的
高贵品格。

在邵老已经走过的 96 个春秋中，一直有一个难以舍弃的梦
想——钢铁救国。早年赴英国伦敦大学帝国理工学院选择冶金专业，
取得硕士学位时，恰逢原资源委员会主任委员翁文灏先生访英会见了

他，并邀请他回国参加筹建位于湖南的中央钢铁厂工作。他毅然放弃留校继续深造的机会，开始了为钢铁救国而奋斗的漫长历程。1938年，日本侵华战争的战火蔓延至湖南，中央钢铁厂被迫缓建，第一个钢铁梦在抗战烽火中灰飞烟灭。1941年资源委员会又把在武汉大学任教的邵象华教授请到四川，任綦江电化冶炼厂炼钢厂厂长，亲自主持设计我国第一座现代碱性平炉。该炉于1944年投产，并由此成为我国冶金史上的一件盛事。抗日战争胜利后不久冶炼厂停产，第二个钢铁梦不了了之。随之他受命赴东北接收鞍山钢铁公司，任公司协理和制钢所所长。鞍钢在战争中遭到严重破坏，局部恢复生产后又被迫停产，第三个钢铁梦又一次破灭。梦想一次又一次破灭，他想不通，心情十分沉重，也许钢铁救国之梦原本不属于那个时代。

1948年2月19日鞍山迎来了解放，邵老和同事们经过几个月的政治学习，开始觉悟到为什么过去实现不了钢铁救国的梦想，决心把全部身心投入到鞍钢的重建，重新实现钢铁救国的梦想。他日以继夜地努力工作，用最通俗的语言向工人讲解生产操作技术要领，指导年轻的大学毕业生迅速提高专业水平，每周三次在清晨上班前向转业干部讲管理课、技术课，为鞍钢重建迅速恢复生产培养了大批急需人才，也为以后支援全国新建钢铁基地所需人才做出了巨大的贡献。

1950年开始，他主持制定鞍钢公司技术管理制度、技术管理体系和操作规程，被公认是我国现代大型钢铁联合企业技术管理的重要奠基人之一。1950年，他撰写出版了我国第一部《钢铁冶金学》专著。与此同时他还翻译出版了多部国际经典著作，包括苏联的《钢冶金学》和美国的《碱性平炉炼钢》等。80年代初，他还组织翻译和审校了美国的《氧气顶吹转炉炼钢》巨著，这对我国钢铁工业的发展起到了积极的推动作用。

1958年邵象华先生调入冶金部钢铁研究总院后，带领研发团队承担了许多国家亟待解决的重大关键技术的研究工作，如真空熔炼、电炉冶炼超低碳不锈钢，平炉渣提取铌、锰合金的生产流程和铁水喷雾连续提铌、锰等新工艺，都取得了重大成果。他还凭借着敏捷的思维和极强的前瞻战略眼光在国内率先带领研发团队开展了转炉炼钢、连铸、薄板坯连铸连轧等影响整个钢铁行业发展的重大新技术、新工艺研究工作，并积极倡导推广。

20世纪80年代末，西方专家学者提出淘汰传统制造业的主张，国内也有人误信钢铁工业已成为"夕阳产业"。邵老却通过报刊和在各种会议上大声疾呼，强调我国当然要发展高科技、信息产业等，但我国的钢铁工业不是"夕阳产业"，而是欣欣向荣的最关键产业之一。我国钢铁工业近20年来获得了高速发展，证实了邵老的高瞻远瞩，他的主张是完全正确的。

邵老还积极参与了许多国际钢铁界学术交流，先后赴苏联、捷克、德国、法国、美国、日本、韩国等十几个国家考察、交流。1981~1985年连续三次参加了中日炼钢学术会议，为促进中国钢铁技术界与世界各国钢铁界同行学术交流、双边合作等做出了突出贡献。

邵老在钢铁冶金领域德高望重、造诣深厚，是我国近代钢铁冶金工程的奠基人和开拓者之一，是享誉国内外的著名冶金学家。1992年被日本钢铁学会推选为名誉会员，并获汤川纪念讲演奖章。1998年在我国两院院士大会上获我国工程技术最高荣誉——中国工程科技奖。

邵老治学一贯严谨，在学术研究上从不放过一丝一毫的疑点，他对学生和同事的严格要求也是有目共睹的。在学术上善于听取各方面不同观点，没有门户之见，从不用院士头衔压人，也从不把自己的学术观点强加于人。亲历了新旧中国的邵老深深体会到，只有新中国才能圆自己一生追求的梦想，他从内心热爱中国共产党，并渴望自己也能成为其中一员。1981 年，他以 68 岁高龄光荣地加入了中国共产党。邵老非常热爱工作、热爱生活，至今他虽已 96 岁高龄，但仍在不断学习，不断思考，不断提高自己的人生价值，他乐观向上的精神风貌永远值得我们学习。

师昌绪

2008 年 11 月 15 日

# 序　言

　　邵象华先生是中国近代钢铁冶金的一代宗师，是我们十分崇敬的前辈。他学术造诣深厚，是我国冶金过程物理化学的开拓者之一，其研究的领域不仅涉及冶金熔体中炉渣组分和金属元素的活度计算等理论问题，还将其实际应用于真空条件下熔炼特种金属材料和包头钢铁公司平炉渣中铌、锰的提取，以及在铁合金生产中用吹氧法冶炼中、低碳锰铁等，并在工业生产中一一得到成功的应用。

　　邵先生还是中国钢铁冶金界杰出的工程设计领军人物，抗日战争后期他在四川綦江克服种种困难，主持、设计了我国第一座新型炼钢平炉，并于1944年投产，利用四川当地小高炉的土铁炼出了合格的钢水并轧制成材。1948年他在鞍山钢铁公司任总工程师兼炼钢厂生产技术副厂长等职，参与组织、领导鞍钢生产恢复工作，由于这些突出贡献，他于1949年8月被授予"二等功臣"称号。在鞍山钢铁公司复产的过程中他主持制定各生产工序的操作规程和产品检验标准。因此，他也被钢铁工业界公认为大型钢铁联合企业技术管理的主要奠基人之一。他所翻译的苏联版《钢冶金学》(Металлургиястали) 和美国版《碱性平炉炼钢》(Basic Open-hearth Steelmaking)，是20世纪50年代我国高等学校钢铁冶金专业的主要教学参考书。

　　我初识邵先生是在1956年夏秋之交，当时国家提出"向科学进军"的口号，我在读的北京钢铁学院邀请了一批中国科学院学部委员（后改称院士）到学校给师生做报告，其中就有邵先生。他中等身材，儒雅谦和、面带微笑、侃侃而谈。那次报告他讲了两个问题：首先是冶金热力学，他强调冶金和材料研究的基础都是热力学，热力学是解决各种反应或相变的可能性和终极目标的问题，所以它是冶金过程和热处理工艺的理论基础；其次他又谈了真空冶金问题，这在当时是很新的概念，因为 20 世纪 50 年代中期蒸汽喷射泵刚刚问世，它使大规模的真空技术应用成为可能。尽管当时钢包真空脱气及炉外精炼（如 RH、DH 等）都尚未出现，但邵先生从钢中气体（H 和 N）的溶解与析出和减压下钢液中碳氧平衡的移动方面，准确地预言了这一领域即将成为钢液精炼和特殊钢质量提高的重要手段。邵先生做报告时的声音不高，语调平和，但逻辑性强，当时在南楼大阶梯教室听讲的师生有二三百人，安静极了，大家都唯恐漏听了什么话，两个小时转瞬即逝。虽然 60 多年过去了，但这个报告对我来说至今仍然印象深刻，因为当时我们年级刚从钢厂生产实习回来。由于系统的专业课还没有上，所以我们从现场获得的初步感性认识，就是炼钢是一种又热又累的力气活，只要按操作规程，拿大锹往炉里加造渣材料及铁合金就行。听了邵先生的课后，我们不仅对他的学识倍加钦佩，而且对自己要终生从事的钢铁冶金事业也有了更深入的了解，决心要把冶金物理化学这门基础理论学好。

第二次有机会听到邵先生的报告是 1962 年中国金属学会在上海召开的第一届冶金物理化学学术会议，那次会议上邵先生主讲选择性氧化和还原反应，这在当时也是冶金物理化学在钢铁生产中应用的一个新领域、新事物。当时我正好在参加与上钢五厂合作承担的"航空发动机用不锈钢管攻关"的国家课题，对于高铬不锈钢冶炼时的脱碳问题十分头疼，而新的氩氧脱碳法（AOD）、真空吹氧脱碳法（VOD）工艺当时还未商业化，于是我就大胆地向他提出在电弧炉中有无选择性脱碳保铬的可能，他稍加思考后回答我说，"碳选择氧化的条件就是温度，要达到 1800℃ 左右。但炉衬耐火材料可能吃不消"。之后，课题组顺着这个思路采用快速、强化供氧，使其在短时间内达到高温的办法，炼出了 5 炉符合航空标准的高铬、低碳不锈钢，保证了在苏联停止供货时，我国主战空军装备歼-6 的正常飞行，此成果后来还获得了 1977 年国家科学大会奖。

我有幸和邵先生还有"三重缘分"。第一重"缘分"是在 1997年的两院院士大会期间，时遇 6 月底，北京天气干热，晚饭后大家都在京丰宾馆的院子里散步，突然我看到邵先生穿着背带西装从花园对面的小径走来，我笑嘻嘻地和他打招呼，并开玩笑地用杭州话说，"邵先生真像一位英国绅士"，他哈哈大笑，用杭州话答道："这套行头在 1958 年以后就压在箱底，再不穿穿就没有机会了！"于是我们两人便用杭州话边走边聊。当他得知我是 1981 年国家开放公派访问学者，是第一批去英国的，而且是到伦敦大学帝国理工学院冶金系时，他高兴地说，他在 1934 年考取庚款公费留学英国时是与丘玉池两人同时进入帝国理工学院冶金系的，并以优异的成绩获得一级荣誉冶金学士学位。他说自己是中国公派到英国学冶金的第一批留英学生。他还回忆起在帝国理工学院的时光，包括那时的教室、实验室、系主任办公室以及海德公园附近的宿舍等。天色渐暗，当我们到了宾馆大楼门口各自回房间时，邵先生就用杭州话说："有缘！有缘！"

第二重"缘分"是 2002 年我当选为中国工程院院长后，立即先后登门拜访了各位功勋卓著的老科学家和前辈。当我在钢铁研究总院院长干勇院士的陪同下来到邵先生家时，开门的是其夫人王晓云老师，她把我们带入客厅，邵先生从沙发上起身迎接，握手寒暄后他用杭州话问我"是坐沙发还是靠背椅"，王老师笑着说："真是年纪越老越是乡音不改了"。邵先生却一本正经地用杭州话说："我们是同乡，匡迪也是杭州人。"于是，我们二人就用地道的杭州话高兴地攀谈起来，惹得一旁的干勇院长和王老师哈哈大笑。临别时，二老将我们送到门口，邵先生还不断地用杭州话对我说："有缘！有缘！"

第三重"缘分"来自我们共同的业余爱好，即交响乐。我担任上海市市长时，支持和筹划了上海国际音乐节，邀请柏林爱乐乐团、伦敦交响乐团和中央交响乐团等著名交响乐团体来沪演出，同时我邀请邵先生夫妇来沪，共享音乐盛会，二位老人欣然前来。其不仅连听四场，还作为贵宾出席了音乐节的大型招待会，邵先生为此欣喜不已，大呼饱了耳福。自此，我在北京工作时，凡遇到邵先生，都会问他最近听了些什么好的音乐，这也成了交谈中常有的话题。但到了2005年后，他就用杭州话说："年纪大了，晚上出来不方便，只能在家听听CD片了。"

此次姜曦博士邀我回顾与先生过往情谊，回忆起2003年年初，钢铁研究总院为邵先生举行九十大寿庆典，先生精神焕发，热情地与各位来宾握手致谢，大家都祝他健康长寿，他风趣地说："我要向魏寿昆先生学习，争取活过100岁"。会场响起热烈掌声，感动人的场景至今仍然历历在目。果然，2012年2月中国钢研科技集团有限公司为邵先生举办了祝贺百岁的活动，当时在北京的所有钢铁冶金、金属材料学界的院士和同事以及邵先生培养的博士生悉数出席，大家畅谈了先生卓越的学术成就和高尚的人生品格。但是万万没想到，就在一个月后，这位大家崇敬的著名冶金理论和工程专家、两院资深院士，走完了他的光辉百年人生，与世长辞了。哲人仙逝，功绩永存，我深信他的名字将永远镌刻在中国钢铁工业从小到大、从弱到强的历史丰碑上！也永远铭记在所有中国钢铁人的心里！

徐匡迪

2019年10月

# 邵象华自述

  我出生于一个城市知识分子家庭。父亲进过民国初期的"高等学堂",当了一辈子中学教员。他对我兄弟两人管教很严,我跳过许多班,九年完成了小学到高中的学历。

  我上学的那段时期正值国家内乱外侮不断。记得在初小时,有一天我哥哥放学回家,在墙上用毛笔涂了几个大字:"不雪此耻,不是中国人!"推算那是第一次世界大战后,我国作为战胜国但受外国欺侮,爆发"五四运动",拒签《巴黎和约》的日子。读初中时,有一年暑假里军阀混战打到家乡,父亲带着全家在学校里躲藏了好多天。后来在上浙江大学期间又爆发了"九一八"事变,我参加了学生军,还荷枪上街,查烧日本货。

  1932年我到上海交通大学当助教,又经常看到租界里中国人受歧视的情景。

  从幼年起的那些经历,在我头脑里激起不服气的情绪。我立志要奋发图强,要工业救国。

  当时有个名叫"中英庚子赔款董事会"的政府机构,以八国联军侵略我国后强迫我国向英国交纳的"赔款"中交还的部分资金,每年在全国范围内招考留英公费生。1934年我参加了第二届考试,报考冶金学科。在伦敦大学帝国理工学院进修三年,先后获得了一级荣誉冶金学士和硕士学位,以及一些学衔和奖状。当时翁文灏先生借作为特使到伦敦参加英皇加冕礼之便召见了我。他是原国民党政府主办重工业的资源委员会主任委员，动员我参加筹办中的"中央钢铁厂"。能为祖国办钢铁正是我的夙愿，我非常兴奋地接受了，从此与祖国的钢铁事业结下了不解之缘。

不料，在我国的工业建设历史上，"中央钢铁厂"并未实现，只留下了一个空名。我在"中央钢铁厂"建设的承包者——德国的克虏伯钢铁公司实习进修尚未结束，"中央钢铁厂"就因抗日战争而宣告"缓办"。

回国后，我在已迁至四川乐山的武汉大学当了第一任冶金教授。后来资源委员会要在大后方办炼钢厂，又把我要了回去，到四川綦江电化冶炼厂筹办炼钢厂。

当时西南后方没有什么钢铁工业，但有不少土法铁厂沿用古老技艺生产白口生铁，铸造饭锅和农具。国民政府迁都重庆后，汉阳等厂的部分老残设备正在内迁。还有两三座10t平炉，基本上是按20世纪初期的样子建起来的。我接受任务后抱着一股雄心，要用在国外学到的知识，设计、建造一座有科学依据的现代化平炉，哪怕是容量较小的，以实现高效率的安全生产。那几年先后有一些饱受战时迁徙之苦而毕了业的大学生来参加工作，形成了一支朝气蓬勃的年轻技术队伍。我们那座容量只有15t（也算沦陷区以外国内最大的了）但结构新颖的平炉，从设计、施工到投产用了三年多时间，在日本投降前一年，用当地收购的土法生铁做原料，开始出钢，当时也算后方钢铁界的一件盛事。但回想起来，抗战一结束就停产，那个厂炼出的钢其实不多。不过，包括我自己在内的那群年轻人，在战时困难条件下，自力更生完成任务，的确得到了十分扎实的锻炼，后来能在新中国钢铁工业的发展中起到一部分骨干作用，这次实践应该说是很有意义的。

日本投降后，我被调到旧鞍钢工作。以前我在德国克虏伯钢厂实习时就听那里的工程师讲过他们不久前为日本人在鞍山"昭和制造钢所"建立设备十分类似的大炼钢厂的情况。当时我就想，总有一天我也会在中国的这样一个现代大钢厂中工作。真是历史的巧合，过了10年，我就到这个钢厂来工作了。不幸的是，钢厂已在战争中遭到严重破坏，在那段短暂的战火间隙中，勉强修复了一座100t平炉，但出了9000t钢就又宣告停产了。说来难信，在公司决定停炉的那次会议上，30多岁已是成年人的我竟当众忍不住泪流满面，泣不成声（真不好意思向读者坦白，事隔半个世纪，写到这里我又眼睛发酸）。

新中国的成立开启了祖国钢铁史上激动人心的篇章。我又被派回这个钢厂来负责生产技术工作，和当时经验不足而热情极高的干部、工人及技术人员一起，恢复生产。奇迹在我周围展开，只用了一年多时间，炼钢厂不但克服了初期的极不顺利、事故频繁的状态，而且达到了日伪时期的最高生产水平。其后我被调到公司的技术部门，参加建立大型联合企业的技术管理体制（技术操作、技术监督、产品标准等），并开始建立科技研究开发工作及体制，以改进生产工艺，解决当时的产品质量、品种及降低消耗、成本等问题。

1958年，冶金工业部调我到刚成立不久的钢铁研究院工作。近40年来，我先后承担了不同性质的研究开发任务，同时培养了相应的科技队伍。20世纪60年代结合国防新材料的需要，比较系统地开展了真空熔炼的应用基础研究。帮助几家特殊钢厂建立了若干新合金钢的熔炼工艺，开发了包头铁矿资源中铌的回收利用工艺。十年动乱以后，曾从事铁合金新生产工艺的开发和氧气转炉底吹煤氧提高废钢比的研究开发。80年代退居二线，参与了熔融还原、薄板坯连铸等项目的立项和指导开发工作。随着年龄的增长，来自本单位及外单位的咨询、建议、审查等性质的工作所占的比例有所增加，而比较具体的科研开发活动则接触较少了。

改革开放以来国家高度重视科学技术，我国的经济发展举世瞩目。我认为自己有缘搭乘这辆社会发展的"公共列车"，走过它无穷尽行程中最为辉煌的这一段落，真是极大的幸运。多年的生活和学习给了我这样一个体会：不论就全球或其局部而言，社会的发展和进步与知识的积累总是互为因果，一同增长的。时至今日，人类积累的知识包罗万象而且日新月异，以至任何一个人不论才能多高，他只能掌握其中很小一部分，因此谁想在某个社会科学、自然科学、技术工程、文化艺术或其他领域作出有价值的贡献，都必须花很多的时间和精力，埋头苦干，有所继承，有所创新，有所发展，才能获得成功。与此同时自己也在该领域成长为更高明的专家，开拓新的有关的知识领域。也正因为如此，当今要完成一项造福社会的较大任务，一般都需要有多方专业人员（包括组织、领导、管理和其他方面的专业人员）按各自的专长和职责范围分工合作，才能成功。古今中外，社会的发展和进步，知识的积累，都是和人们（通过很曲折的过程）逐步学会更精细的分工和更有效的合作分不开的。从这个观点出发，我深感中央多年来要求干部"专业化"和科研机构"人员分流"等决策，都是非常英明正确的。

现在要完成一项较重要的新任务总需要多方面的人才合作，往往不能都来自一处，而是来自不同部门和不同隶属的不同单位（有时甚至是不同国籍）。在此情况下，更有效地完成任务，一个绝对必要的条件是所有参加的工作人员、部门、单位都必须为共同目标作出最大努力，保持密切无间的合作关系，互相尊重，互相支持、帮助和配合，并高度警惕目前社会上尚存在的小生产者思想残余所引起的各种

"内耗"。精神文明是一切进步的根本，在我们自己身上抓好精神文明建设，我相信科技领域中的改革也将能更加顺利、更加有效地进行，在改革经济增长方式、提高国民经济整体素质和效益方面起到越来越大的作用。

邵象华

写于 1997 年

# 目 录

## 第四章 新生鞍钢的日新功臣

## 第五章 我国炼钢平炉的先行者

## 第六章 在钢研院的科研硕果

# 第七章　氧气转炉炼钢法的积极倡导者

# 第八章　我国真空冶金领域研究的先驱

# 第九章　我国铌资源化的开拓者

# 第十章　关注钢铁冶金的前沿新技术

# 第十一章　特殊年代里的坚守

第十五章　一生的渴望

第十六章　治学严谨、育人爱才

第十七章　家庭生活点滴

附录

中国工程院院士传记

邵象华传

# 第一章
## 家学渊源

# 邵氏门第溢书香

邵象华，1913年2月22日出生于浙江省杭州市的一个中学教师家庭。邵氏家族可追溯到宋朝理学家邵雍（邵康节）。邵象华是邵雍三十二世孙。

邵雍（1012～1077年），字尧夫，谥康节，是北宋著名的理学家、哲学家、数学家，也是宋代理学诗派的代表诗人。在北宋文人中，他亦儒亦道，不入仕途，早年过着"岁时耕种，仅给衣食"的清贫生活，成名后又淡泊名利，依旧埋首学问，终于在学术上成为一代巨擘。

邵雍祖籍范阳（今河北涿州），宋真宗大中祥符五年生于今涿州大邵村。幼年随祖父邵德新徙家衡漳（今河南林州康节村），又随父邵古迁共城（今河南辉县）。在此，邵雍度过了他的青少年时光。仁宗皇祐元年（1049年）邵雍37岁时，携全家迁居洛阳，遂为河南人。北宋神宗熙宁十年（1077年），邵雍病重辞世，享年65岁。

邵雍45岁得子，取名伯温，字子文。邵伯温20岁邵雍辞世，遵照父亲的遗言，邵伯温将邵雍安葬于祖茔，落叶归根，死后归宗。邵雍仙逝后，宋神宗追谥"康节"，以表彰他的经学成就。因此，后世皆尊称他为"康节先生"或"邵康节"。

在宋代以后900年绵延不绝的理学诗派中，邵雍堪称第一个有影响的巨擘，是我国理学诗的鼻祖。邵伯温继承和发扬邵雍理学，父子双双入宋朝理学史。

宋徽宗第九子康王赵构于1127年5月在南京（今河南商丘）继

位，改年号为建炎，史称宋高宗。10 月南迁浙江临安（今杭州），定都于此，史称南宋。邵伯温一家人跟随赵构南下临安，这一年，他已是古稀老者。他在临安购买土地，建屋安身。临安从此成了邵雍家族的第二故乡。河南洛阳古风古韵的熏陶，再经西子湖青山绿水、柳荷南音的默化，使邵雍后世子孙人才辈出，香火绵延千年。

邵雍立下的家规是以"礼"为做人的根本，以"义"为做事取舍的标准，以"善"为交友的条件，以"贤"为人品的精髓。邵伯温履行家规起到了承上启下的榜样作用。优秀的家规可以让文化薪火永存，如南山不老松之寿，松柏常青。

# 家学熏陶

邵象华的祖父邵介寿，字子尹，康节公三十世孙，生于清同治三年（1864 年），卒于光绪三十二年（1906 年），享年 43 岁，壮年仙逝是邵家的不幸。祖母方氏，生于清同治元年（1862 年），年长邵介寿两岁，卒于光绪三十年（1904 年），方氏与邵介寿均享年 43 岁。

邵介寿与方氏育有 4 子 3 女 7 个孩子，其第二子（1893～1904年）和第四子（1900～1904 年）未成年即夭折。父亲为供养 7 个子女生活和读书，除在杭州仁和学堂教书外，还兼做多份工作。方氏过世后，邵介寿知道自己身体多病，已难以照料子女，遂续弦严氏。严氏（1874～1930 年）是个精明能干、为人善良、温顺明礼的女人，邵介寿把这个家交给她照管，即便自己日后有不测之难，也可放得下心来。严氏知道邵介寿家境贫寒，但他的几个子女个个知书达礼，好学上进。她还听说邵家是名门之后，家风气正，因为时局混乱，才尚无显才的机会。她看出邵介寿体弱多病，但她心甘情愿把这个温暖的家管好。

邵象华的父亲邵家驹（1889~1971年），字昂士，康节公三十一世孙，家中长子。邵家驹自幼聪慧好学，14 岁前一直在家中由父亲教读，14 岁考入仁和学堂（相当于中学）读书，15 岁参加清朝科考乡试，考中秀才。第二年（1905 年）清政府终止科考制度，在改革派谭嗣同、严复、康有为、梁启超等的呼吁、宣传和推动下，推行教育制度改革，将学制分为三个阶段：第一个阶段为初等教育，设立蒙养院、小学堂和高等小学堂；第二个阶段设定为中等教育，设立中学堂；第三个阶段立为高等教育，设立高等学堂或大学预科及本科。邵家驹在仁和学堂毕业后，考入浙江高等学堂（相当于大学）就读，预科、本科各 3 年。邵家驹 15 岁那年母亲和二弟、四弟先后两个月内病逝，两年后父亲病逝，这一年，继母严氏刚满 32 岁，中年守寡的严氏义无反顾坚强挑起全家的生活重担，精心抚养和教育邵家儿女。为顶立门户邵家驹 19 岁即娶妻成家，妻子吴道芳（1889~1944 年），字仲馥，少女时代受过良好的教育，知书达理、尊长爱幼、性情温顺、为人善良、持家节俭，是一个勤俭善良的家庭妇女，进入邵家，与弟弟妹妹们亲如同胞兄弟姐妹。在严氏和吴道芳照管下，一家人过着清贫但幸福、安乐的日子。邵家驹夫妇生育有 3 子，长子邵象伊（1909~1990 年），二子出生 12 天尚未取名便夭折，三子邵象华生于 1913 年，比大哥邵象伊年幼 4 岁。

邵家驹高等学堂本科毕业后决定子承父业，教书育人。1920 年即受聘位于衢州的浙江省第八中学校（简称八中），任国文教员。

位于浙江省西部衢州的八中历史悠久，清光绪二十八年（1902年）由衢州知府奉命兴办，校名为"衢郡中学堂"，按清政府设立的教育制度，衢郡中学堂设立国文、英文、算数、体操、音乐共 5 门课程，学制 4 年。1904 年学制改为 5 年，1910 年宣布停办。民国元年（1912 年），国民政府将宣统三年（1911 年）成立的"浙江省立

1914 年全家合影　左起：邵家驹、邵象伊、
吴道芳、邵象华、邵詠裳（邵家驹三妹）

第八中学堂"更名为"浙江省第八中学校"，科学技术、外语进入教学内容。民国初期，设在衢州的八中是浙西地区享有盛誉的知名中学。衢州府所辖的衢县、龙游、开化、江山、常山 5 县及毗邻的闽、赣、皖三省所管辖的与衢州相邻的县内学子纷纷就读于八中，杭、婺、甬等地的知识分子愿意来衢州任教，邵家驹从杭州应聘来八中任教。1920~1923 年邵家驹在八中任教，即邵象华 7~10 岁的年龄段期间。1923 年 8 月，浙江省第八师范与八中合并，校名沿用"浙江省立第八中学校"，设中学、师范、小学三部。1931 年 8 月后，浙江省第八师范与八中恢复各自独立办学和原校名。当时为了维持生计和培养邵象华兄弟二人，邵家驹经常在数校兼职，同时任教，十分辛劳。直到邵象伊 1929 年从浙江省立医学专门学校毕业和邵象华 1932 年从浙江大学毕业后，家中的境况才逐渐好转。清贫的家境使邵象华兄弟二人很早就懂得体谅双亲的辛劳。邵家驹一生勤勉，处

事治学认真、严谨，对子女要求甚严，对其后邵象华兄弟二人的成长有重要影响。

1926 年留影（前排右一邵象华、左一邵象伊、后排右一邵家驹）

邵象华上学的那段时期正值国家内乱外侮不断。

1919 年 1 月，第一次世界大战战胜国在法国巴黎召开所谓的"和平会议"，中国代表在和会上提出废除外国在中国的势力范围、撤退外国在中国的军队和取消"二十一条"等正义要求，但巴黎和会不顾中国也是战胜国之一，拒绝了中国代表提出的要求，竟然决定将德国在中国山东的权益转让给日本。消息传到中国后，北京学生群情激愤，学生、工商业者、教育界和许多爱国团体纷纷通电，斥责日本的无礼行径，并且要求中国政府坚持国家主权。但是英、美、法、日、意等国不顾中国民众呼声，在 1919 年 6 月 28 日还是签订了《协约国和参战各国对德和约》，即《凡尔赛和约》。在巴黎和会中，中国政府的外交失败，直接引发了中国民众的强烈不满，从而引发了"五四运动"。当时邵象华还在读初小，有一天哥哥邵象伊放学回家，在墙上用毛笔涂了几个大字："不雪此耻，不是中国人!"，给他留下了深刻影响，第一次体会到中国在世界上的受辱地位。

邵象华读初中时，军阀混战，战火蔓延到他的家乡，父亲带着全家躲藏在学校里，混乱、恐惧、艰辛的日子深深地刻印在他的脑海中。

1931 年 9 月 18 日，日本关东军打响了侵占我国东北三省的第一枪，爆发了"九一八"事变，此时的邵象华正在浙江大学读书，他积极参加了当时席卷全国的抗日活动，参加了抗日学生军，荷枪上街，查烧日本货。

1937 年日本侵略军大举侵略中国，很快就打到了杭州，父亲邵家驹不得不丢下刚置办不久的家业，带着母亲逃出杭州到了上海。当时父母亲在上海举目无亲，居无定所，父亲只能靠去小学代课、替人写字等临时工作维持生活，父母两人租住一间棚户小屋，一日三餐都无法保证。日本侵略军占领杭州后，大搞绥靖政策，允许逃亡在外的杭州市民返回家园，但是要求进出城门时必须向日本兵鞠躬，父亲邵家驹坚决不回杭州，他说宁可在上海饿死也决不回去向日本侵略军低头、鞠躬，显示出一个普通中国知识分子的铮铮铁骨。

1938 年秋，邵象华留学回国，看到父母亲贫困交加的生活状况，心痛万分，决定将从国外带回的一架照相机变卖补贴家用。照相机在当时属贵重物品，变卖时需要有人作证是本人的物品，邵象华找到自己的同学，开始还很不好意思，在同学家门口走来走去好几趟才下决心向同学道出了原委，请同学作证卖了照相机，把钱全部给了父亲。日寇入侵，上海沦陷期间，邵象华兄弟二人都工作在大后方，邵象伊带着全家随江苏医学院迁到四川重庆北碚，邵象华则在大西南各地为建立中国的钢铁企业而奔波，与父母天各一方，寄出的书信也经常收不到，互相联系都很困难。母亲吴道芳由于长年的忍饥受饿，久病不治，于 1944 年在上海离世。父亲邵家驹后来告诉儿子，他们的母亲实际上就是饿死的。抗日战争胜利后，父亲邵家驹只身回到杭州，原来的家已经荡然无存，此后多年他一直只身一人生活在杭州，教书育人直至退休。后来邵象华每每回想起这一段日子，想到在父母亲最艰难最困苦的时候自己无法陪在父母身边，帮助他们渡过难关，就十分痛心。

20世纪50年代初，邵象华在鞍山生活安定后，立即将老父亲接到身边，与儿孙同住，安度晚年。

1931年邵家驹于杭州

1956年邵家驹于鞍山

# 读书骄子

1920年7岁的邵象华被父亲邵家驹带到他任教的衢州，进入浙江省第八师范附属小学初小部读书，邵家驹当时受聘于衢州的浙江省第八中学校（简称八中），任国文教员。邵象华9岁（1922年）随父亲返回杭州，被安排在杭州木业小学高小部继续完成全部小学课程；11岁（1924年）考入杭州宗文中学初中部；13岁（1926年）初中毕业，在父亲的支持下，他独辟蹊径地考入了浙江省立甲种工业学校，而不是走普通高中这条求学道路完成中等教育。浙江省立甲种工业学校是当年浙江省知名的工科学校，学制为5年，其中包括预科 2 年。邵象华自幼勤奋好学，才思敏捷，学业超群，加上父亲悉心辅导，多次跳级，跳过的课目都由多年当中学教员的父亲在家补上，他 6 岁读书，15 岁预科（相当于高中）毕业，只用了 9 年时间就完成了同龄人需用 12 年时间才能完成的中等教育，因此，邵象华被老师和同学称为"天才少年"。然而，他并不喜欢这类称誉。邵象华心里清楚，邵家的孩子有其得天独厚的教育环境和读书氛围，他们的父辈是读书人或教师，小时候自己在家里比别人家的孩子受到家庭启蒙教育要早得多，读的书也多。邵象华的言行中总是显露着一种温文尔雅、谦虚热情的书卷气。

1928 年邵象华年届 15 岁以优异的成绩从浙江甲种工业学校（相当于高中）毕业。1928 年 9 月邵象华考入浙江大学化学工程系❶。他从浙江省立甲种工业学校毕业那年，正逢国立浙江大学正式建校。

国立浙江大学的前身经历浙江大学堂、浙江高等学堂、浙江高等学校等校名的三次更换。民国九年（1920 年）时，国民政府教育部决定将浙江省立甲种工业学校、浙江农业专科学校分别改组为工学院和农学院，组成国立第三中山大学，民国十七年（1928 年）正式定名为国立浙江大学。这一年邵象华正好从浙江省立甲种工业学校毕业，顺理成章考入国立浙江大学，成为国立浙江大学建校后的第一届学生。国立浙江大学设置文、理、工、农、师范、法、医共 7 个学院，其中工学院是邵象华的母校浙江省立甲种工科学校经充实后并入的。邵象华偏爱化学工程专业，也喜爱母校的老师和教学氛围，因此他选择国立浙江大学工学院化学工程专业完成高等教育。

1932 年 19 岁的邵象华以全优的成绩浙江大学本科毕业❷，获化学工程学士。邵象华由学校推荐到上海一家造纸厂工作，数月后又应上海交通大学之邀，任该校化学系助教。上海交通大学的一位资

---

❶ 摘自《1928 年浙江大学新生花名册》，浙江大学档案馆。
❷ 摘自《1932 年浙江大学毕业生名册》，浙江大学档案馆。

深化学教授之前在浙江大学兼课时教过邵象华，对其十分赞赏，他极力向上海交通大学推荐，促使学校向邵象华发出了任职邀请。

邵象华自幼除学习认真、成绩优秀外，兴趣也十分广泛，动手制作飞机模型是他的乐趣之一。

邵象华晚年时说他永远不会忘记这位教授的举才之恩，尽管他在上海交通大学任教时间不长，但这对他后来的留学之路顺利进行有着不可磨灭的作用。然而，他也很自责，由于自己年事已高，竟然一时想不起这位恩师的姓名了。

1928 年邵象华制作航模

在上海交通大学任教的两年时间里，邵象华研读了无机化学、有机化学、分析化学和物理化学四门化学专业必修课程，边听、边学和边辅导学生，由此打下了扎实全面的化学专业知识基础。

1926 年初，英国国会通过退还中国部分庚子赔款议案，退款用于向英国选派留学生等教育项目，帮助中国培养人才，每年选派各行各业的优秀人员到英国公费留学三年。为此中国政府设立了中英庚子赔款董事会，每年在全国范围内公开招考，有两年以上工作经历者均可报名。

邵象华从报上得知第二届中英庚子赔款公费留学开始招考的消息，他马上前去报名。他为自己列出三条报考的理由：第一条，这次中英庚子赔款招生专业中设了两个冶金类名额，这个专业是他非常喜欢的；第二条，冶金专业设置在英国伦敦大学帝国理工学院，这座世界闻名的高等学府是他向往多年的知识殿堂；第三条，第二届中英庚子赔款留学资助经费比第一届充裕，留学生活有保障。

第二届留英考试于 1934 年夏天在上海举行，全国报名人数总计 200 多人，其中只有大约不到 1/10 即 20 名学生有幸被录取；冶金专业只招 2 名，即录取总名额的 1/10。

留英学生考试那天，天气潮湿闷热。挤满 200 多人的考场里不时散发出的汗味中还夹杂着阵阵霉味，让人掩鼻。考场一片寂静，只听见钢笔"唰唰"书写的声音。考试很顺利，没有什么难题让邵象华心乱。

暑假很快来临，邵象华乘火车回到杭州邵家祖屋。这一年，邵家驹、吴道芳已年近半百，身体还算硬朗健康。他向父母亲汇报了留英考试的情况。邵象华对父母说，倘若他有幸被录取，他会拿出部分经费帮助哥哥实现留学德国的梦想，并说他已写信告诉哥哥邵象伊，邵家驹夫妇啧啧称赞。

随后，邵象华邀约几位好友游览浙江的几处山水寺庙，一天，他在游船上看报纸，忽然看到了报上登载的第二届中英庚子赔款留英人员录取名单，并找到了自己的名字。如愿以偿地获得了留学英国的机会，他欣喜万分。他即刻停止游览，赶回上海交通大学住所，写信向父母报告了喜讯，又写信给大哥告之他留学经费已有着落，不必担心。

# 长兄邵象伊

长兄邵象伊 1929 年 20 岁时毕业于知名的浙江医学专门学校❶，这所学校创办于 1911 年，次年设药科，成为当时全国第一家兼授医和药教学内容、培养医药两类人才的医学专科学校。浙江医学专门学校于 1947 年升格为浙江省立医学院，1952 年与浙江大学医学院

❶ 摘自"浙江医科大学"，《360 百科》。

合并，定名为"浙江医学院"。

邵象伊大学专科毕业后赴日本东京帝国大学学习，主修临床医学，毕业回国后在南京、杭州等地的国立医学院下属医院任临床医生，积累了丰富的临床经验。邵象伊思想敏锐务实，性格温和少语，他将自己的精力和知识倾注于临床治疗。难以计数的身患疑难杂症的患者，在他的精心医护下大多康复或病情稳定，重拾生活信心。因此，他的精湛医术和恻隐之心深受当地患者赞扬。

但是，邵象伊通过对各地医院多年来发展目标的观察，敏锐地发现当时偌大的中国医学界从著名医学专家、临床医生到各级管理层，较为普遍地存在着"重治疗，轻防疫"的思想。他认为倘若一个国家严重轻视卫生学问题，那么一旦暴发地区性瘟疫，而且这种瘟疫无药可医、难以阻断传播的话，到那时从政府到医院一定会陷入严重恐慌之中而一时不知所措。这种社会性恐慌非但对控制疾病传播无益，反而会增加死亡率。为此，邵象伊开始把精力投入到公共卫生防疫学的研究之中。他认为，中国亟须建立从地方到国家的传染病防治救助机构，更亟须培养大量从事各级各类公共卫生和防疫的专业医生及专业卫生的管理人员。

邵象伊开始广泛地收集美国、日本、英国、法国、德国等国家的著名医学院设立的公共卫生专业教科书及其相关研究成果，认真地比较上述国家医学院公共卫生专业设置的课程，最后他选择了德国柏林大学公共卫生专业，希望能去留学考察。然而，邵象伊深知，为了让他们兄弟两人都能完成高等教育，父母亲已经竭尽全力，再也无法承担他的出国费用了，只好把留学的愿望深深地埋入心中。

正在这时，邵象伊收到弟弟邵象华发

1930 年代的医生邵象伊

自上海的信，信中告诉哥哥他能够拿出部分留英经费帮助哥哥实现留德的理想。邵象伊看信时激动得热泪盈眶。

邵象伊的女儿邵秀民回忆说："父亲邵象伊是一个沉默寡言、不善于与别人交流的人。他平时很少谈自己的经历。但是，有一件事情父亲把它记在心里，这件事就是叔叔用部分留英经费资助父亲去德国留学的事。父亲和叔叔的兄弟情谊是很深的。"❶

1934 年 8 月上海英国领事馆为 26 名中英庚子赔款公费留英学生举行了招待会。同期录取的留英学生有❷：陈永龄、董镇林、夏坚白、王之卓、周宗莲、张有龄、董大埙、柯元恒、林致平、陈宗惠、吴在东、何琴莲、丁啸、钟道铭、周鸿经、唐培经、俞大绚、林超、袁寿椿、朱应铣、李国鼎、钱临照、杨人楩、伍启元、邵象华、丘玉池，共 26 人，比原招生计划多录取 6 人。英国领事馆安排英方工作人员指导留英学生按照自己的特长和兴趣来选专业与学校，邵象华和丘玉池选择了伦敦大学帝国理工学院冶金专业。在招待会上，邵象华和丘玉池第一次相识。丘玉池是广东潮安人，1907 年出生，年长邵象华 6 岁，南京金陵大学化工系毕业并获得理工学士学位，1933 年获燕京大学硕士学位，他是带着国内知名大学硕士学位到英国再攻冶金学士学位的。英国伦敦大学帝国理工学院是国际著名的工科大学，邵象华、丘玉池慕名已久，如今他们去留学的愿望就要实现了。英国发达的制造业、交通与运输业、邮电通信业以及教育、文化等都给他们留下了难以忘却的印象。他们认为工业救国梦想的实现，其前提是需要建立发达的钢铁冶金工业体系，倘若一个国家钢铁工业落后，它用什么材料来制造机器、枪炮、铁路和车辆呢？他们决心珍惜这次留英机会，学到更多的专业知识和技能。

1936 年夏天，邵象华、丘玉池两人分别以第一、二名的优异成

❶ 摘自侄女邵秀民回忆文章，2012 年 3 月。
❷ "1933—1941 年历届中英庚子赔款公费留学生名录"，《360 百科》。

1934 年 8 月，第二届中英庚子赔款留英学生于上海英国领事馆合影

（前排右四起邵象华、丘玉池、夏坚白；中排左一李国鼎；三排左一钱临照）

绩完成了英国伦敦大学帝国理工学院两年的大学学业，获得一级冶金荣誉学士学位。两名平时衣着简朴、默默无闻、毫不起眼的中国留学生在全系拿了头两名，当时一下子在全校传开，认识的不认识的都来表示祝贺，所有人都赞叹不已。

随后丘玉池告别伦敦，旋即乘机赴德国亚琛工业大学冶金系攻读博士学位。就在这一年的早些日子，比他年长 6 岁的魏寿昆，结束了在亚琛工业大学的学业，起程回国继续在北洋大学任教。尽管在亚琛工业大学丘玉池和魏寿昆二人擦肩而过，留下遗憾，但后来他们成了中国钢铁冶金领域的好朋友、好伙伴、好同事。

1937 年兄长邵象伊顺利到达德国，先后在爱尔兰根大学和柏林大学学习，获得柏林大学博士学位。邵象伊原来是学临床医学的，由于邵象华的资助，理想得以实现，1939 年回国后一直从事公共卫生工作，先后任江苏医学院、山西医学院院长，成为我国公共卫生事业奠基人之一。

出国留学以后，在假期里邵象华经常约几个同学租一辆汽车，遍游欧洲大陆，饱览异国乡情。邵象华就是在那时学会了开车，拿到了驾驶执照，对当时生产的各种汽车型号、性能十分了解，多年后在晚辈面前提起这段经历，还为自己当年的驾驶技术津津乐道，可惜的是自留学回国后就再也没有机会驾车，到老年坐在儿孙们驾驶的汽车里，只能是"好汉不提当年勇"了。

1937年邵象华英国伦敦大学帝国理工学院冶金学硕士毕业照

1936～1937年，邵象华留在伦敦继续完成他的硕士课程及论文，导师卡本特爵士是英国著名冶金学家，其硕士论文题目是"钢表面渗氮硬化机理的研究"。1937年7月，邵象华顺利通过硕士论文答辩，被授予冶金硕士学位，同时获得"马瑟科学奖金（Mathey Prize）"，被授予英国皇家矿业学会会员（A.R.S.M）学衔和帝国理工学院奖状（D.T.C）。

届时邵象华在英国留学的三年期限已满，到了回国的时间，邵象华开始收拾行李、购买书籍、收集资料，择日起程回国。此时，卡本特爵士与他进行了一次诚恳而感人的谈话。卡本特爵士说他非常欣赏邵象华的才能，鼓励他留在伦敦大学继续完成博士学位论文，他说："我可以向你保证，如果你愿意继续攻读博士学位，我立即去信向中英庚子赔款董事会说明原因，请董事会延长你在英国的留学时间，以便完成博士论文课题的研究。"不久，邵象华得到通知，庚子赔款董事会已批准他延长留英时间并增加留学经费。正在此时发生了一些情况，对邵象华此后一生的走向发生了重要影响。从国内来了一位他尊敬和仰慕的名人。这位名人与他的一次触动灵魂的谈话，改变了邵象华后来的人生道路。这人就是国内资源委员会派来的大名鼎鼎的翁文灏（1889~1971 年）先生。

1937 年邵象伊（左）、邵象华
兄弟合影于德国柏林

1935 年于伦敦大学帝国理工学院

# 祖国召唤

1937 年夏天，英国老国王逝世，新国王乔治五世登基继位。按英国王室的官方礼仪，英国政府须举行隆重盛大的新国王加冕登基典礼，盛邀各国政府派特使或国家元首、政府总理亲自参加新国王登基典礼。中国政府也派出了代表团参加。中国代表团中有一位带着特殊使命的成员，他就是翁文灏先生。

翁文灏是民国时期中国科教界一位叱咤风云的元老级人物，著名的科学家，法国留学生。翁文灏，字咏霓，浙江鄞县（今鄞州区）人，中国著名地质学家，对我国矿产勘探、地学结构与地震、地质学教育等多领域都有杰出的贡献。他首创多个"中国第一"：第一位地质学博士，第一位编制中国矿产志者，绘制第一幅全国地质图，主导勘探发现中国第一个油田——玉门油田，以及主导开发中国第一个生产石油的油田基地的人❶。

1935 年国防设计委员会改组为资源委员会，隶属于军事委员会，其重点工作是规划、设计、建设国家重工业体系。翁文灏、李四光、杨钟健、竺可桢被称为"中国地学界四杰"。在邵象华的心中，翁文灏是一位他敬仰的科学家。这一时期，翁文灏与钱昌照受国民政府委派担任资源委员会实际负责人。

资源委员会的前身是 1932 年 10 月成立的国防设计委员会。"九一八"事变后，日本帝国主义觊觎中国领土，不断挑起事端，咄咄逼人，令人忍无可忍。一批曾经对蒋介石有一定影响力的国民党元老、社会名流、行业领袖、实业界主管，决定站出来帮助国民政府渡过这次民族危机，期望胜利后建立一个人民向往的民主、共和、富强、团结的国家。他们组成国防设计委员会调查组，经调查后发现，与国防工业建设关系紧密的重工业，如钢铁工业、机械工业、造船工业、电气工业等在国内几乎没有根底，大部分国防工业装备和战略物资（如石油）主要依赖从欧美、苏联、日本等发达国家和地区进口。与此相反的是，中国出口的货物中绝大部分是与国防工业相关的矿产资源，如钨砂、稀土、铝矾土等。国防设计委员会认为，在短时期内依靠民间的力量很难改变国家长期以来形成的落后状况，需要动员国家的力量及一切可以动员起来的社会力量，包括可以马上开发的矿产资源，建立符合国防需要的重工业基地。

资源委员会的方针是：尽量利用外国资本和技术；从国内选拔人才出国深造或短期进修；动员海外留学生回国效力。

资源委员会被授权选用的合适人才，大体上分为如下几类：（1）高层管理人员须是国内各业界的知名专家，例如，负责筹建湘潭中央

❶ 翁文灏，《360 百科》。

钢铁厂的严恩棫（1886~?）毕业于东京帝国大学矿冶工程系，是南京国民政府中央研究院工程研究所的研究员，任资源委员会钢铁组组长；（2）专门委员会委员须是国内本行业中威望较高的学者，例如，王宠佑（1878~1958年）任资源委员会钢铁专门委员，叶渚沛（1902~1971年）任化学专门委员，等等；（3）委员会本部科长以上及下属各厂矿负责人须是国内知名大学毕业或有留学背景的大学生或研究生。

当时，美国和英国由于日本政府的施压都表示不打算借款援助中国，只有德国主动向中国示好，表示愿意提供贷款。德国人早已对中国丰富且尚未规模性开发的矿产资源及多种农副产品垂涎三尺，因此他们主动提议以"易货偿债"的偿付方式还清贷款，中德双方达成协议，德国政府将向中国政府提供一亿马克现金贷款；中国政府将用钨砂、粗锑、桐油、生丝、猪鬃等初级产品抵付偿还。

翁文灏、钱昌照作为资源委员会代表参加这次中德贷款协议谈判，事成后资源委员会分得贷款总额的1/10，即1000万马克，用来购买机械和原材料、人员薪资的发放及资源委员会的日常开销。

资源委员会与外商签约的首批合作项目有：与德国合作的湘潭中央钢铁厂、钨铁厂、四川铜矿、炼煤厂和氨气厂；与英国、美国合作的电工器械厂；与美国、瑞士合作的机器厂；等等。

这次翁文灏到英国的一项特殊任务就是动员邵象华回国参加湘潭中央钢铁厂的建设。此前他已经从中英庚子赔款董事会了解到卡本特爵士为邵象华申请博士研究经费并得到批准，翁文灏知道必须有一个足够充分且难以拒绝的理由才能打动邵象华，使他毅然决定回国服务，而且一辈子觉得自豪和荣耀。

到了英国伦敦以后，翁文灏亲自约见邵象华，地点选择在他下榻酒店的咖啡厅，宁静的英式小屋适宜他们两人促膝交谈。翁文灏一开始向邵象华粗略地介绍了资源委员会的概况及政府发展钢铁工业的初步设想，之后他才详细谈及湘潭中央钢铁厂筹建的情况。

翁文灏说：1936 年年末，资源委员会派严恩棫带领专家组来到德国克虏伯钢铁公司与德方商议湘潭中央钢铁厂的设计方案，1937 年年初回国汇报。资源委员会当即组织中方钢铁专家论证后表示总体方案可以接受，细节问题还需详谈，专家组一致同意批准该建设方案。1937 年 5 月，严恩棫等再一次到德国洽谈该方案中具体细节的技术要求及中方提出的建厂时间表。

在他仰慕已久的前辈面前，邵象华静静地听着，没有说话。翁文灏从邵象华脸上表情细微的变化觉察到，对面坐着的这位才俊听懂了他这番苦口婆心的话，心想邵象华开始被他打动了。于是，翁文灏微笑着继续说："你继续在英国攻读博士学位当然很好，我们会尊重你的选择的。"他稍稍停顿一下，接着说："如果听我的建议，不如早日回国和我们一起办钢铁厂更为实际，更见成效。办钢铁厂是国家急需的，你可不可以暂时不要再读博士学位，马上参加中央钢铁厂筹备处工作，如果你答应我们的这个要求，作为一个技术骨干人员，你离开英国后，我们立刻派你去德国，在那里有一支我们先前派过去的参观实习队伍，我相信你会喜欢这一工作的。"

翁文灏的一番肺腑之言，句句打动了邵象华，原本藏在他心里的工业救国愿望，今日被这位德高望重的前辈激发出来了。他一时间觉得热血沸腾。在与翁文灏谈话的过程中，邵象华思忖着，自己远渡重洋、离乡背井来到英国留学，就是为了发展中国的钢铁工业。当今国家正在危难时期，需要我回国效力，我有什么理由拒绝呢？邵象华郑重地说："翁先生，感谢您刚才说的一番忠言，句句都打动了我，让我如梦初醒，受益终生。我愿意放弃读博士学位追随您报效国家，并听从您的分派。"

翁文灏紧紧握住邵象华的手，久久不放。翁文灏安排他参观欧洲的几家工厂，而后去德国与那里的同事们汇合实习。邵象华急忙写信给中英庚子赔款董事会说明主动放弃攻读博士学位而选择回国的理由。他又写信给父母说明下一步的安排及改变志愿的缘由。他从报纸上看到，"七七事变"爆发，中国人民的全面抗日战争已开始，他非常担心父母的安危。

从此以后，邵象华与中国的钢铁工业结下了不解之缘，开始了在这个领域70余年孜孜不倦、锲而不舍的耕耘和探索，贡献了自己毕生的智慧和精力。

1937年夏秋，邵象华在翁文灏的安排下先到西欧，考察了英国、法国、比利时、卢森堡等几个主要的钢铁工业发达国家的钢铁工厂，尽可能多地收集有关钢铁冶金的各种资料。

1938年1月，邵象华在英国度过旅英的最后一个圣诞节和新年后，乘坐火车来到德国克虏伯钢铁公司，与来德国的中央钢铁厂技术总负责人严恩棫汇合。严恩棫在德期间联系了中央钢铁厂派往德国学习的9人，又邀请了在德留学生和中国专家10余人。

严恩棫，1886年生，字冶之，上海人。1906年从上海赴日本留学，就读于东京帝国大学矿冶系，1912年毕业获学士学位。回国后任汉冶萍公司汉阳铁厂炼铁工程师，参加汉阳铁厂的修复、扩建和投产工作，之后负责当时我国最新、最大的大冶炼钢厂1号、2号高炉开炉的技术工作，他是我国钢铁冶金领域的先驱者之一。翁文灏请他任湘潭中央钢铁厂的技术总负责人，无论是从学历、资历还是技术、经验等方面来讲，他都是当之无愧的不二人选。

邵象华在德国与严恩棫、王之玺、毛鹤年三人组成的谈判代表组汇合。之后，从国内派来培训的靳树梁、杨树棠、李松堂、张匡夏、谭振雄、吴之凤、史通、王原泰、刘刚9人来到克虏伯钢铁公司，组成一个冶金专业学科齐全、实力雄厚、人才济济的赴德实习考察团体，人员最多的时候达到15人。按照严恩棫的实习岗位安排，他们的分工为：靳树梁学习炼铁，任领队；王之玺学习炼钢和企业管理；邵象华、刘刚、杨树棠、谭振雄学习炼钢；李松堂、史通学习轧钢；毛鹤年、许声潮、刘纯俠学习电机；齐熨、孙祥鹏学习炼焦；郁国城学习耐火材料；吴之凤学习设备维修；等等。

几个月后，当他们完成实习准备回国时，国内的局势发生了重大的变化。1937 年 8 月 13 日，日本军队突然向上海发动攻击。中国军队奋起反击，但终因寡不敌众，11 月 12 日上海失守。之后，浙江危急，江西紧张，湖南难保……设在湖南湘潭、由资源委员会投资建造的中央钢铁厂、中央机器厂和中央电工器材厂三家重要工厂，当时大部分厂房已经竣工，部分进口机器正在或准备安装。

然而，前方不断传来日军进攻势头猛烈、国民党军队节节败退的消息。资源委员会收到其上级军事委员会的命令，停建中央钢铁厂等三家工厂，并将拆卸的主体设备装箱运往云、贵、川西南地区保存。

严恩棫、靳树梁、王之玺、刘刚四位经验丰富的冶金专家，奉命急速回国参加抗战。1938 年 4 月，四人返抵武汉后遂被资源委员会派往参加由兵工署和资源委员会联合成立的钢铁厂迁建委员会工作。

湘潭中央钢铁厂停建，邵象华等人回国后的工作由资源委员会另行安排。之后，邵象华接到通知，被分派到昆明中央机器厂，这

1938 年 1 月德国克虏伯钢铁厂进修实习队合影（前排左一李松堂、左三戴礼智、左四邵象华；中排左一丘玉池，右一起靳树梁、孙德和、郑葆成，右五王之玺；后排左二杨树棠，右二齐㷖）

家工厂是不久前由湘潭搬来的，主要生产冶金机械等大型设备，当时仍在建厂中。因此，资源委员会通知邵象华暂时不要回国，安排他从德国转到瑞士参观实习。瑞士有两家机械厂与昆明中央机器厂有合作协议。他在这两家工厂参观得很仔细，全面收集需要的技术资料。1938年11月，邵象华回国后直接飞抵昆明，下飞机后直接到昆明中央机器厂报到开始工作，负责建立该厂的理化实验室和耐火材料厂。

1938年邵象华（中）在德国克虏伯钢厂
（左起：戴礼智、丘玉池、邵象华、孙德和）

# 国立武汉大学矿冶系

1939年夏，邵象华应迁在四川乐山的武汉大学的邀请，出任该校矿冶系首任冶金教授。任教四川乐山时期的武汉大学是邵象华人生中最值得记忆和怀念的一个阶段。

武汉大学正式建校是在 1928 年 8 月，校名定为"国立武汉大学"（简称武汉大学），与当时的国立北京大学、国立清华大学、国立中央大学、国立浙江大学并称为"国字号"的五大知名大学。建校初期，教育部部长蔡元培任命刘树杞为武汉大学代理校长，李四光、王星拱、张难先、石瑛、叶雅各、麦焕章 6 人为新校舍建筑筹备委员会委员，李四光为委员长。校址选在武昌东湖珞珈山。

武汉大学设立学院和学系两级。组建之初，设社会科学院、理工学院、文学院三学院，并设预科，分文理两组。同年 6 月，社会科学院改名为法学院，1936 年农学院成立。至此，武汉大学已建成文、法、理、工、农五学院的多学科综合性大学。

1937 年 11 月上海沦陷后，位于长江中游的武汉三镇危在旦夕。1938 年 2 月 21 日，武汉大学召开第 322 次校务会议决定迁校，并将一至三年级学生暂迁至四川乐山，暑假期间再迁至贵阳，四年级学生仍留在珞珈山结束学业。校方将此迁校方案报请教育部批复，不久教育部批准此方案。武汉大学成立迁校委员会，会上一致推选杨瑞六、邵逸周、方壮猷、刘廼诚、曾瑊益、郭霖、叶雅各为委员，杨瑞六任委员长。同时决定在宜昌、重庆两地设立迁校办事处，先将部分重要的图书、精密仪器运往四川。会后，杨瑞六和邵逸周起程前往成都，再从成都转往嘉定（今乐山）。

1938 年 8 月，武汉大学收到国民政府教育部训令，要求武汉大学农艺系并入同迁至乐山的中央大学，武汉大学增设矿冶系，由工学院院长邵逸周兼任系主任，后来周则岳继任矿冶系主任。武汉大学嘉定（乐山）分校有教授 104 人、讲师 13 人、助教 4 人。新建的矿冶系教授人才缺乏，一时间难住了邵逸周和周则岳，但最着急的人却是王星拱校长。矿冶系建立之初，王星拱就给当时任国民政府经济部部长的翁文灏写了一封信，请求将留英冶金硕士、炼钢专家邵象华借调到武汉大学任教。翁文灏由于湘潭中央钢铁厂停建而把邵象华安排在昆明中央机器厂，本当是一种权宜之计，心里原本存在亏欠的感觉，如今王星拱提出借调邵象华的要求，正合翁文灏的心意。于是，他让下属分别通知王星拱及邵象华本人，暂时借调武汉大学的决定。

1939 年 8 月，邵象华辞别昆明中央机器厂，独自由昆明至成都，再由陆路登上乐山，开始了他的教授生涯。桃李育人之路对于他来说并不陌生，之前在国立交通大学短暂的助教工作是他教书育人职业生涯的一次启蒙和练习。

1940 年秋，邵象华在武汉大学任教一年后，资源委员会拟将他召回另用，武大校长王星拱再次致函翁文灏，恳请允许邵象华继续在校留任一段时间。王星拱在信中写道："至恳先生一本爱护本校之热忱，惠允邵君来校暂任课务。一俟该科教授觅得相当替代人员，再返贵部工作如何？"此后，经翁文灏批准，邵象华又在武汉大学继续任教数月，至 1941 年离开。武汉大学档案室至今保存着王星拱致翁文灏部长的这封信函手迹。

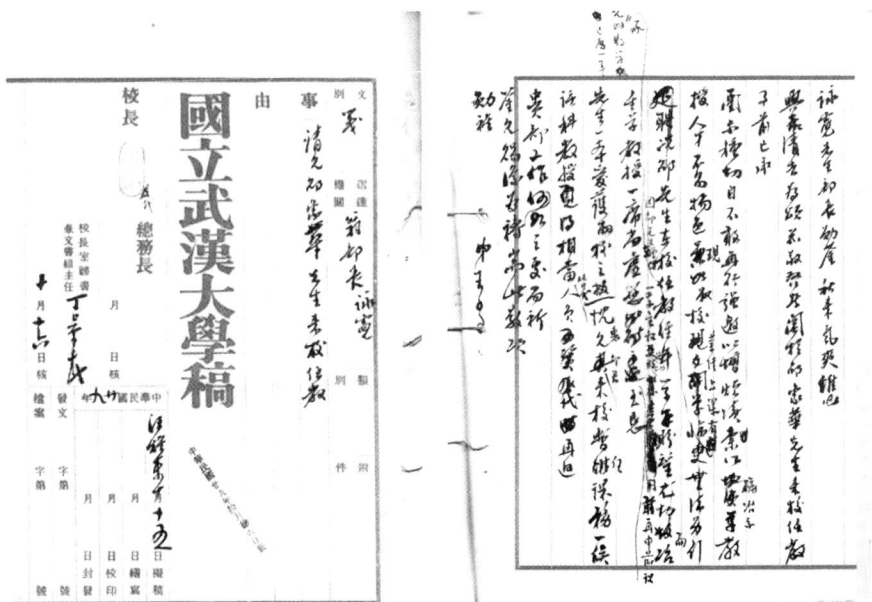

1940 年 10 月 26 日王星拱请允邵象华继续留校任教的函件❶

❶ 档案编号 1940：34，武汉大学档案馆。

王星拱信函全文如下：

詠霓先生部长勋鉴，秋来气爽虽心。

兴嘉清者为颂。兹敬启者关于邵象华先生来校任教事前已承。

台示悬切，自不敢再行强邀以增烦渎。素以矿冶系教授人才不易物色，现数校业经上课有时。因承允邵先生在此教学已历一年，而冶金学教授一席尚虚悬，学子望教更为殷切，现在开学临（近）更无法另行延聘，敢再申前议。至恳先生一本爱护本校之热忱，惠允邵君来校暂任课务。一俟该科教授觅得相当替代人员，再返贵部工作如何？尚祈鉴兄赐复为祷，专此敬颂勋旌。

弟　王××

武汉大学档案馆保存的邵象华教授授课一览表[1]记录了邵象华1939~1940年两学年讲课的课目、学时及学生人数。

### 国立武汉大学邵象华教授1939~1940年授课一览表

| 序号 | 课目 | 专业 | 周学时 | 学分 | 学生人数 | 周学时 | 学分 | 学生人数 |
|---|---|---|---|---|---|---|---|---|
| 1 | 《工程材料》 | 土木二 | 2 | 2 | 42 | | | |
| 2 | 《工程材料》 | 机械二 | 2 | 2 | 42 | | | |
| 3 | 《工程材料》 | 电机二 | 2 | 2 | 23 | | | |
| 4 | 《工程材料》 | 矿冶二 | 2 | 2 | 14 | | | |
| 5 | 《冶金学》（1）铁属 | 矿冶三 | | | | 3 | 3 | 11 |
| 6 | 《冶金学》（2）非铁属 | 矿冶三 | | | | 3 | 3 | 11 |
| 7 | 《冶炉及耐火材料》 | 矿冶三 | | | | 3 | 3 | 11 |
| 合　计 | | | 8 | | 121 | 9 | | 33 |

授课的同时，邵象华还承担矿冶实验室、理化分析室和燃烧实验室三个实验室的建设工作。武汉大学矿冶系实验室的筹建和建设，他付出的精力要比授课更多，同时他也得到了比较全面的历练，为他后来的干练老成、办事扎实稳重打下了基础。

---

[1] 武汉大学档案馆徐正榜老师2010年12月27日录制整理，武汉大学档案馆。

这一年，邵象华的处女作《钢渗氮硬化机理研究》（英文版）被《英国钢铁学会论文集》收录；1940 年，他撰写的第二篇学术论文《金属研究的物理方法》发表在《中英庚款董事会纪念论文》上。

著名科学家、物理学家，中国科学院院士张兴钤先生 1937～1942 年就读于武汉大学（乐山），毕业后又分配到四川綦江电化冶炼厂，在邵象华先生的具体指导下工作，与邵先生有较长时间的接触，邵先生给他留下了深刻的印象。

谈到在武汉大学学习时期，张兴钤先生在他的回忆文章❶中写到，1939 年邵象华老师被聘任为武汉大学第一任冶金教授，来校后的主要工作是筹建矿冶系，建设教学必需的冶金实验室，同时还为其他系开了工程材料学等课程。邵老师学术渊博，有雄厚理论根基和丰富实践经验。在讲课中他条理清晰，既深入浅出地讲清了基本概念，又指出了其实际意义和应用。每次讲课他都认真准备，如在讲作为钢的组织和性能基础的铁碳相图时，他将事先亲自用大张绘图纸工整绘制的相图挂在黑板上，大家一目了然。同学们上他的课是一种享受，既学到了知识，又领受了他严谨治学的态度和娴熟的表达技巧。他还写到，当时虽是抗战的困难时期，但武大的学术气氛十分浓厚，经常举行学术报告会，由教师自选题目，在由旧庙改成的大教室中作学术报告，全校师生自由参加。听众非常踊跃，座无虚席，而且有很多同学站着也听得津津有味。邵老师也作过几次学术报告，讲西欧各国钢铁工业的发展情况，结合讲他在四川、云南等地亲自调查所了解的我国自古就有的土法冶炼方法。邵老师的报告内容新颖生动，联系实际，至今印象犹深。那个时候武大物质条件比较艰苦，精神生活却并不单调。邵先生对当时生活更加艰苦的学生们的学习热情感触极深，对那些青年学生满腔热情地从事各种爱国活动更是同情之心油然而生，由旁观进而参加和支持。对邵先生的一些正义行动，老校友们至今念念不忘。

---

❶　张兴钤. 访问邵象华院士. 珞嘉岁月，武汉大学北京珞嘉编辑部，2003：223～228。

# 历史系新生

1936 年夏，武汉大学历史系招了一位女新生，名叫王晓云，江苏宜兴人，典雅聪慧，能歌善舞。一次偶然的机会，邵象华与王晓云相识、相恋，并终成眷属。自此，相濡以沫，携手共度七十载。

王晓云，1916 年 4 月 26 日生，江苏宜兴张渚镇人。太湖之滨的宜兴是我国著名的陶器之乡，尤其以鼎蜀镇和张渚镇生产的陶器最为著名。张渚镇是太湖通往京杭运河的要冲之地，行商坐贾，熙来攘往，将一个小小的张渚镇搞得热闹兴旺。

王晓云的父亲是一位忙碌的生意人，中年丧妻。王晓云有五个哥哥和一个大姐。她虽然从小就失去母亲，但外公、舅舅及大姐和哥哥们的呵护、抚爱、关怀，使她的童年和少年时代的成长过程充满阳光，享受着快乐和温暖。

1929 年，13 岁的王晓云小学毕业，已出落成亭亭玉立、多才多艺的少女。她向往宜兴外边世界的多姿多彩，她想去南京、上海等大城市读中学。她的想法遭到父亲的反对，但她并不气馁，转而向兄长们求助，请求他们说服父亲。结果如往常一样，退让一步的总是疼爱她的父亲，但只同意她报考苏州中学。

王晓云不负众望，以优异成绩考取了省立苏州中学，这是江苏省的一所著名中学。此后，王晓云告别了这个充满爱和温暖的家庭，开始了独立生活，面对这个正义与邪恶、富裕与贫困混杂的社会，学会分辨和思考。王晓云在省立苏州中学学习 6 年，学习成绩年年名列年级第一，成为张渚镇传颂的佳话。1936 年夏，王晓云高中毕业，报考了国立武汉大学历史系，并顺利地被录取。

1930 年王晓云就读苏州中学初中　　1936 年王晓云投考武汉大学报名表

1936 年王晓云填写的武汉大学学生入学志愿书

　　1937 年 7 月 7 日，卢沟桥事变爆发，全国各地迅速掀起抗日救亡运动的高潮。当时武汉大学内各种鱼龙混杂的社团组织纷纷成立。初到武汉大学，王晓云眼花缭乱，她忙于学习，无暇顾及学校社团间的政治辩论。

抗战之初，珞珈山武汉大学的社团组织按政见及活动内容大体可分为以下几类：进步组织，即地下党组织领导的社团，宣传抗日救国，主张国共两党团结，反对分裂；中间爱国群众组织，其中的领导和骨干一般是有一定声望的爱国青年，主张抗战高于一切；少数反动组织，其骨干分子是国民党或三民主义青年团，或是军统、中统成员；还有一类中间组织，它们只定期开展学术讲座，不带有鲜明的政治倾向或政治目的。

珞珈山武汉大学原来宁静优雅的校园如今已难再现，抗战时期它更像一个纷杂的小社会。王晓云这个充满着理想和爱国激情、来自宜兴的小女生，默默地观察着校园这个小社会里将会发生怎样的变化，心中想着自己怎样选择未来的道路。

1937 年 12 月 31 日，当时负责主持八路军武汉办事处工作的周恩来应武汉大学抗日问题研究会的邀请莅临学校演讲，讲了同学们关心的三个问题：今日的抗战形势、今日的青年运动性质、今日的青年运动任务。他的演讲鼓舞着武汉大学地下党组织和进步社团组织，之后由于进步青年纷纷参加，这些进步组织的成员明显增加。

王晓云经过多次细心的观察和思量，决定参加抗战问题研究会（简称抗研）❶。这是一个在学校中有很好声誉，而且活动形式多样且活泼的进步团体。抗研成立于 1937 年秋天，是由当时武汉大学进步学生潘乃斌（后改名潘琪，中华人民共和国成立后曾任交通部副部长）、钱祝华（后改名钱闻，中华人民共和国成立后曾任江苏教育报刊社总编辑），以及北平沦陷后流落到武汉大学读书的共产党员秘密发起的。抗研成立后于 1937 年年底，便邀请周恩来第二次来学校演讲。此后，抗研声誉大振，成为武汉大学知名的社团组织之一。

王晓云天生丽质，能歌善舞，喜爱表演。一天，她听说武汉大学成立了一个名叫汤池训练班的组织正在招生，这个组织是宣传抗

---

❶ 顾谦祥，等．乐山时期的武大抗研．武大学运文选：39。

日的，她兴致盎然地跑去报名，当即被汤池训练班招为新学员，参加培训。从此以后，王晓云平静的读书生活被汹涌的抗日爱国活动所冲击，她个人的命运也已无形地与国家、民族、家庭的共同命运紧密地联结在一起。

汤池训练班采用民众喜闻乐见的歌舞、小品、快板之类适合街头演出的形式，宣传抗日救国，以唤起民众的爱国热情，鼓舞民众以各种力所能及的方式，支援前方抗战将士。武汉三镇的广场或宽阔的街头，只要锣鼓一响、琴弦一拉、歌喉一展、舞姿一摆，民众便自行围成一圈，热烈鼓掌，大声叫好。训练班经常演出《放下你的鞭子》等话剧小品，以及当时流行的抗日歌曲和腰鼓表演等。

1938 年 4 月，国立武汉大学西迁乐山，二年级学生王晓云随学校入川。汤池训练班中的活动使她有机会接触到学生中的地下党员或进步学生。1938 年 10 月底的一个星期日，抗研乐山成员在李公祠理学院的一间教室里开了恢复活动的重要会议，会议选举出干事会及总务、宣传两大组负责人。领导成员是：总干事顾谦祥；干事朱祖仁（党员）、向勋、翟锦文（后改名黎军）、沈立昌、杨亚男；总务、宣传两大组的总负责人不详。宣传组下设壁报组，由叶琼负责；歌咏组由张是我负责；话剧组由王晓云、周钥负责。乐山抗研成立之初只有 30 余人，到 1939 年夏天其成员人数已扩大到 80 余人。

抗研活动通常有三项固定的内容：一是组织讨论会，主题定为"声讨卖国贼，警惕投降派""团结起来，枪口要对外""前方在流血，后方怎么办"等民众关注的国家存亡问题；二是布置和组织"壁报战"，将讨论会上的发言用壁报的形式公示于民众，引起民众的热议和争辩；三是组织歌咏和话剧演出，抗研的话剧组十分活跃，常常自编自演抗战剧目，并将演出话剧募得善款送交前线支援在那里浴血奋战的抗日将士们。王晓云参加主演过的五幕话剧《自由魂》，从农村到周边县市巡回演出，令观众抛洒热泪、情绪激昂，久久不愿离场。所得票金全部捐给抗日前方战士做寒衣，影响很大。

1938年参加中共地下党组织的抗日宣传话剧演出（王晓云：前排左二）

邵象华从昆明中央机器厂只身来到偏远陌生的乐山武汉大学，教授们每天奔走在教室和宿舍之间，彼此之间很少往来，邵象华常去看学生们的各种演出。有一次，抗研演出《自由魂》，他被王晓云秀丽、典雅的气质深深吸引。此后，他开始特别关注抗研的活动，尤其是王晓云的点滴。这位宜兴少女已经逐渐走进了他的心，使他难以忘怀。

由于王晓云参加共产党领导的抗日活动，在白色恐怖开始后，她成为重庆国民政府的抓捕对象，在迫不得已情况下她改名为王映辉。1940年7月6日，乐山武汉大学校园里发生白色恐怖事件：国民党御用的反动组织奉命大批逮捕学生，抓捕的对象是抗研成员，王晓云也被列在这份名单中。邵象华得知后，事前先将王晓云安置在一个安全地方，而后将她秘密送往重庆。

邵象华将王晓云送到重庆北碚的哥哥邵象伊家中避难。不久前，邵象伊随江苏医学院从镇江西迁到重庆北碚后，旋即写信告诉弟弟他在重庆北碚的详细地址。邵象伊住的是一栋两层独楼，第一层为中华医学会办公用房，白天有人在此办公，晚上偶尔有人居住；第二层住着邵象伊一家。抗战时期的北碚常常是战时国民政府下属机构内迁的目的地。例如，重庆国民政府兵工署下属矿冶所设在北碚，后来魏寿昆先生也曾在矿冶所工作直到抗战胜利。

王晓云随邵象华暂到北碚避乱，从恐慌中平静下来后，她已无法自我辩解，承认自己已爱上了邵先生——一位终生难遇的英才，同时她喜欢上了邵象伊一家人。

邵象华安排好王晓云之后回到乐山，听到很多令他感动的事情，例如，校工老姚挺身而出保护学生，老姚是管理女生宿舍的老校工，为人正直、善良，深得楼内女生们的尊敬，老姚勇敢的行为使学生杨亚男免遭逮捕；教授丁燮和、戴名巽把地下党员翁盛光等 5 人隐藏在自己家中；大逮捕发生后，机械系郭霖教授发起并组织全校教授联名向国民党当局质问学生爱国何罪、抗日何罪，要求立即释放无辜的被捕学生，并最终取得胜利。自此，他也加入到营救被捕学生的行列中。进步学生卢祥麟等人遭国民党特务逮捕，面对刑讯拷问，不屈不挠，据理力争，当时的乐山中共地下党书记廖寒非及武大地下党负责人杨维哲等组织全力营救，发动武大进步教授朱光潜、陆侃如、冯沅君、郭霖、邵象华、丁燮林等，在王星拱校长的率领下，向乐山当局严正交涉，卢祥麟等武大同学在遭受三个月的狱中折磨后终于获救[1]。

不久，校园白色恐怖渐渐平息，学生们纷纷回校。邵象华到北碚接王晓云回校继续学习。

1941 年，资源委员会决定在川黔边界的綦江兴建一家钢铁厂，命邵象华待命择日赴任。他安排好武汉大学矿冶系的工作，向校长王星拱辞职。他将调动的事情告诉王晓云，等待她的回答。她

1942 年王晓云武汉大学毕业照

平静而坚定地说，愿与邵先生相随相伴，永守一世。她希望他们的婚姻能够得到双方长辈的祝福，邵象华点头赞同。乐山与綦江同为巴蜀之域，邵象华赴綦江上任后，王晓云全神贯注于学业。

1942 年夏天，王晓云完成学业，获武汉大学历史学学士学位。

1942 年母亲吴道芳写给邵象华的亲笔信

1942 年初夏，邵象华收到发自上海的家信。母亲在信中写道：

华儿：来信均收到，知你身体健康并已与王女士订婚，不胜欣慰之至，祝你们相敬相爱，感情永固，体如金刚。久盼照片，不知已寄出否为念！所云结婚拟待她毕业后举办甚为合理。为期是否在明年暑假中，彼时若能世界和平，路途无阻，则可来沪举行婚礼，那我之喜乐倍增矣。王女士几月几日生日，她的名字叫晓云。忆我有小名亦叫小云，我幼时我长者皆呼我为小云，惜那个"小"字，我现在不大记得清楚。我之结婚系于三十三年前十二月二十二日，在杭州四外祖父家举办，后于次年二月二十二日回至邵府。王女士订婚邵氏亦为二月二十二日，虽有新旧历之别，总有"二二二"之同，既有此两不约而同的巧事。我希望王女士来归我家后能与我同心合力，同我自己女儿一样亲近。再同你之爱护我无别，固能如此，则可加你老弱母亲晚年的幸福，而唤起我多年沉闷不自如的精神，我深望念。既一时不能同你见面，总望你多多来信为盼。

　　此询，近好。

四月二十三日　馥宇

1942年9月邵象华、王晓云结婚留影（左起：刁伦然、周慕兰、靳树梁、王晓云、邵象华、毛鹤年，右二起：戴礼智、丘玉池）

　　这封充满父母亲切祝福的信，让邵象华和王晓云为之动容。邵象华心里清楚，这一年父母均已年逾半百，体弱多病，动荡时局的上海，物资匮乏，缺医少药。他想起父母艰难的情景，泪水含在眼中。王晓云也在同一时间收到了王家亲人的祝福。

　　1942年9月2日，王晓云带着幸福的梦想来到重庆，邵象华的好友刁伦然、周慕兰、靳树梁、毛鹤年、戴礼智、丘玉池等相聚在一起为他们举行了简单而隆重的结婚仪式并合影留念。

1943 年邵象华、王晓云的女儿邵贝羚出生。

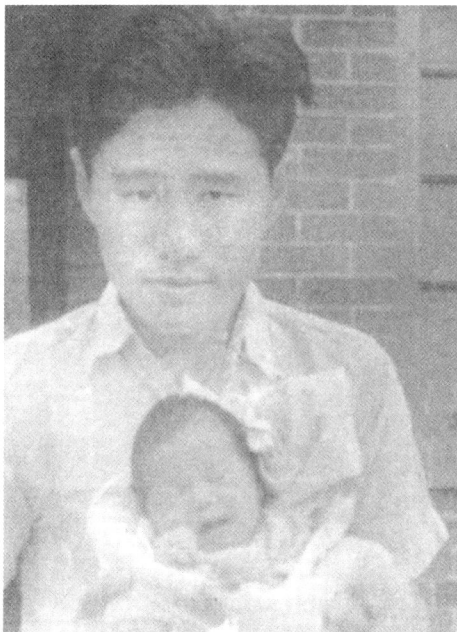

邵象华与 7 天的女儿

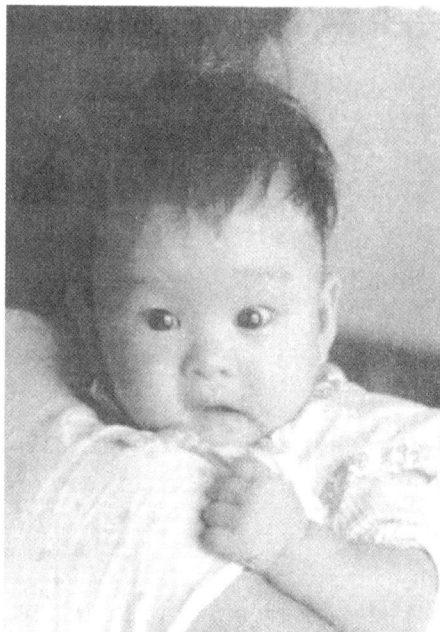

女儿 4 个月

# 第二章

## 三破工业救国梦

在中国古代科学技术发展的历史上，曾经出现过不少卓越的科学家和技术专家。他们创造的辉煌成就，不论在科学或是技术方面都对世界文明发展作出了杰出贡献，使中华民族毫无愧色地屹立于世界民族之林。我国古代的火药、造纸术、指南针和印刷术的四大发明，极大地促进了世界社会的变革和科学技术的发展，促进了人类社会的进步。

15世纪以来，由于中国的封建社会进入了晚期，政权日趋腐朽没落，严重地束缚了生产力的发展，使中国长期居于世界领先地位的科学技术停滞不前。西方国家经过文艺复兴和工业革命国家强盛了，生产发展了，技术也进步了。1840年帝国主义列强乘坐坚船，使用利炮轰开了闭关自守古老中国的大门，腐朽的清王朝丧权辱国，中国逐渐沦为半殖民地半封建社会。鸦片战争中帝国主义列强的坚船利炮唤醒了中国的知识界和爱国的仁人志士，他们抱着"科学救国""工业救国"或"钢铁救国"的各种美好愿望，为了探求民族富强之路，开始了艰苦卓绝的奋斗。邵象华就是这样的人，他怀着"工业救国""钢铁救国"的愿望，认为只要有了钢铁我们也能造坚船、利炮，就能抵御列强的侵略，把列强从中国赶出去。他们漂洋过海到西方学习先进技术，以实现"科学救国""工业救国"的愿望。但邵象华却经受了"三破工业救国梦"的遭遇。

# "中央钢铁厂"缓建

南京国民政府资源委员会于1935年决定筹建"中央钢铁厂"，厂址设在湖南湘潭，这是邵象华被邀回国参加的首个项目。我国著名的钢铁冶金学家、炼铁专家严恩械被邀参加筹备工作，并担任技术总负责人。承担中央钢铁厂设计任务的是德国克虏伯钢铁公司。但到了 1938 年 2 月，国内形势急剧恶化，当年夏天，日本侵略军的铁蹄已踏上湖南，"中央钢铁厂"所在地已经沦陷，资源委员会决定该厂缓建，邵象华被暂时分配至建设中的生产动力机械的昆明中央机器厂。邵象华工业救国的第一个梦在侵略战争的硝烟中破灭了。

# 创建的炼钢厂停产

1943 年年初，邵象华偕王晓云来到四川綦江电化冶炼厂，担任正在筹建的第四分厂（炼钢厂）厂长职务。电化冶炼厂总经理是叶渚沛，他同时担任资源委员会化学专门委员及重庆炼铜厂厂长、

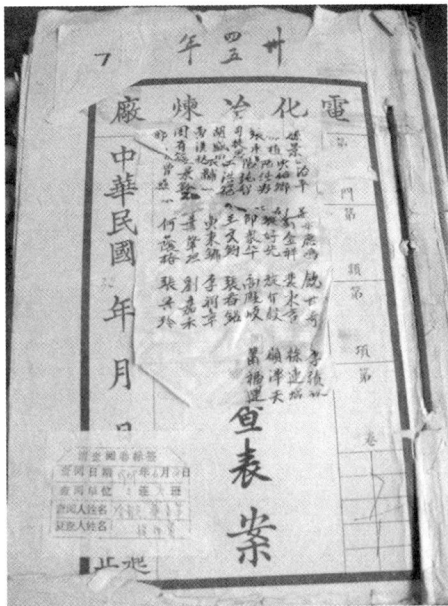

1942 年邵象华的资源委员会员工印鉴纸　1943 年四川綦江电化冶炼厂职员名单

总经理等多种职务，无暇顾及电化冶炼厂炼钢分厂（今重庆钢铁公司第四炼钢厂）的筹建工作。这是邵象华回国后首次独立承担建厂任务。邵象华曾坦言，綦江电化冶炼厂建炼钢分厂是他工业救国梦想开始实现的地方，也是他人生中迈出的重要一步。

邵象华到达綦江后立即开始了调研，带领一个调查组深入茂密的丛林，足迹遍及綦江方圆数百华里去寻找调查铁矿、焦煤及电力、运输等炼钢厂必需资源的储藏量和运输条件；之后，他们再到重庆、成都考察炼钢及各种机械设备的制造能力。

回厂后，邵象华分析了当时国内外的炼钢方法以及四川省乃至全国铁矿资源中杂质（主要是磷）含量的状况，提出搞平炉炼钢的建议。在资源委员会的支持下，邵象华立即着手新型碱性炼钢平炉的设计和制造。

与当时国内平炉设计都是由经验数据形成的设计方法不同，邵象华在这次碱性平炉设计中，第一次应用发达国家通行的冶金炉热工原理及流体力学理论，即采用冶金炉设计中的流体流动及传热和传质平衡计算，得到的数据为平炉及其辅助设备的设计提供较为科学的依据。这座容量只有 15t 的碱性平炉在当时的抗战后方已是最大炉体，在建造这座平炉过程中，邵象华因地制宜，尽量就地采购那些容易取得的、价格适宜的、性能合适的物品，例如采用当地土法生产的一种名叫泡沙砖的材料代替碱性平炉炉顶通常须用的硅砖；在满足炼钢安全生产的前提下，除主厂房外，辅助厂房大多采用木结构，只在出钢口位置才用钢筋混凝土浇注，以解决当地钢材、水泥困乏的问题；等等。

这座邵象华用心血灌注的碱性平炉于 1944 年年底在投产前进行试产。炼钢平炉试产一次成功，当即宣布正式投产。碱性平炉的成功是邵象华践行工业救国梦想道路上的第一步，1944 年撰写发表了永载史册的著名之作《炼钢平炉之设计》。

1945 年抗战胜利后，綦江电化冶炼厂已完成它的历史使命，宣布停产。邵象华第二个工业救国梦也很快破灭了。

1943年与就职于四川綦江钢厂的同仁及家属合影（第一排左起：丘玉池夫人
抱女儿丘俞青、李松堂及女儿李丽琳；第二排左起：郑葆成夫人、许邦友夫人、
王晓云抱女儿邵贝羚；第三排左起：杨树棠夫人齐缀、李松堂夫人王淑清、
邵象华；第四排左起：许邦友、杨树棠、郑葆成。拍摄：丘玉池）

# 国民党统治下的鞍钢
# 艰辛复产，不了了之

  1945年8月15日，日本宣布无条件投降，中国人民前仆后继的
14年浴血抗日战争终于取得伟大的胜利。资源委员会分别电告靳树
梁、邵象华、李松堂、王之玺、毛鹤年、杨树棠6人，派遣他们急

速赶赴鞍山，参加接收原日伪管理的鞍山钢铁企业❶。

1945 年 8 月 23 日，苏联红军大批进驻辽宁省各主要城市，在进驻钢铁工业重镇鞍山后立即宣布实行全市军事管制。苏联发布公告称日本在中国东北三省的战略物资均为战利品，归苏联所有。这一天，苏联红军军管会召开鞍钢职工大会，在会上宣布：奉红军上司命令，从即日起苏联红军将鞍山原日本昭和制钢所管辖的钢铁厂设备统统拆卸，25 日前全部装载列车运回苏联。

鞍钢史载：鞍山钢铁公司下属公司被苏联人拆卸运走主要设备的工厂有 25 家，总吨位达 69750t。由于关键设备被拆光，收复后无法全部开工或重要工序无法恢复生产的工厂占鞍山市厂矿总数的一半以上；而且这些停工的厂矿多数为鞍山市的主要企业，它们的长期停产甚至关闭使得鞍山这个重工业城市居民失业而无生活来源，不得不拖儿带女投亲靠友寻找生路，大量熟练技工流失，导致后来复产时几乎找不到懂技术的工人。

邵象华亲历过这段受辱的历史，他回忆道：苏联出兵参加东北的抗日战争是美国、苏联、中国三国的协议中规定的。按照协议，日本投降后，苏联军队应撤军回国，把占领的地区归还给中国。然而，苏军进驻鞍山，将鞍钢比较好的或比较新的设备都运走了。原来的鞍钢第一炼钢厂的主要设备都是从德国克虏伯钢铁公司等世界著名的设备制造厂引进的，日本人用了几年，有些陈旧。后来日本人自己设计建造的第二炼钢厂彼时刚竣工投产，其设备都是新的。苏联人拆走了第一炼钢厂的主要设备，留下了一些辅助设备，搬走了第二炼钢厂的全部设备，只留下一座空房子。同样，炼铁、轧钢等工厂的设备凡是新的都被搬走了，留下的大多是老、旧、坏的设备。

资源委员会全面接管鞍钢并宣布成立鞍山钢铁公司，在接管大会上宣读了公司领导名单：邵逸周担任公司总经理，下设 6 位协理

---

❶ 鞍钢志 1916~1985（上卷）. 人民出版社，1991：11。

（相当于临时厂长），即靳树梁任第一协理（亦称总协理、常务协理），主管炼铁厂；邵象华主管炼钢厂和耐火材料厂；李松堂主管轧钢厂；杨树棠主管铸造厂；王之玺主管公司管理；毛鹤年主管发电厂（动力和能源）。显然，这套公司级领导班子正是当年资源委员会派到德国克虏伯钢铁公司实习的原班人马，可见当年翁文灏、钱昌照的谋略高远。这种谋略在军事上称为"谋而后动，出奇制胜"。

总经理邵逸周原是武汉大学矿冶系教授，与邵象华在武汉大学乐山时期有过两年左右的共事时间，虽然时间不长、交往不深，但彼此留下了良好的印象。

资源委员会给接收班子下达了两项任务：其一是把伪满时期鞍钢管辖的 23 家工厂，按整体编制原则进行改组、合并，重新设立八厂、一处、一室、一所等单位；其二是尽快恢复生产，具体要求是钢铁厂须在 1946 年恢复 1 号和 2 号高炉，每座高炉要求日产生铁400t，年产要达到 20 万吨的目标。资源委员会认为若鞍钢早日产铁，其后的炼钢厂等工厂相继复产也就顺理成章了。

复产的经费由资源委员会全额拨付。初期，职员的工资还能按时发出；几个月后，公司经费已经捉襟见肘，挖东墙补西墙；又过几个月，公司经费已弹尽粮绝，竟然连保全职工一家的基本生活费也发不出来了。迫于无奈，公司决定售卖日伪时期留存下来的钢铁制品（如钢材、铁锭等），或者半成品（如机器零件、毛坯等）。

邵逸周总经理多次和邵象华外出推销钢材。邵象华回忆说：我们听说开滦煤矿已经复产需要钢材，我和邵逸周跑到煤矿那里，与该矿负责人商定供货价格和数量，而且我们保证煤矿需要多少钢材、需要什么品种，我们都能按时按品种满足其要求。我和邵逸周还跑到北京参加订货会，参加会议的多数代表是国民政府在全国各地工矿企业的接收大员。会议中间，我们售卖钢材或半成品，他们愿意与鞍钢签订供货合同。鞍钢毕竟是著名的大公司，信誉高。

邵象华协理的主要工作是恢复第一炼钢厂的生产，而被苏联人洗劫一空的第二炼钢厂经与公司管理层商讨后，一致认为短时间内无能力复产，因此暂时搁置，待时机成熟后再议。邵象华和张春铭、刘嘉禾等工程技术人员走入苏联人不屑一顾的第一炼钢厂德国克虏伯钢铁公司早期旧式的平炉车间，抬头看天车，车体已被卸去，只见道轨上覆盖着一层厚厚的尘土；电线被窃，水路堵塞，废物满地，东倒西歪，一派破落荒凉的景象。掀起沉重的平炉炉门，凝固的钢水默默地沉睡在炉膛内。

鞍钢第一炼钢厂宣布复工的消息不胫而走，职工们奔走相告。该厂大部分工长和岗位工人陆续回厂，许多人还带回来厂里的零部件，有用小车推着的，有两人抬着的，有一个人扛着的……热热闹闹，有说有笑。他们告诉厂领导，这些厂里的东西带回家藏着是担心被苏联人抢走，因为他们相信鞍钢复产终究会是指日可待的。

邵象华调查了回厂复工的工人，结果令他很失望，因为他们中间竟然没有一个炉前工，更没有技术人员。他们告诉邵象华，日本人不让中国工人学会炼钢技术，只让中国工人做重活、累活、脏活这类辅助事情。邵象华决心培养鞍钢的技术工人、技术员和工程师。于是他提拔张春铭为副总工程师、刘嘉禾为炉长，他们二人在綦江电化冶炼厂炼过平炉钢，为此，邵象华把鞍钢第一炼钢厂复产的具体工作委托他们去做。

一日，他经多方打听获悉有位日本炼钢工程师正在打点行装，等待回国的轮船。他登门拜访并诚恳地邀请这位日本工程师留下来，协助钢厂复产。这位日本工程师却说："几天前，我们几位日本炼钢工程师一致认为鞍钢已经'死'了，它永远不能再复活了。没有设备、没有技术、没有熟练工人和技术人员，这样破落的鞍钢还能复活吗？"话毕，他的脸上露出嘲弄的表情。这番尖刻的话如同刀子般句句刺痛邵象华的心，他没有气馁反而斗志猛增。他相信只要炼钢厂职工群策群力，就一定能让这座沉睡已久的平炉恢复生产。

修复后，100t 平炉炼了几千吨钢，此时国内时局发生了重大的变化，蒋介石违背民意，公然撕毁国共两党签订的《国共双方会谈纪要》（《双十协定》），挑衅生事，制造是非。1946 年蒋介石发动全面内战，在东北实施大规模进攻。修复后的鞍钢，出了 9000t 钢就又宣告停产了。在公司决定停炉的那次会议上，30 多岁的成年人——邵象华竟当众忍不住泪流满面，泣不成声。（50 多年后，应工程院要求书写自述，谈到这段时邵先生仍然说：真不好意思向您坦白，事隔半个世纪，写到这里我又眼睛发酸。）

1948 年元旦开始，东北人民解放军在冬季攻势中以势如破竹、摧枯拉朽之势，使国民党军队丢城失地，一举解放了东北三省大部分城市，此时东北全境解放已指日可待。

邵象华说，随着解放战争的进行，国民党政府越来越惊慌了。鞍山解放前夕，国民党军队把厂里能用的钢材、钢锭及机器设备都抢走了。邵象华不能忘却的一件事是，在一次鞍钢公司会议上，总经理邵逸周沉重地宣布鞍钢从当日起全面停产。邵象华幻想工业救国的美梦在国民党统治时代再一次付之东流，成了泡影。

1946 年邵贝羚

怀着满腔爱国热情的邵象华正当年富力强，精力充沛，真心实意想为国家的钢铁事业贡献才华，干成一些实事，来实现其工业救国的美梦。但想不到美梦却遭遇了一次又一次的破灭。他想不通，心情也十分沉重，也许工业救国梦原本不属于那个时代。

1946 年 9 月，邵象华的儿子邵贝恩在上海出生。

# 第三章

## 新生鞍钢的复产功臣

# 奉命接收鞍钢

1948 年 2 月 19 日，东北人民解放军第四、六纵队及其他人民武装在第四纵队吴克华司令员的统一指挥下，对盘踞鞍山两年多的国民党军队发起了全面进攻。经过激烈战斗，一举解放了鞍山，全歼守敌国民党军 52 师、25 师及交警、矿警、地方保安团 1.3 万余人，生擒 25 师师长胡晋生，国民政府鞍山市市长罗永年逃至鞍钢大白楼自杀。鞍山这个闻名中外的重要工业城市回到人民的怀抱。1948 年 4 月 4 日成立了鞍山钢铁厂，厂长由曾参加过长征的老红军兵工干部郝希英担任，副厂长为原东北局财经计划室副主任王勋。鞍山钢铁厂成立时，东北全境尚未解放，沈阳、锦州等地还在国民党军控制下，鞍山局势异常复杂。为此，中共鞍山市委、市政府以及鞍山钢铁厂把工作重点放在保护鞍钢，护厂、护矿、护工人和工程技术人员上。

1948 年年初，党中央东北局接到中共中央对鞍钢工作的指示，要求鞍钢军代表必须保护好技术人员和工人，帮助他们解决生活困难，不得让他们流离失所，不准饿死一个人，必要时可暂时将技术人员和骨干力量送往解放区安排。鞍山市军代表严格执行这一指示。

早春二月，鞍山冬眠未醒，仍然天寒地冻。镇公所离市区约 10 公里，没有汽车运送，他们只能步行，一阵寒风迎面扑来，让人禁不住打个寒战。靳树梁、邵象华等协理一行人被安排住在镇公所，他们搞不懂政府的真实意图，靳树梁便去问原因，希望军代表如实告知。这位军代表和善地说，鞍钢是人民的鞍钢，生产是一定要恢复的，到时候政府要请你们去恢复生产。当前时局还比较混乱，我们的任务是保护你们的安全，因此把你们带到镇公所暂住几天，待首长新的指示下来再另行安排。靳树梁、邵象华等人在镇公所住下几天后，便由解放军护送到解放区丹东市，组织他们学习党的政策，包括知识分子政策、经济政策等。

1948年10月，邵象华被暂时借调到鸡西一家小铁厂帮助解决技术问题，他去了几天完成任务之后，便从鸡西直接奔赴位于哈尔滨的中央人民政府重工业部报到，等待分配工作。邵象华回忆说，丹东学习班实行供给制，几个人住一间房，吃高粱米和大豆制品，衣服鞋帽及日常用品（如牙膏、牙刷等）都由当地政府定期发放。他觉得供给制挺新鲜、挺特别、挺省心，他渐渐地适应了。几个月的系统学习，使邵象华与他的同事对中国共产党和人民政府有了较全面的认识，他们表示愿意在鞍钢复产中做好工作。

1948年2月，参加技术人员丹东学习班（前排左起：
杨树棠、王晓云、邵象华；后排左起：李松堂、
毛鹤年、曼纳尔（德国专家）、李永衡）

1948年9~10月东北战场具有决定意义的辽沈战役全面展开，国民党军为了逃脱被全歼的命运开始组织兵力打通沈阳至营口的南逃通路。10月6日国民党军队再次侵占了鞍山，鞍山钢铁厂又一次遭到破坏、洗劫。11月2日人民解放军攻克沈阳、营口，辽沈战役

胜利结束。在此之前，人民解放军重新进入鞍山，一度撤离鞍山市区的鞍山钢铁厂职工也陆续返厂，鞍山获得真正解放，鞍钢也才真正回到人民的怀抱。

1948 年 11 月 2 日沈阳解放的当天，邵象华等 20 位技术专家乘车随人民解放军进驻沈阳市，稍作休息和用餐，随后专车护送他们回到鞍钢。这次回鞍钢他们的头衔不再是国民党的协理，而是东北行政委员会委派的"鞍钢接收大员"。原来 6 大协理中靳树梁被调到本溪钢厂任总工程师兼鞍山钢铁公司顾问；邵象华、王之玺、李松堂、杨树棠、毛鹤年 5 人，再加上雷天壮、杨振古共 7 人以"鞍钢接收大员"身份负责接管鞍钢并开展全面恢复生产工作，新鞍钢浴火重生❶。

1948 年 12 月 18 日，东北行政委员会批准将原来的鞍山钢铁厂正式定名为鞍山钢铁公司，这一举措标志着中华人民共和国第一家钢铁联合企业的诞生，因此鞍山钢铁公司的诞生在中国钢铁工业发展史上具有划时代的意义。此时，鞍钢这块热土上锣鼓喧天，人们尽情扭起东北大秧歌，鞭炮声此起彼伏，经久不断。鞍钢职工热烈庆祝公司终于回归到人民怀抱，将为中华人民共和国建设贡献力量。鞍山市人民政府任命李大璋为鞍山钢铁公司首任经理，邵象华任总工程师兼炼钢厂生产技术副厂长，李松堂任轧钢厂厂长，杨树棠任铸造厂厂长，王之玺任公司计划处工程师，毛鹤年负责能源。此外，张春铭任炼钢厂副总工程师，刘嘉禾任炼钢厂炉长。

经过连年战乱鞍钢实际上已是一片废墟。高炉炉膛凝结了炉料和铁水，平炉毁坏严重，焦炉炉顶长了荒草，厂房结构、机器设备锈蚀斑斑。仓库洗劫一空，残存的生产设备都是破旧不堪，仅有的 3 座高炉和炼钢厂 6 座平炉及 6 架轧机等主要设备也都七零八落，所剩设备无一完整，无法运转。劫后的情景一派凄凉，残存的生产能力与 1945 年比较平均降低三分之二以上。1949 年春天党中央和毛主席

---

❶ 李大璋. 忆鞍钢恢复生产. 鞍钢年鉴，1985：37。

发出"鞍山的工人阶级要迅速恢复生产"的电令，受到鞍钢全体职工热烈响应。鞍钢立即把恢复生产作为头等大事，掀起了全面修复与复产工作的热潮。

# 激动人心的新篇章

复产工作中遇到急待解决的问题是技术人才和器材严重缺乏，为此鞍山市委和鞍钢公司决定立即接回被重点保护的这批技术人员，并发起献器材运动。鞍山没有真正解放前，根据党中央对鞍钢"必须保护好工人和技术人员"的指示，鞍山市委、市政府和鞍钢公司先后把靳树梁、王之玺、邵象华、杨树棠、李松堂、毛鹤年、雷天壮、杨振古等高级技术专家和技术骨干 400 余人（包括部分留用的日籍技术员）转移到解放区后方丹东学习、保护。

1948 年年底，鞍山重新解放，新成立的鞍山钢铁公司在鞍山市委领导和支持下，立即从沈阳、丹东等地接回了这批被转移的工程技术人员，开始制订鞍钢修复与复产计划。

鞍山钢铁公司是以原日本昭和制钢所的设备为主体，与周围十几家附属工厂构成设计能力年产 58 万吨钢的大型钢铁联合企业，是包括采矿、选矿、烧结、炼焦、炼铁、炼钢、轧钢以及轧辊、钢锭模铸造与机械制造、耐火材料等的庞大钢铁生产实体。因此，李大璋经理上任不久便请邵象华、王之玺、李松堂、杨树棠等陪同参观了各厂，并决定由王之玺主持起草鞍钢复工计划❶。

鞍钢全面复工讨论会上，李大璋经理面前摆着两份计划：一份

---

❶ 王之玺.我们自己制定了复工计划.鞍钢年鉴，1985：89~90。

是由留用的日本钢铁专家提出的；另一份是由王之玺主持起草的。经鞍钢领导认真研究，决定采用王之玺拟订的复工计划，推举王之玺负责安排计划和落实措施。按照计划要求，需用一年半时间全面恢复鞍钢生产，具体包括恢复：（1）3 座高炉，2 座焦炉；（2）第一炼钢厂；（3）初轧、中型、中板、小型、带钢等相应轧钢厂；（4）辅助工厂，如热电厂、修配厂等。鞍钢依据拟订的修复进度及当时的实际情况，计划年产生铁 60 万吨、钢 50 万吨以及各种钢材共 40 万吨。

鞍钢若要恢复到伪满时期正常的生产能力，用一年半时间做到谈何容易？日本人曾多次声称"至少要用 20 年"，他们甚至放言说，即使由日本人来主持恢复生产，而且用日本制造的设备和生产技术，也要少则 3 年，多则 5 年。日本专家的预言不是空穴来风，也不是危言耸听，更不能妄说其充满敌意，他们的判断基于当时鞍钢两次被破坏的现实状况。经过苏联人的抢劫和国民党军队的破坏，留给以李大璋为代表的中华人民共和国的鞍钢人的是满目苍凉。

为保证计划的实施，决定王之玺到计划处参加修复工作的组织实施；邵象华作为公司总工程师，兼炼钢厂生产技术副厂长，负责炼钢厂修复工作；李松堂、杨树棠分别负责轧钢、铸造、供电等方面的恢复工作。当时鞍钢公司党政领导尊重知识、尊重科学，将工程技术人员作为企业的骨干力量看待，并委以重任，授予责权，极大地感动了这批爱国的工程技术人员。邵象华感受最深的是在旧社会三次工业救国梦被无情打破，报国无门的痛苦。鞍山解放后，诞生的新鞍钢公司领导就委以重任，终于感到报国有门，圆工业救国梦的时代来了。

要想在完全瘫痪的工厂废墟上修复，一定会遇到难以想象的困难。然而，在中国共产党的领导下，解放了的新鞍钢人充分发挥他们的力量和聪明才智，不屈不挠地战胜技术和器材方面的各种困难，用自己的双手把钢厂从废墟上恢复了起来。他们开始有计划、按部就班地实施王之玺主订的复产方案。中央人民政府重工业部从上海、北京、天津、四川、广东等地的钢铁厂和高等学校冶金专业调来一批技术干部和招聘一批毕业生，同时在公司中大张旗鼓地宣传鞍钢复产的决心和信心。

实施王之玺计划的关键是炼铁厂高炉和焦炉的修复或重建。鞍钢原有高炉9座，苏联人拆走了其中6座高炉的机械设备，剩下的1号、2号、4号三座高炉中，2号高炉比较完整，1号高炉的炉底积铁需要清理，4号高炉被炸毁，需要重建炉体。鞍钢原有焦炉12座，只有2座可以修复投产，需再建2座新焦炉，同时还需利用存焦。

李大璋、王之玺、邵象华等人经过认真讨论后一致认为，高炉修复工作量虽然很大，但根据鞍钢机修部门的能力，是可以完成的。焦炉修复和重建是一个难题，当时鞍钢缺乏筑炉技术人员和熟练工人。他们经多方打听知道有一位德国筑炉技师曼纳尔准备回国，正在等待航班。为此，王之玺诚挚地请他留下，帮助修筑炼焦炉。后来，在曼纳尔的指导下，炼焦炉恢复得很顺利，同时曼纳尔也为鞍钢培养了中华人民共和国第一代筑炉技术人员和技术工人。

邵象华认为必须尽快修复一座平炉实现复产，一可振奋大家信心，二可打破帝国主义对我们的讥讽。他与技术人员和工人一起详细调查设备破坏情况，然后与大家一起讨论、制订修复实施的具体计划。

要修复一座平炉生产不但要修复平炉，还得修复煤气发生炉、原料吊车、铁路、渣罐车、火车头、装料吊车、钢锭吊车和吊锭的立车、钢锭模、浇铸坑等，缺一不可。邵象华把修复人员分成原料、平炉、煤气发生炉、铸锭、运输等5个专业组，每个组的责任、任务、期限、权利都有一个严格的文字规定。他亲临现场，与大家一起讨论研究修复方案和攻克遇到的各种技术难关。沉寂多年的厂区一片沸腾，十分感人。大家工作不计时间，也无节假日，累了就在一旁稍加休息接着干；不计报酬和不要待遇，一心扑在工作上。修复的速度出乎意料的快。邵象华思考着，邵逸周主持的那次复工与中国共产党领导的这次复工相比较，从心理上给人一种天壤之别之感，他开始懂得了"没有共产党就没有新中国"的内涵。眼见到一座平炉彻底修复的曙光在前，炼钢厂修建工程的进展超出了邵象华的预期，让他赞叹和惊奇。刘嘉禾回忆说：我们这些技术人员事事要自己动手，亲身实践，没有人告诉你怎么做才对。因此，我们学到的操作经验，先在技术人员中讨论交流，然后再去教会工人。这样做的好处是锻炼了技术人员的实际动手能力，为他们日后碰到更复杂的问题、从事更困难的工作打下坚实的基础。

修复工作顺利进行，邵象华心中又开始琢磨如何开好平炉，把钢炼出来的大事了。伪满时期平炉上关键岗位都是日本人控制，中国人只能干些杂活，技术活都不许中国人接触，老工人中没有真正懂炼钢、会开炉的，炼钢厂留下的几位日本人都采取袖手旁观的态度，站在一旁看热闹。邵象华思考着开炉之前需要制定一套科学适用的炼钢厂技术操作规程。邵象华与当时炼钢厂技术员胡光沛、靳汉等人一起讨论制订平炉操作工艺规程，并向炉前操作工人逐字逐句地讲解，要求领会并认真执行。

在一个多月的日日夜夜中，邵象华都置身现场，与操作人员共同解决了开工初期不断发生的煤气爆炸、炉料冻结、炉顶烧化和倒塌、炉底出坑和烧穿等一系列技术难题与事故，克服了很多不曾预料到的困难，终于在1949年4月2日，修复后的1号平炉安全顺利地生产出第一炉钢水，4月25日2号平炉也炼出了第一炉钢。看着我们中国人自己炼出来的滚滚钢流，整个车间内外一片沸腾，邵象华与炉前技术人员及炉前工人一一握手庆贺。他终于看到沉默近4年的1号、2号平炉在新鞍钢广大干部、技术人员和工人的同心协力下起死回生、重燃炉火、再放钢花，当工人们振臂高呼"我们成功了"时，这位铮铮硬汉流下了激动的眼泪。那些留在鞍钢的日本技术人员同样被如此热烈的场面感染，不由自主地竖起大拇指连声赞道："中国人了不起！"从此以后，留在中国的日本技术人员的态度发生了明显的变化，他们开始主动提出合理化建议，热情地为工人讲课、做示范。鞍钢公司决定从留在中国的日籍技术人员中提拔两位优秀者担任熔炼技师，参加炼钢厂的全面恢复工作。张春铭回忆说："日本投降时，鞍钢共有12座100t平炉，全部停产。南京国民政府接管后，费尽心机只修复了2座，由于供煤困难，只有1座勉强生产。鞍山解放后，第一炼钢厂原有的6座平炉、3座预备精炼炉在短时间内全部得到修复，重新炼出钢，实在是件不容易的事。"

随后，公司其他许多工厂也纷纷告捷，修复投产。4月5日，初轧厂4座均热炉、初轧机、轧机完成修复；6月7日炼铁厂2号高炉流出第一炉铁水。在短短的半年时间里，由于鞍钢全体职工的辛勤劳动，把完全瘫痪的钢铁企业修复，恢复生产，创造了不小的奇迹。

# 荣获二等功臣

1949年5月1日国际劳动节这一天，党中央派贺龙同志率领中共中央代表团来到鞍钢出席第一炼钢厂复产典礼，主席台上，贺龙同志紧紧握住邵象华的双手。邵象华的心情十分激动，这是他第一次与国家领导人握手。不久之后，国务院又派主管财经工作的陈云同志来到鞍钢视察，陈云同志高度评价了鞍钢短时间内取得的瞩目成绩。

1949年7月9日，这是一个载入鞍钢史册的历史性日子。这一天，鞍钢2万多名职工怀着自豪和喜悦的心情，聚集在公司机关办公大楼前的广场上，举行盛大而隆重的鞍钢开工典礼庆祝大会。东北人民政府副主席李富春、林枫等领导人莅临会场祝贺，中共中央、中央军委专程赠送一面锦旗，上面绣着金光灿灿的八个大字："为工业中国而斗争"。会上，鞍钢总经理李大璋同志庄严宣告："新中国第一个大型钢铁联合企业正式开工了！"会场内一片欢呼，众人鼓掌，敲锣打鼓，所有人沉浸在喜悦中❶。

1949 年 7 月 9 日鞍钢隆重举行开工典礼❷

新鞍钢的正式开工生产是我国现代钢铁工业发展历史上的一次重要事件，标志着经历血与火、浴血奋斗的鞍山市人民、鞍钢职工从此浴火重生，洗尽伪满时期留下的耻辱印记及国民党时期落后的痕迹。这座属于中华人民共和国的新鞍钢，将在铺满阳光的大道上迈向现代化，信步加入世界一流的国际化大企业行列。"工业中国"一直是王之玺、邵象华等一代英才的梦想，他们在青年时代走南闯北、留洋学艺，"工业救国"的梦想是他们的精神支柱。

这次大会上，141 名鞍钢职工受到表彰，两个集体被评为立功单

❶ 鞍钢志（1916～1985），上卷．人民出版社，1991：15。
❷ 谷正荣．回顾与展望．鞍钢年鉴，1985：24～26。

位，王之玺、邵象华分别获得一等功臣和二等功臣称号。邵象华被授予二等功臣，这是他连做梦也没有想到的，自己做出的一点点成绩，国家就给予了如此高的荣誉。

# 扬眉吐气

有一次，邵象华与原第一炼钢厂 5 位老工人之一的顾宝山同志在一起共同回忆起一件往事。1949 年炼钢厂尚未复工之前，当时的铸造厂接到了要赶制铁路车轮的任务，它需要成分控制严格的低硅生铁作原料，已复工的鞍钢高炉沿用过去的操作不能生产这种生铁（以前他们制车轮用的是从日本运来的铁）。邵象华和炼钢厂的技术人员提出可以利用本厂的预炼炉，设法炼成所需成分。这个方案理论上是简单的，日本人有长期的预炼炉操作经验，做起来应该没有多大困难。但请当时炼钢厂留下的唯一日籍技术人员帮助时，他说那样做是根本不可能的。在其后的技术争论中，他竟说"你们中国人有能耐搞成功，我就向你们磕头。"那样讽刺的话，把中国技术人员和工人都激怒了。邵象华分析了炼制车轮特殊铸铁成分所需要的条件，与技术人员们一起制订了周密的精炼操作方法，在厂领导的全力支持下，试炼一次成功。炼钢厂随后成功地生产了许多批，为铸造厂供应了冷铸车轮特殊铸铁，把当时车轮原料问题解决了，出色地完成了制车轮的任务❶。这件事给炼钢厂职工增强了自己能掌握大炉子生产的信心。顾宝山同志说，当时厂里的工人感到特别扬眉吐气。

❶ 马成德. 在炼钢厂的日子里. 鞍钢年鉴，1985：72。

# 第四章
## 新生鞍钢的日新功臣

# 钢厂研讨会

新中国成立初期，国家百废待兴，在被战争破坏的废墟上重建家园，对钢铁的需求不断增大，不仅要求数量大、质量高，而且要求许多新产品。鞍钢公司的生产任务猛然增加，各分厂炉子、机器设备和人员都不堪重负，炼钢厂厂长马成德和公司总工程师兼炼钢厂技术副厂长邵象华面临的压力更大。马成德厂长召集炼钢厂的工程技术人员开会商讨对策，请大家出主意、想办法，如何提高生产效率，多产钢。邵象华在发言中谈到了自己已经考虑很久的一些想法，认为鞍钢复产后，想要迅速达产、扩产，甚至向年产100万吨目标挺进，当前突出要抓四大对策：

（1）改革创新。在冶炼系统采用新的技术操作是提高生产的最重要途径，掌握和运用新技术已成为摆在钢铁工业面前最迫切的一项任务，技术创新将是企业生存发展的金钥匙。

（2）培育人才。对公司各级企管干部、年轻的科技人员和广大的工人师傅进行分别培训，使他们成为企管能人、科技骨干和生产技术操作能手，成为鞍钢生产面貌大变化、日新月异大发展的主力军。

（3）科学管理。鞍钢是一家大型企业，需要建立一套较完善的、科学的、严格的管理制度，如生产操作规程、岗位责任制、产品质量检验标准、技术监督等，要迅速创建和完善，这是确保企业生产正常、质量稳定、效益高的生命线。

（4）抓好产品质量。我们的企业不仅要重视产量，更应注重产品质量。有了产品质量，就有市场，企业就有效益。所以产品质量被认为是企业的生存线。应以产品质量为中心，抓好生产工艺，技术改革、创新，培育人才和科学管理。

马厂长听后开怀大笑说：好想法，科学，可行，我赞同。望大家遵从邵总指挥，认真实施。与会的大家也都充满喜悦，点头同意。

# 钢厂改造之争

1952 年苏联专家受我国重工业部委派来到鞍钢，此行的目的是与鞍钢炼钢专家讨论炼钢厂的技术改造问题。根据苏联专家的建议，改造后的炼钢厂可以从设计产能年产 58 万吨增加到年产 100 万吨，几乎翻了一番。据称重工业部内部初议，对此十分满意，毫不犹豫地同意了。

然而，以邵象华为首的中国专家组对苏联专家组建议的改造后目标不以为然。在中苏双方联席会上，邵象华发言："炼钢厂即使不改造也能达到年产 100 万吨钢。"邵象华的豪言语惊四座，会场气氛有些紧张，但鞍钢的炼钢专家都纷纷发言，力挺邵象华，表示支持赞同。然而苏联专家听后对邵象华的观点不屑一顾，他们傲慢地说这是"天方夜谭"。会议不欢而散。

会后，马成德厂长请邵象华到他办公室详谈。他相信邵象华是位专家、学者，是一位言既出、行必果的脚踏实地的科学家，也完全相信他对炼钢厂扩产方案心里早有考虑、早有设计，只是时机未到，信口开河不是他的风格。在马成德面前，邵象华如数家珍地说出了自己考虑已久的一些想法和构思，以及实施的技术路线和实施计划步骤。马成德厂长听后高兴地说："好方案，大胆可行，我赞同。"他停了片刻又说："怎么不在会前和我沟通一下？"邵象华笑着说："还不够成熟，不便透露。"两个性情中人相视而笑。

邵象华针对炼钢厂扩产切实地考虑了很久，形成的想法和实施方案概括地说就是"改革创新"四个字，因为邵象华清楚地意识到解放初期，国家、鞍钢都缺钱，炼钢厂大改造要花大钱，又耗时间，不是个好办法。认准了钢厂想增产、扩产，工艺改革、技术创新是唯一的多、快、好、省之路。为此，他带领鞍钢公司广大员工在各自的岗位上积极开展起了生产工艺的改革和创新。

# 改革创新

## 一、淘汰预炼炉

邵象华在"鞍钢生产中的新技术"[1] 一文中指出："按伪满时期原有的生产过程，炼铁主要以富矿石为原料，另外将贫矿经选矿后用烧结和团矿的方法制成人造富矿，作为炼铁原料的一小半。因为他们认为高炉用过多的烧结矿石是不能顺利操作的，还认为用鞍山的原料炼出来的生铁硅含量不能低，因此采用二重法炼钢，炼钢厂除了平炉外，还建造了许多构造与平炉极为相似的预炼炉，主要用于将铁水在进平炉之前预先处理一道，脱去所含的过剩硅。"所以，鞍钢第一炼钢厂有炼钢平炉 6 座、预炼炉 3 座。伪满时期日本人采用的炼铁工艺产出的铁水硅含量一般都在 1.0% 以上。日本人采用的炼钢工艺是铁水先进预炼炉进行脱硅处理（需要硅含量小于 1.0%），

---

[1] 邵象华. 鞍钢生产中的新技术. 重工业通讯，1954（3）：33~35。

然后送平炉炼钢的所谓二重法。邵象华认为这样的间接操作完全是不必要的，炼钢厂炼钢工艺必须改革。

1951年初春的一天，邵象华收到张春铭、刘嘉禾两位炼钢工程师合写的技改报告，提出将炼钢厂原有的3座预炼炉改造成炼钢平炉，铁水直接进入平炉炼钢的建议。邵象华看了十分高兴，心里顿时觉得豁然明亮，与自己的想法完全一致，果断地决定提出淘汰预炼炉的技术创新方案。这样一炼钢在不停产的情况下，花钱不多、耗时不长，就可将3座预炼炉改造成炼钢平炉，使一炼钢炼钢平炉由6座增加到9座，平炉炉底总面积增大了56%，炼钢能力可提高50%以上，实现年产100万吨钢的目标就有希望。

邵象华知道，他与张春铭、刘嘉禾三人提出的淘汰预炼炉，将炼钢由二重法改为一步法的关键是高炉炼出的铁水硅含量必须小于1.0%。因此，邵象华又与炼铁厂工程技术人员一起进行了炼铁工艺的改革创新。

## 二、高炉炼铁工艺的改革创新

炼铁厂高炉能不能炼出硅含量低的铁水成为炼钢厂能否成功淘汰预炼炉的焦点。邵象华与炼铁厂工程技术人员一起研究高炉冶炼低硅铁水的技术要点，认为不是鞍山矿石不能冶炼低硅铁，而是必须改革伪满时期高炉冶炼工艺，采取了原料变更为以烧结矿为主，配少量富铁矿石；改变炉渣成分，改善炉渣熔点、黏度、流动性，采用炉顶布料控制的新方法等重要措施，高炉运行、操作都非常顺利，不但炼出了合乎直接进平炉标准的炼钢生铁，而且产量大为提高，也为炼钢厂淘汰预炼炉扩大产能奠定了基础。

## 三、烧结厂烧结工艺改革

由于炼铁厂高炉主原料改成烧结矿和炼铁产能的提高，烧结厂面临了需要极大扩大产量的压力。邵象华与烧结厂的工程技术人员一起讨论研究，认为烧结方面也需要改革、采用新方法，采用了铁矿粉中添加适量 $CaCO_3$ 的工艺。试验结果表明，原料中加入适量 $CaCO_3$ 后，提高了烧结层透气性和烧结速度，可增加烧结厚度，从而使烧结机的产量大为提高，同时还提高了烧结矿的碱度，有利于标准炼钢生铁的制炼成功。烧结工艺技术创新既满足了高炉对主原料烧结矿产量的要求，又能确保高炉直接冶炼出平炉炼钢用标准生铁。

1954 年发表的"鞍钢生产中的新技术"

在冶炼系统中，对生产工艺、操作技术进行改革、创新，采用新技术，鞍钢的生产面貌有了很大的变化，邵象华在《鞍钢生产中的新技术》一文中写道："以 1953 年与伪满最盛时期比较，烧结矿增长为 2.2 倍，生铁为 2.0 倍，钢锭为 1.7 倍，中小型钢材及中板在 2.8～3.4 倍之间，产量成倍数增加。"这些事实告诉我们，掌握和应用新技术是提高生产的最最重要的途径。

马成德厂长曾因为在炼钢厂改造问题上遭到了苏联专家的反对，亲自出马与驻厂的苏联炼钢专家交换意见，专家说这是设计专家的事，不便插手。未得到直接支持，只好向设计专家提出，想不到设计专家自始至终只说了一句话："如果不大改造能年产 100 万吨钢，我向你们学习。"这句话在当时不仅是挖苦、讽刺，更严重的是在当时的"一边倒"向苏联学习的口号下，无疑是一种警告。但是，以邵象华为首的中方冶金专家在炼钢厂不做大的改造的条件下，通过冶金系统生产工艺、技术改革，成功地实现了年产 100 万吨钢的目标。1953 年在一次宴请苏联专家的宴会上，苏联专家组组长主动举杯向马成德厂长说："我们向中国同志学习，因为你们达到了年产 100 万吨钢的水平。"❶

在鞍钢开展改革、创新活动中，邵象华十分重视鞍钢广大工人师傅的聪明才智，利用各种场合宣传鼓励工人师傅大胆改革创新，在轧钢和机械加工各部门中，涌现了张明山、王崇伦、栗根源等同志的许多重要创造。邵象华多次说："这些都是操作工人在丰富的实际生产经验中创造出来的，对于鞍钢的机械加工各厂提高生产起到了显著的作用。"给予极高的评价，并在鞍钢积极推广，因此大大激发了工人阶级的创造力，涌现了一大批像王崇伦那样的先进生产工作者和劳动模范。

# 科学管理

邵象华是新鞍钢公司总工程师，并先后兼任炼钢厂生产技术副厂长、公司技术处处长等职，肩负着新鞍钢的技术和管理工作。他

---

❶ 马成德. 鞍钢第一炼钢厂厂志（内部资料）. 沈阳新华印刷厂，1988, 1：318。

历来认为，一家拥有万名职工的大企业，特别是大型联合企业，如果没有建立一套较完善的、科学的、严格的技术规程（如岗位操作规程），以及生产文化（如合作精神）和检验制度（如技术标准），这家公司（或企业）一定是管理混乱、效益低下的落后公司（或企业），一天也维持不下去。

鞍钢复产后，干部、工人和知识分子干劲都很足，而且还有苏联专家帮助。但那时生产上的问题还是很多，各种事故不断，而且大多是同类事故重复发生。例如，平炉跑钢、漏钢、跑渣；炉顶或炉底侵蚀严重；钢锭粘模；铸钢操作失控而漏钢；钢水成分超常波动，致使每批钢锭成分波动很大，难以保证批批达标；设备、人身事故也常有发生；等等。质量波动现象时有发生引起了邵象华的高度重视和关注，他开始意识到产品质量的治理不能用“头痛医头，脚痛医脚”的笨方法。他认为这些问题发生的原因之一是企业管理体制不健全。

新鞍钢复工以后摒弃了旧的封建式管理方法，经过计划管理、责任管理等实践，逐渐积累了许多宝贵的经验，它的核心体现了工人阶级是公司真正的主人。

邵象华是一位思索着的践行者。他将鞍钢放在同类国际钢铁公司层面上进行比较后发现，鞍钢存在下列不足：在掌握推广新技术过程中，工程技术人员和工人结合得还不够紧密；某些个人与单位过多地考虑自己团体的利益，团结互助的集体主义观念不够；守旧的习惯也起到了一定的阻碍作用。为此，他建议公司开展技术革新活动，互帮互助，加强技术人员与工人群众的结合，相互交流、共同提高。

邵象华思考的另一件重要的事情是，完善鞍钢工艺操作规程和产品检验标准。中华人民共和国成立初期，鞍钢各类产品质量标准和工艺操作规程一直沿用日伪时期的，仅仅做了某些修订。对此，他耿耿于怀，一直在等待时机重新制定新鞍钢的各种标准和规程。

鞍钢全面复产后，他看到时机已到，便向公司提出修订各种管理制度的建议。邵象华的建议立刻得到了时任鞍钢副总经理兼炼钢厂厂长马宾的支持和下属各厂的积极响应。鞍钢成立了以总工程师邵象华为负责人的专业起草小组，驻公司的苏联专家任顾问，成员都是来自本公司各厂的技术专家或技术组长。邵象华率领他们深入调查研究，通过实验验证，从1950年起先后制定了岗位操作规程、产品检验标准、技术监督制度、计划管理、生产制度、技术管理、质量管理、岗位责任制等一整套标准化制度。这套标准化的管理制度在公司普遍施行后，使得从领导到群众都充分认识到生产中的自由散漫、无组织无纪律行为的严重危害，从而给复杂的连续性生产过程能顺利进行而且不断地有所改进提供了保证，极大地推动了鞍钢千余种钢铁制品生产工艺和质量标准的统一化，显著地提高了产品的合格率、优良率。鞍钢产品畅销全国，备受用户好评。鞍钢当时一套管理钢铁厂的办法后来也为其他兄弟单位提供了一个样本。

1951年5月在北京召开全国钢铁质量会议，鞍钢与会代表团由包括马宾、邵象华在内的主要行政和技术干部组成。王之玺以东北人民政府工业部副部长的身份参加了东北人民政府代表团。会上，朱德副主席对钢铁制品质量时好时坏的不稳定现象提出了批评，他尖锐地指出，钢铁厂一定"要建立严格的技术操作规程，订立规格标准，建立各种规章制度。"这一番中肯的话切中了当时钢铁工业的弊病，为钢铁工业的发展指明了道路。会议期间，邵象华介绍了鞍钢建立和推行产品标准及管理制度的状况，得到与会兄弟厂的盛赞。王之玺受东北人民政府工业部的委托，于会议期间组织部分厂矿有关人员起草部分操作规程和产品规格标准草案，其中鞍钢提供的标准化文件是这次起草工作的主要参考依据。

冶金界人士普遍认为，1951年全国钢铁质量会议为中华人民共和国钢铁质量标准化工作开创了新局面，奠定了良好的基础。从此以后，重工业部钢铁工业管理局将标准化工作列为钢铁工业发展的重点工作，并做了学习和开创性工作：1953～1954 年学习和推行苏联的计划管理制、调度制、技术责任制、岗位责任制；1955 年施行重工业部钢铁制品生产部颁标准，在生产和销售中具有法规效力；1955～1956 年，重工业部管辖的钢铁厂都相继建立了技术监督部门，其任务是监督和检查技术操作规程的施行，并对产品质量进行检查。

邵象华作为鞍钢公司技术处处长，参与建立了公司的技术管理体系，主持制订了各项技术管理制度，是鞍山钢铁公司这一现代化大型钢铁联合企业技术管理体制建立的奠基人之一。当时鞍钢颁发的钢坯、型材、板材和钢绳等产品检验标准是我国钢铁工业第一套产品质量控制法规，也为后来制订部颁标准和国家标准打下了基础。

# 培育人才

在中国共产党领导下，鞍钢全体员工在不到一年时间内完成了废墟工厂的恢复生产。1949 年 4 月第一炼钢厂 1 号、2 号平炉炼出钢水时，邵象华在与全厂职工一起欢呼雀跃、热泪盈眶时，他心里明白这仅仅是新鞍钢的开始，鞍钢能够长期稳定地发展，技术、资金固然重要，而管理人才、各类技术人才、各工种技术工人更重要。眼前最迫切的一件事是对管理干部、技术人员和工人进行培训。

1949 年下半年，中央人民政府为支援鞍钢，从地方和部队调来 500 余名各级干部，鞍钢职工戏称为"五百罗汉闯鞍钢"；不久，中央人民政府再从中南、华东各地招聘 500 余名工程技术人员及行业管理干部，其中一些人员是应届毕业大学生，如北洋大学矿冶专业毕业生 10 多人；后来，又从辽宁省农村地区招来几百名农民。这三部分招进来的人经过培训和生产实践，后来成为鞍钢的核心力量。鞍钢公司举办的各类业余培训班大体分为三类：一是管理干部培训班；二是工人业务培训班；三是应届大学毕业生培训班。邵象华以公司总工程师身份组织公司的培训工作，同时又负责炼钢厂的业务培训。在培训中，他坚持分类授课、因材施教、灵活多样、理论与操作相结合的教育原则。

"五百罗汉"来自部队或地方政府，他们有管理地方和带兵打仗的经验，有较高的实际管理经验和较丰富的工作方法，但缺乏钢铁企业管理的知识。邵象华从心里敬重和喜欢这批"罗汉"，愿意帮他们迅速提高管理水平。他们平易近人，吃苦耐劳，与工人们打成一片。他们来到鞍钢渴望早日学到钢铁生产知识和管理技术，在这块热土上生根开花，做出成绩。邵象华把管理干部学习班的上课时间安排在上班前一个小时，讲课教材是邵象华按因材施教原则编写的，由助手刻写油印。他用最通俗易懂的技术语言讲解钢铁生产知识，使学员们听课时易记难忘，听课后会学以致用。讲台上下学习目标相同，学员们情绪高涨。经过半年多的课堂学习，这批培训后的"罗汉"在各自岗位上大显身手，多数人后来成为鞍钢管理层中的骨干或业务精英。

后来，邵象华将给干部上课的教材编著成为新中国的第一部高等教育的教材《钢铁冶金学》❶，于1950年由东北工业出版社印刷出版，这是新中国出版的第一部钢铁技术专著。

邵象华在该书的前言中写道：

这本书是在人民的鞍钢修复生产的第一年中写成的，在这一年中，解放了的劳动者以无比的力量，从一堆废墟里重新创造了一个巨大的钢铁工业中心，奠定了全国重工业发展的基础，其他地区的钢铁厂，也在解放以后迅速地恢复起来了，已有成千上万的人们参

❶ 邵象华. 钢铁冶金学. 东北工业出版社，1950。

加了钢铁的生产建设工作，而且无疑地，随着今后钢铁事业的进一步扩大，将有更多的人们也来参加这一工作。

这本书的目的是：（1）给钢铁厂的同志们提供一些系统的参考资料；（2）给准备参加钢铁生产的同志们提供一些学习资料。据作者所知，在国内至今还没有过。

目前国内还没有统一而完整的冶金名词标准，本书中所用的专门名词，尽可能采用习惯上已经常用的，但无习惯名词可用的，则不能不新创造。虽然在这方面曾费过不少的时间和精力，但相信有些名词还是不很妥善的，这些，以及书中其他的错误或遗漏之处，极盼国内冶金工作者给予指正，以便再版时订正。书中资源统计数字都根据已发表的资料，已在文中分别注明来源，在编写中曾参考过不少书籍杂志，其中主要的书有下列几种：

（1）Camp and Francis："The Making, Shaping and Treating of Steel"；

（2）Durrer："Erzeugung Von Eisen und Stahl"；

（3）Teichert："Ferrous Metallurgy"；

（4）昭和制钢所纲要；

（5）Sisco, etc："Basic Open Hearth Steelmaking"；

（6）Eisenhutte。

有一部分插图也是由这些参考书中选用的。

在本书卷末附有英俄中名词对照表，以备查考。表中的俄文名词，全部是由马宾副经理收集的，他在百忙之中所完成的此项工作给本书生色不少，谨在此致谢。

一九五〇年十一月于鞍山　邵象华

这部《钢铁冶金学》以详实、全面的数据资料，通俗易懂、深入浅出的文字叙述，涵盖了钢铁冶金流程，从矿石开采、生铁冶炼、炼钢技术、钢材加工到碳钢、合金钢等各种不同钢种的处理和结构性能等，所有相关的基础知识和基本技术。此书一经出版立刻得到广泛的关注和认可，当年不少年轻的工程技术人员、大学毕业生就是怀揣着这本书走进了钢铁冶金的行列，成长起来。老一代的钢铁冶金工作者们至今仍记忆犹新，称之为引导他们跨进钢铁冶金行业的启蒙之作。

工人业务培训班安排在下班后上课。从辽宁省农村地区招来的新工人大多是刚从识字班毕业的半文盲，从农村进入城市，从种庄稼的农民到领工资的城市工人，这在当时是一种让别人羡慕的身份转变。他们劳动意识好，干活很努力，工作从不挑肥拣瘦，都有强烈的学文化、学知识、学技术的要求。邵象华根据工人队伍中文化水准参差不齐的特点撰写讲稿，讲稿主要包括钢铁冶金中最基本的常识和生产中最基本的操作技术要领、安全注意事项等。讲解做到语言通俗，简单易懂，生动活泼，态度诚恳、热情，真心实意为大家提高生产技术技能服务。与此同时，公司设立夜校为他们开设文化课，主要内容是识字和算术。几个月后，这批新工人已粗通文墨，后来有些基础好又勤学苦练的拔尖工人当了班长甚至工段长。

应届毕业生和新来的青年技术人员大多来自天津北洋大学、交通大学唐山工学院、武汉大学、西北工学院和重庆大学等国内知名大学的矿冶专业。邵象华对这批来鞍钢的知识分子情有独钟，寄予厚望。他认为，这批矿冶专业毕业生来自国内名校，受名师培养，有冶金学理论和专业技术知识，有一定的冶金生产实践训练，更有渴望成才的理想。因此，邵象华亲自给他们讲生产技术课，讲实际操作经验，同时派他们到生产第一线锻炼、学习，将他们安置到生产岗位，鼓励他们发现问题和提出解决问题的方法；要求他们亲手操作，向老工人和技术人员虚心学习，增加实际生产知识和积累经验，迅速提高专业技术水平，成为重要技术岗位的骨干，担当指导和带领工人完成生产任务的重要力量。邵象华开办的新技术人员学习班采用自由讨论、大胆争论的开放式学习方法，最后由邵象华归纳分析，提出自己的观点，再从冶金学和流体力学角度给予理论阐述❶。

---

❶ 马宾. 努力学习技术变外行为内行. 鞍钢年鉴，1985：40~41。

1950 年利用业余时间在家中编写培训教材

随着鞍钢复产成功，生产走上正轨，邵象华越发感到非常需要培养和建立一支科研开发队伍，以改进生产工艺，解决产品质量、品种等问题，开展与生产密切相关的科研开发工作已成当务之急。

1950 年 6 月，鞍钢技术处成立，邵象华兼任技术处处长，将原属计划处的检验室划归技术处管理；1953 年 4 月，检验室更名为中央实验室；1957 年 4 月，中央实验室划出技术处，直属公司领导；1964 年 3 月，中央实验室更名为中心实验室；1964 年 12 月中心实验室更名为钢铁研究所。

几年里，邵象华以检验室（后改名中央实验室）为基础，以当年他在綦江培养起来又随他来到鞍钢的一批技术人员，如刘嘉禾、张春铭等为骨干，又选拔一些在生产知识、理论基础和技术水平上能力强、思想开放的技术人员和大学毕业生组成科研开发队伍，带领他们开展研发工作，取得了很多成果。例如，解放初期，全国各地开工建设需要大量钢材，对鞍钢压力很大，他们研究实施了对铁矿石烧结工艺的革新，烧结原料结构的改变，采用炉顶布料控制新方法，取消预精炼过程等，大大提高了生产效率，增加了产量，解脱了钢材供不应求的困境；又如，针对鞍钢复产初期生产的沸腾钢中存在严重的成分偏析问题，邵象华带领技术人员研究沸腾钢的凝固过程机理，找到了成分偏析的原因，解决了问题，取得了满意的效果；再如，为了解决平炉炉顶寿命问题，邵象华带领中央实验室的技术人员，联合鞍钢耐火材料厂、炼钢厂与中科院沈阳金属研究所研究人员合作，研制成功平炉铝镁砖炉顶，大大提高了平炉炉顶寿命；等等。随着检验室向中央实验室、中心实验室、钢铁研究所的转化，这支队伍越来越强大，取得的科研开发成就也越加辉煌。1964 年中央实验室更名鞍钢钢研所，这批人员都成了钢研所的中坚力量。1987 年夏，邵象华来到鞍钢钢研所，与当年同事们一起回忆当初火热的年代和共同的奋斗，都是倍感亲切，难以忘怀。

邵象华为鞍钢的重建与发展培养了一大批的急需人才，也为全国钢铁工业战线培养和输送了一大批有管理经验、高水平的科技人员和懂技术的工人。

# 抓产品质量

## 一、创立控制沸腾钢偏析的新技术

20 世纪 50 年代，沸腾钢在世界各国采用钢锭模浇铸钢锭的低碳钢生产中占有很大比例，鞍钢大量生产的也是沸腾钢。沸腾钢由于脱氧剂及钢锭模的消耗较少，而且轧钢时头部需要切除回炉的百分率低，成本通常比镇静钢低得多。以鞍钢 1956 年成本为例，镇静钢锭比沸腾钢锭成本高 5.8%，镇静钢坯比沸腾钢坯成本高 14.4%。同时，镇静钢平均比沸腾钢多切头 10% 左右，意味着生产镇静钢，炼钢和初轧的生产能力比生产沸腾钢低约 10%。可见沸腾钢与镇静钢比较在成本和生产能力的利用上都具有重大的优越性。此外，用沸腾钢轧出的钢材，可以得到比镇静钢光洁的表面，这也是沸腾钢的一个重要的优点。正因为这样，在各国的低碳钢生产中，沸腾钢占有很大的比重。但是，沸腾钢存在的偏析现象是其不利的一面。用通常的操作方法所得到的沸腾钢锭，由于碳、硫、磷等元素比较集中在钢锭的上部，由这部分钢锭轧出的钢材的化学成分往往不合标准规定。化学成分的差异也使同一钢锭轧出的成品的力学性能不一致，因此对于按力学性能交货的钢材，特别是标准要求较严格的钢材如桥梁钢、汽车钢板等，除了必须严格控制原料及生产过程以保证最适当的熔炼成分以外，往往还不得不采用钢坯分段使用的办法，将相当于钢锭不同部位的钢坯分开，轧成不同质量要求的成品。这样做当然在生产上造成很大的麻烦。

邵象华（站立者）1954 年在鞍钢主持工作会议

在大的沸腾钢锭上部的同一横断面之内，碳、硫、磷以及各种气体（氧、氮、氢）向钢锭中心集中的现象也是鲜明的。如果技术操作不正确，还可能在该处集中大量非金属夹杂物。这种心部偏析情况往往造成钢材（尤其是板状钢材）的分层现象，产生废品。即使不到分层的程度，该处的焊接性能、冲击性能等也较其他部位差。沸腾钢锭的这种有害偏析，随着近代冶金生产中的设备加大、钢锭加大以及产品断面加大而更趋严重。另外，现代的许多用途对钢材性能不断提出了更高的要求，这些情况促使国内外有些工厂将原来用沸腾钢生产的有些产品，改用镇静钢来生产，但如前面所述，改用镇静钢不能不造成成本和生产能力方面的重大损失。

关于沸腾钢锭的结构和偏析成因，以及减轻偏析的措施前人曾做过很多研究，也都有一定成效，主要措施是限制和阻止钢液在模子内沸腾。但邵象华和他的同事潘月珠、胡文淦却采取了与前人完全相反的方向来探索减少沸腾钢有害偏析的途径，他们认为如果能在钢锭凝固过程中充分加强沸腾，使偏析元素尽可能集中到钢锭头部的中心，并能将集中的元素从钢液中去除一些，既可达到减少有害偏析的目的，又可以避免由于妨害沸腾而引起的对钢锭结构的不良影响（如气泡离表面距离近等）。从这个想法出发，进行了减轻沸腾钢偏析的研究：

（1）在钢锭模顶部喷吹氧气（空气）处理。

（2）巨型钢锭的吹氧、空气和加冷钢板冷却处理。

以上试验是在鞍钢第二炼钢厂浇铸 7.1t 和 10t 以上巨型沸腾钢锭时进行的。在同一个底板上的 6 个钢锭中，任意选择了 A2、A3 两个进行吹氧、吹空气或加冷钢板试验；另外指定选择一个钢锭 A1 作比较锭。这些钢锭都经过均热炉和初轧，轧成 150mm 方钢坯，在每个钢锭所轧成的钢坯头部 15%（长度）处取试样，沿中心线剖开、刨平并作硫印检验。试验表明一般操作的 A1 钢锭中所轧出的钢坯中心线有极为严重的集中偏析。相反在 A2、A3 钢坯断面完全看不到集中偏析。

在相当于长度 5%、10%、15% 的地方各切取了一段钢坯，并在其横断面从中心到边缘每隔 10mm 处钻孔取了 8 个样，分析其化学组成。结果是采用吹氧或吹空气、加冷钢板措施的 A2、A3 钢坯的碳、硫、磷、锰的偏析远比常规操作的 A1 钢坯有害偏析轻得多。其中 7.1t 钢锭吹入不多数量的工业纯氧，由于钢锭头部的碳、硫、磷有害偏析的减轻，对于罐样含硫0.038%的钢，从钢坯长度5%（从钢锭顶端的一头算起）的断面起，就已经达到符合国家标准普通碳素钢罐样的硫含量要求，这对于提高沸腾钢质量是十分有利的。试验中采用的几种技术措施对减少沸腾钢有害偏析效果显著，使得沸腾钢比镇静钢在生产成本和生产能力上的优越性真正得到体现。这项研究成果是鞍钢生产中的技术进步之一，由于它紧密结合现场条件，设计的工艺机械装置具有易操作、安全可靠的特点，在生产中很快得到应用，为鞍钢带来实实在在的经济效益。

这项重要的研究成果分别以"减少沸腾钢有害偏析的研究Ⅰ.在钢锭模内用氧气（空气）处理"和"减少沸腾钢有害偏析的研究Ⅱ.钢3巨型钢锭的吹氧、吹空气和加钢板冷却处理"为题发表在《金属学报》，1958，3（2）：85～93和《金属学报》，1958，3（4）：276～285。

论文Ⅰ处理试验结果指出：

（1）对凝固着的沸腾钢7.1t钢锭吹入不多数量的工业纯氧，曾经使钢锭头部的碳、硫、磷有害偏析减轻。对于罐样含硫0.038%的钢，从钢坯长度5%（从相当于钢锭顶端的一头算起）的断面起，就已经符合国家标准对普通碳素钢罐样的硫含量要求。这对于提高沸腾钢质量是有利的。

（2）吹氧还消灭了钢锭头部集中在中心线附近的严重偏析。

（3）吹压缩空气和吹氧有同样的效果。

（4）钢锭上部和中心碳、硫（磷）的减少，可能加强沸腾，所以是由于吹氧（空气）时这些元素被部分氧化而离开了钢，也可能部分地由于吹氧（空气）引起了搅拌作用的增强。

论文Ⅱ处理试验结果指出：

（1）向凝固着的重量10t以上的巨型沸腾钢3钢锭吹氧气，对于减轻碳、硫、磷、氮的有害偏析有显著的效果。用这样处理过的钢锭轧成的钢板其抗张性能、冷弯性能和冲击性能也得到了明显的改善和均匀化。

（2）在浇铸前预先在钢锭模内悬挂钢板，或者向浇铸后的凝固着的钢锭上部插入钢板，如果所用的钢板数量够多，就能显著地减轻巨型沸腾钢 3 钢锭的有害偏析。最好的办法是钢锭中心区域插入废薄钢板边，重量约为钢锭重量的 0.5%。那时在成品中并不留下任何金属外物，而碳、硫的最大偏析度却能减少约近一半（未加薄板边的碳偏析达 195%、硫偏析达 388%，加薄板边的分别为 119% 和 200%）。加废钢板边还起了将废钢直接变成成品，从而提高钢锭量的作用。

（3）向凝固着的巨型沸腾钢 3 钢锭表面吹较大量的压缩空气，可以有效地减轻钢锭的有害偏析。硫的最大偏析度只有 100%，碳的偏析度只有 26%。

（4）用以上任何一种方法减轻钢锭中的偏析后，生产中时常遇到的板坯分层现象（在鞍钢称为"气囊"）就可减轻和防止。

发表于《金属学报》的两篇文章

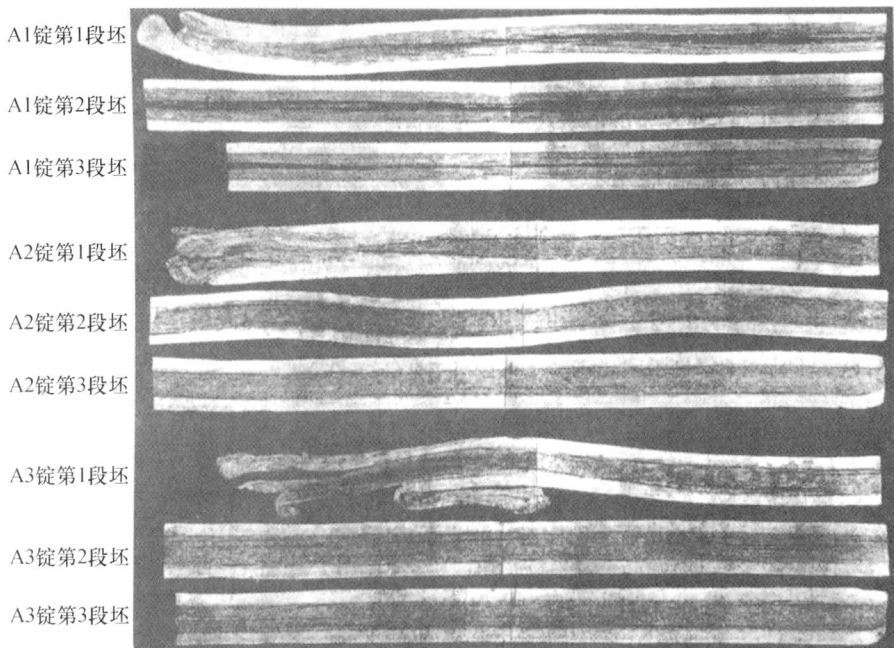

A1锭第1段坯

A1锭第2段坯

A1锭第3段坯

A2锭第1段坯

A2锭第2段坯

A2锭第3段坯

A3锭第1段坯

A3锭第2段坯

A3锭第3段坯

头部钢坯的纵剖面硫印

成果发表后，引起当时英国国营钢铁公司（British Steel Corporation）很大兴趣，立即来信要求提供详细资料。创立控制沸腾钢偏析的新技术是邵象华工业救国梦的杰作之一。

## 二、破解沸腾钢 3 中板坯的分层现象

鞍钢在初轧机轧制沸腾钢 3 中板时，发现板坯上起鼓包的现象，在生产中叫"气囊"，曾造成了不少废品。1957 年 9 月第一中板厂发现沸腾钢 3 板坯分层废品达到 6.75%，大部分出现在减少沸腾钢有害偏析的研究 II 10.7t 钢 3 巨型钢锭所轧出的板坯上。邵象华原以为按研究 II 的任何一方法减轻钢锭中的偏析后，生产中时常遇到的板坯分层现象（在鞍钢称为"气囊"）就可以减轻或防止，然而得出了与原试验结果相反的结论，导致了他为破解沸腾钢 3 中板坯的分层现象的研究，研究结果的论文刊登在《金属学报》1959 年 3 月的

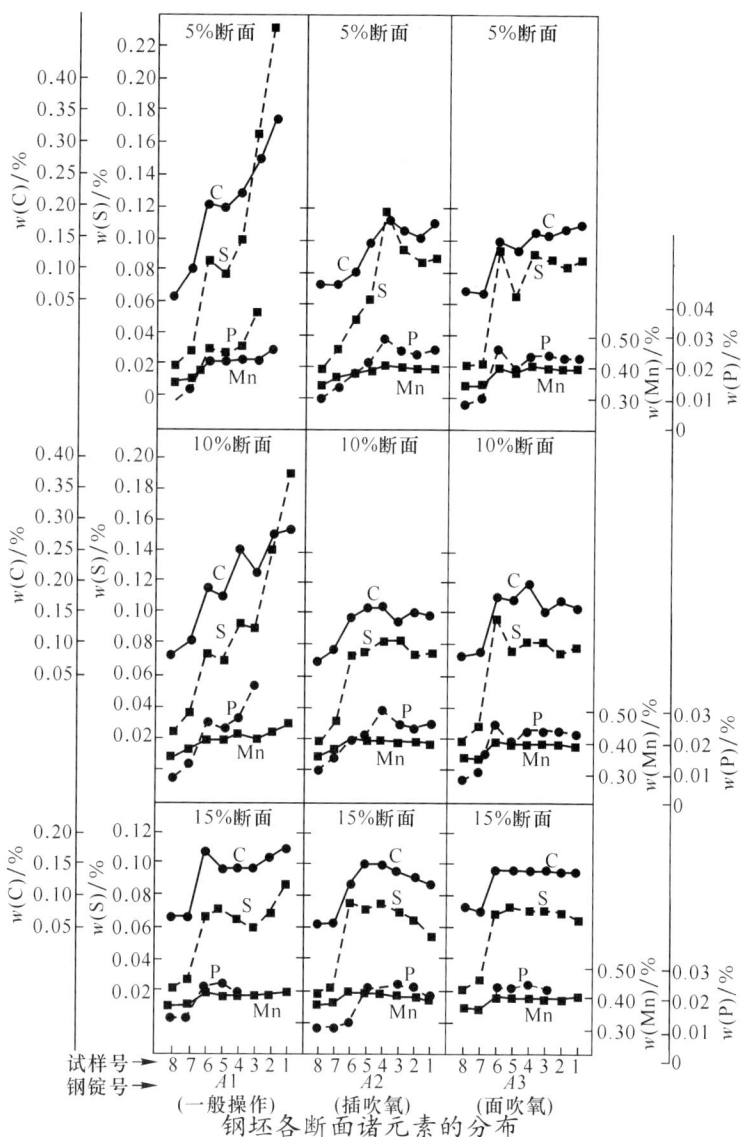

钢坯各断面诸元素的分布

第4卷第1期上[1]。

研究结果指出：板坯分层根本原因是钢锭凝固过程中的液析作用。因此为了消除分层必须采取减轻液析的措施，认为比较有效的办法是适当降低出钢温度和浇铸温度（速度）。第二炼钢厂的生产试

[1] 邵象华. 沸腾钢3中板坯的分层现象. 金属学报. 1959，4（1）：16~21。

第 4 卷　第 1 期　　　　　金　屬　学　报　　　　Vol. 4, No. 1
1959 年 3 月　　　ACTA METALLURGICA SINICA　　　March, 1959

## 沸腾钢 3 中板坯的分层现象*

邵 象 華**

（鞍山钢铁公司）

从1957年4月起，鞍钢曾在初軋机軋制第 3 沸腾鋼中板坯时，发现板坯上起數包的现象，在生产中叫作"气囊"，气囊的位置都相当于鋼錠的头部，仔细的检查証明，在一部份未发现气囊的部板坯的横断面上，特别是在氧气-乙炔切断的横断面上，也可以看出有分层现象，就是靠在板坯厚度的中线附近有或長或短的、形状不规则的縫（图1），宽度大多在 1 mm 以下，但也有较宽的，直到形状明显的气囊，这些缺陷都发生在正常的板坯切

图 1　板坯断面上的分层现象

头尾圈以外，曾造成不少废品，例如 1957 年 9 月在第一中板厂发现的沸腾鋼 3 板坯分层废品曾达到 6.75%，大部份的分层出现在用 10.7 吨巨型鋼錠所軋出的板坯上。

1958 年 1 月在第二初軋厂軋制第 3 中板坯时，发现了一个异乎寻常的气囊，外形如图 2，它的位置和以往所見的气囊和分层大致相同，但尺寸大得多。这样，在我們面前就有从几乎不能辨认的細縫起一直到面积达 1 m² 左右的气囊为止的各种程度的板坯分层现象。

为了确定大鋼錠軋成的鋼 3 中板坯分层的原因，我們对图 2 所示的气囊进行了较詳细的观察和研究。它出现在熔炼号 818008 号钢，备样成份为：C 0.22%、Mn 0.55%、S 0.033%、P 0.021%，鋼錠模（型号 FX107）上口尺寸为 1110 × 620 mm，下口为 1150 ×

图 2　818008号钢一个板坯上的气囊

670 mm，浇鋼高度为 2280mm，四个鋼錠一組下浇，每錠重 10.7 吨。軋成的板坯尺寸为厚 90mm，宽 970mm，切断前長度为 15.7 m。图 2 是从头部切下的一段，图中较接近的一縫相当于鋼錠的頂端。在鋼坯表面測量，气囊离鋼坯頂端为 480mm，相当于整个鋼坯

* 1958 年 12 月 6 日收到。
** 参加工作的还有陈遐、王法发和鞍鋼中央试驗室的其他許多同志。

沸腾钢 3 板坯的分层现象

验证明，出钢温度为 1515~1530℃时（光学高温计读数），板坯分层废品率比出钢温度为 1500~1510℃时高出 1~3 倍。铸锭速度快于 15min（4 锭一组下浇）时，分层废品率比铸锭速度慢于 15min 时高出约 3 倍。

通过采取有效办法后，第一中板厂沸腾钢 3 中板坯成品分层废品率已经降至 0.6%（1958 年 1~5 月）。这样，邵象华成功地破解了沸腾钢 3 中板的分层现象，大幅度地提高了成材率，为鞍钢带来了实实在在的经济效益。

新鞍钢诞生后，面对国家对钢铁的需要不断增大，不但需要数量增大，质量也提高了，而且要求许多新产品的巨大压力，邵象华将压力作为动力，大胆地提出来考虑已久的改革创新、培育人才、

科学管理和抓好产品质量这四大措施，实现公司迅速达产、扩产、超产的大目标。在公司总经理李大璋、炼钢厂厂长马成德的全力支持下，亲自领衔推行这四方面措施、对策，公司的生产面貌发生了巨大变化，在不大改造的条件下，实现了年产100万吨的大目标，邵象华为鞍钢日新月异的大发展立了新功。1954年，邵象华、孟泰、张明山、胡兆森、沈策光荣地当选为鞍山市第一届全国人民代表大会代表。

1954年9月当选为第一届全国人民代表大会代表

（前排左起：孟泰、邵象华、张明山、胡兆森、沈策）

# 接受"活的马列主义"

鞍钢是伪满时期遗留下来的，经过日伪和国民政府统治时期的破坏，这座大型钢铁联合企业到1948年解放时，已经破烂不堪、残缺不全。刚从旧社会跨到新社会的邵象华从求学时代起一直相信工业可以救国，学习了钢铁冶金专业。但面对实际上已成为废墟的这座大型钢铁厂，对党如何领导和带领职工在短期内修复并开工生产，能不能办好鞍钢是十分关切的。日本帝国主义统治时期根本不从中国人中培养钢铁技术工人，如平炉每座配 9 人，其中 8 人全是日本人，只有一名中国工人，也只能干扫平台、开炉门、给日本人送饭等杂活，不许涉及平炉炼钢技术。仅有的技术人员人数很少，而且没有大规模生产的实际经验，尤其是掌握管理大型联合企业的领导人，不知道在哪里。

党给鞍钢派来各级领导干部，给人耳目一新的是这些人中有些在革命斗争中立过大功，是英雄、模范的老"八路"，不但与工人水乳交融，而且对技术人员也平易可亲，坦诚相待。他们工作上是拼命三郎，吃住在厂，房间里一张床、一个小煤炉、一张桌子，既是办公室、会议室，又是餐厅和寝室。工厂管理机构尚未健全，里里外外、大大小小的事他们都要管，没有秘书，亲自操作，天天工作到深夜。这些给邵象华留下了非常深刻的印象，共产党派来的干部不是来当官做老爷的，是全心全意为大家、为办好鞍钢来的。尤其他们个个都是如饥似渴地学习技术，虚心向老工人和技术人员请教，与技术人员交朋友、拜师傅。邵象华每天早晨上班前的一个小时给他们上课，讲钢铁冶金和管理知识，他们认真刻苦学习的精神令人非常感动。所以谁都看得出来他们是一心一意要把鞍钢办好的。鞍钢就是在这样的一些同志领导和管理下，从废墟上迅速恢复的，是他们带领大家创造了欣欣向荣的新鞍钢，取得巨大成就的。邵象华从中感受到党的伟大，自己作为从旧社会过来的知识分子，强烈地产生了改造世界观的自觉性。在从事共同事业的过程中，从老"革命"那里接受了"活的马列主义"❶。

---

❶ 邵象华. 工业救国梦想的实现. 鞍钢第一炼钢厂厂志（内部资料），沈阳新华印刷厂，1988，1：382。

# 第五章
## 我国炼钢平炉的先行者

# 建造我国第一座新型炼钢平炉

1940 年正当全国各族人民团结一致英勇抗击日本帝国主义侵略者的烽火中，国家资源委员会决定在西南大后方四川綦江地区建设电化冶炼厂，生产抗日前线急需的一些战略物资。

1943 年年初，邵象华被国家资源委员会派遣到四川綦江电化冶炼厂任炼钢厂厂长。电化冶炼厂总经理是叶渚沛，他同时担任资源委员会化学专门委员及重庆炼钢厂厂长，无暇顾及电化冶炼厂炼钢分厂的筹建工作。这是邵象华响应祖国召唤、放弃在英国继续深造的机会，毅然回到祖国怀抱后第一次独立承接炼钢厂建设任务，也是他实现工业救国迈出的第一步，心情有些激动，深感责任重大、有压力。

邵象华认为在綦江地区建钢厂，首先必须要考虑的是选用什么样的炉子炼钢。为此，他认真地调查了国内外钢铁发展现状和綦江地区资源、电力、交通等条件。

国际上自从碱性托马斯转炉和碱性平炉问世后，短短的 80 多年中世界钢铁产量突飞猛进，至 1938 年世界年钢产量达到了 1 亿吨以上。这样大量的钢除了极少部分是电炉钢或其他特殊方法炼制的钢外，全都是碱性平炉和碱性托马斯转炉生产的，其中尤以平炉炼制为主。如 1938 年美国年钢产量达到 2000 余万吨，其中 93% 是碱性平炉炼制的。德国年产钢也是 2000 余万吨，碱性托马斯转炉炼制的钢占 40%，而碱性平炉炼制钢占 60%，可见碱性平炉炼钢法在这些钢铁大国中是位于绝对的主体地位的。

美国、德国这些工业化国家的废钢资源十分丰富，平炉又最能吃废钢，所以选用平炉炼钢法是最适宜的。欧洲一些国家拥有丰富的高磷铁矿，选用碱性托马斯转炉炼钢既能获得钢，同时又可获得农业生产用的高磷渣肥料，一举两得，也是最佳的选择。

根据国外经验，邵象华清楚地认识到钢厂选用什么样的炉子炼钢，首要取决于当地的资源条件。

我国由于长期受封建主义制度的束缚与帝国主义列强的侵略，钢铁工业远远落后于世界资本主义国家。从1890年的汉阳钢厂算起，近半个世纪中，钢铁总产量累计也不到200万吨。少得十分可怜的这点钢中的90%也都是碱性平炉生产的。我国已开发和探明的铁矿大都是低磷矿，碱性托马斯转炉也就无用武之地。国内钢铁生产与国外一样，也是平炉一统天下。

邵象华依据国内外钢铁工业发展现状与綦江地区资源、自然条件，果断决定钢厂选择碱性平炉，只要有废钢和少量电力供应就可以炼钢，认为这一选择是科学的、切合实际的。

邵象华雄心勃勃，开始了碱性平炉的设计工作。当时在我国平炉一般沿用经验数据形成的设计方法，还没有采用科学理论指导下的计算设计模式，设计较为原始和粗放。

邵象华根据留学归国前在西欧实习、考察过多家钢铁厂，较为深入地剖析和总结了国外当时已发展起来的冶金炉热工和空气动力学原理，摒弃了国内凭经验的设计方法，大胆地应用国外冶金炉科学设计的理论，对燃气、热风、炉体、烟道、烟囱等整个系统进行了气体流动、热流动及其平衡计算，为平炉及其辅助设施设计提供了较为科学的设计依据。

这是座容量只有15t的平炉，但这在当时的抗战后方已是最大的炉体了。邵象华回忆道："这座平炉在建设过程中遇到了许多预先没有想过的难题，但都被一一克服了。"

綦江地区陆路交通很不方便。由于大山阻挡，没有铁路和平坦的公路，建造用的许多主、辅材料很难运进来，有的也很难采购到。为了不延误建造进度，邵象华果断地决定，就地取材，选择当地易采购到的、价格适宜、性能较为合适的材料代替。

如碱性平炉炉顶通常用硅砖砌筑，但四川境内没有厂家生产这种硅砖。邵象华大胆地就地取材，采用土法生产的一种"泡沫砖"砌筑。对这种"泡沫砖"热处理后进行测试，惊喜地发现其理化性能完全可与硅砖相媲美，它为早日建成碱性平炉立了一大功。

又如綦江地区当时也不产水泥，钢材也奇缺。没有水泥和钢材很难建造钢筋水泥的厂房。邵象华决定在充分考虑炼钢生产安全的前提下，除了炼钢主厂房和在出钢口附近采用钢筋混凝土浇注外，其余辅助厂房一律采用木结构。这是在极端困难条件下逼出来的没有办法的办法，但也为钢厂的早日建成立了一功。

炼钢车间买不到天车，自己也制造不了。邵象华带领大家自力更生专门设计制造了出钢和铸锭用的"地浇车"，为平炉出钢和钢水铸锭办成了一件大事。

邵象华还为钢厂筹建了一套轧钢设备，所需动力不得不靠从沦陷区搞来的一台破旧汽轮锅炉改造后提供。

邵象华和他的同事们齐心协力、勇于拼搏、敢于创新，用心血亲手铸成的钢厂终于建成了。

碱性平炉炼钢投产前的准备邵象华也费了不少心机，如认真组织了岗位培训，各系统单体、联动试车，等等。1944年年底，这座平炉正式投入热态试运转，用当地生产的土铁成功地炼成了钢。

这一天整个綦江电化冶炼厂热闹非凡，资源委员会也派员庆祝，并宣布我国完全自行设计建造的第一座碱性炼钢平炉正式投产。现场一片沸腾，大家互相庆祝。邵象华高兴得热泪满面，面对自己人生第一次亲手设计和组织制造成功的作品，很是自豪。

当时国内已有平炉都是沿用外商在我国建造用过的设备稍加修改建成的，都不是国人自行设计建造的，生产效率低，事故也多。

这座平炉容量虽只有 15t，但其计算热效率达到了英美 50～100t 级平炉的平均水平。

1944 年，綦江电化冶炼厂来了两位年轻人，一位叫张春铭，江苏省南京市人，曾在交通大学唐山工学院（贵州）攻读矿冶专业，1942 年毕业，获学士学位，来到重庆中国兴业股份有限公司（今重庆钢铁公司第三炼钢厂）工作，之后受聘来到綦江电化冶炼厂任助理工程师。另一位是刘嘉禾，1921 年出生，山东省青州市人，1943 年毕业于交通大学唐山工学院（贵州）矿冶系，毕业后留校任助教。张春铭与刘嘉禾是校友，经张春铭举荐，刘嘉禾毕业一年后也进入綦江电化冶炼厂工作，任技术员。

钢厂投产之初遇到了很多困难，邵象华谋事精细周详，将投产后可能发生的事故一一预测清楚，同时列出处理各种事故可以选用的对策和方法。果然，这座碱性平炉投产后不久便发生了他预料中的困难。例如，机械零部件最密集的煤气发生炉的某个零件失灵，厂房某个位置的木结构部分着火，等等。邵象华安排张春铭或刘嘉禾去处理这些事故，使他们在实战中掌握了预防及处置方法，从而保证了这座平炉的正常运行。通过在十分困难的条件下建设和生产的实践，邵象华和他所领导的一批年轻技术人员都得到了很大的锻炼。

# 发表《炼钢平炉之设计》

1944 年邵象华在资源委员会季刊上发表了《炼钢平炉之设计》的重要论文，这是我国早期平炉炼钢史上撰写如此长篇论文的第一人，对平炉的设计、平炉炼钢在我国的发展有极其重要的指导意义。

邵象华在论文中指出，大规模炼钢的两种方法——贝塞麦法（Bessemer process）及平炉法（Open hearth process）的发明都不过是80年前的事，在短短的时期中，钢的产量突飞猛进，1944年估计全世界钢的总产量也许是20000万吨上下。这样大量的钢，大部分是平炉和贝塞麦炉的产品，其中尤以平炉占极大优势。如1938年美国产钢2800万余吨之中，93%强是平炉钢。关于炼钢方法的选择，主要是根据原料的成分，尤以磷为重要。我国当时已发现的已开发多时的几处铁矿中，碱性贝塞麦法没有一处可以适用，而酸性贝塞麦法和酸性平炉法除非采用特殊的脱磷方法，也只有小部矿可以利用，而碱性平炉法对我国任何铁矿都能应用。所以，唯有碱性平炉能够普遍地解决我国炼钢问题。这也就是邵象华在抗战后方四川綦江电化冶炼厂任炼钢厂厂长期间，果断采用碱性平炉炼钢重大决定的依据。

邵象华还指出，平炉设计有两种方法，一是经验法，二是科学法。经验法建新炉时，不过是依过去已有的工作成绩比较好的炉子照样建造，或者将旧炉子已知有缺陷的地方稍加修改。这在任何工业未有科学根基的时候，本是一种较为安全的方法。而且经验日积，设计上不合理的地方，渐渐淘汰，结果也能发生缓慢进步。这种设计，只能说是一种艺术，不是科学。科学法是指平炉炼钢怎样能够增加生产，怎样能够减低成本，尤其节省燃料，便成为平炉工作者一致努力的目标。通过系统检讨和研究，结果从以往经验中逐渐发现了学理。根据这些学理，平炉设计已不再是专凭经验，而是有很大部分可以利用精确的计算方法来决定。那样的炉子，不但可以达到预定的产量，而且更能增加效率，工作经济，尤其主要的是燃料耗量降低，实现增加生产、减低成本的重要目标。

在《炼钢平炉之设计》论文中，作者对平炉设计的主要部分加以列述，让我们可以看出，现在的平炉设计已不再是全赖经验，而是可以通过利用热力学、流体力学以及其他科学的原理而加以计算，但作者认为从另一方面说，在设计工作中有很多地方，仍然需要设计者的经验和判断做设计的准绳。实际上我们必须承认，"常识"仍然是工程师一个极有价值的导师。所以，要想成为优秀的设计工程师，首先需好好学习先进的科学理论，也要重视科学实践，积累经验，两者都应兼顾。

该论文系统全面地列述了炼钢平炉之设计，这在我国尚属首次，且设计中应用发达国家通行的冶金炉热工原理及流体力学理论，这在我国也是第一次。邵象华在四川綦江电化冶炼厂任炼钢厂厂长主持设计的15t碱性平炉的设计中，成功应用国外先进理论在我国也是首创。15t碱性平炉建成投产，实践结果多次被引用出现在该论文

1944年发表于资源委员会季刊❶

❶ 邵象华. 炼钢平炉之设计. 资源委员会季刊, 1944, 4 (4): 31~35.

中，体现了该论文又是理论与实践相结合的典范，对我国冶金炉设计具有重要的实用性和指导性。该论文将被永记史册。

# 主持和修复鞍钢大平炉[1][2]

1931 年日本军国主义发动了"九一八"事变，侵占了我国东北三省。为了其全面侵华战争的需要，在鞍山成立了昭和制钢所，开始疯狂掠夺我国鞍山地区铁矿和劳力资源。

昭和制钢所从德国克虏伯和西马克公司订制了 40 万吨设备，其中有 6 座 100t 炼钢平炉、3 座预备精炼炉、全套初轧设备，年产 58 万吨钢。后来又新建第二炼钢厂，形成采矿、选矿、烧结、炼焦、炼铁、炼钢、轧钢成材的联合企业，达到年产钢 100 万吨、钢锭 80 余万吨、钢材近 50 万吨的生产能力。所生产的焦炭、生铁、钢材部分直接用于侵略中国的战场上，大部分运回日本用于制造侵略中国的战略物资、器材。

1944 年夏季，中国人民的抗日战争进入战略反攻阶段，迫使日本关东军司令部下令昭和制钢所拆迁，将主要设备搬迁到通化东边道（今吉林省临江县大栗子沟一带），昭和制钢所主体生产线瘫痪。

1945 年 8 月 15 日，日本天皇宣布无条件投降，中国军民前赴后继的 14 年浴血抗击日本侵略者终于取得了最后胜利。

但是，苏联红军大批进驻鞍山后强行拆除运走昭和制钢所大批设备，只留下一些老、旧、坏、搬不动的设备。昭和制钢遭遇到更

---

[1]　姜曦. 邵象华访谈录—国民政府接收鞍钢第一次复产. 2007 年 1 月 19 日。
[2]　姜曦. 邵象华访谈录—人民政府接收鞍钢第二次复产. 2007 年 1 月 31 日。

为严重的劫难。

此时，在资源委员会的选派下，靳树梁、邵象华、李松堂、王之玺、毛鹤年、杨树棠 6 人急速赶赴鞍山，参加接收原日伪管理的昭和制钢所所属的鞍山所有企业。资源委员会宣布将昭和制钢所改名为鞍山钢铁公司。

第一炼钢厂原有 6 座 100t 的平炉，邵象华接管时只有 2 座平炉具有修复的条件。他选择其中 1 座相对而言破坏较轻的平炉首先修复。这座炉的炉膛里凝固着几吨重的钢块，邵象华采用一种土办法：用火焰切割机将庞大的钢块切割成若干小块，其后掀起平炉炉盖，再将预先弯成的吊钩焊接在小钢块上，最后用天车（或吊车）从炉顶将小钢块吊出来，全部吊完后重修炉顶。在当时，这是他们可选择的唯一可行的"笨"办法。

1946 年 5 月邵象华抵达鞍钢

1946 年邵象华等人视察鞍钢❶

❶ 姗悦. 从"接收大员"到鞍钢功臣. 鞍山日报，2012 年 5 月 10 日 A5 版。

煤气发生炉的修复工作最为顺利，参加修复的是原班人马，而且在修复过程中没有遇到困难。炼焦炉修复难度较大，邵象华建议在炼焦炉修复完成前的日子里，可以利用日伪时期留下的生铁和已修复的发生炉煤气来炼钢。最终修复后的100t平炉炼出了几千吨钢。

对于这段经历，邵象华回忆道："复产后事故频频发生，归根结底是我们缺乏专业技术队伍。就是说，当时既没有熟练的炉前炼钢工人，也没有搞过大平炉炼钢的技术人员，除去我们几位协理见过大平炉外，鞍钢公司几乎找不到懂得大平炉是怎样炼钢的人员。因为日伪时期日本人不让中国人学炼钢的关键技术，缺乏炉前技术工人和技术员，失误甚至失败都是不可避免的。"

他们从失误或失败中学会了炼钢，而且培养了自己的技术队伍。年轻的大学毕业生在失败中得到了锻炼，积累了经验，这批技术队伍到后来中国共产党领导的鞍钢中，他们都发挥了技术骨干作用。

但国内时局发生了重大变化，蒋介石违背民意，公然撕毁国共两党双方签订的《双十协定》，挑衅生事，制造是非，一场内战即将发生在东北大地上。

1948年2月19日鞍山解放，全城欢庆，秧歌起舞，锣鼓震天响，鞍钢新生了。此时，这6位钢铁大家的头衔不再是国民党派遣的"鞍钢接收大员"，而是共产党东北行政委员会委派的"新鞍钢接收大员"。他们面前最最首要的任务是迅速恢复生产。❶

然而，摆在他们面前的鞍钢却是一片废墟。厂里到处长满一人高的野草，白天野兔成群，晚上野狼狂嚎。高炉炉膛凝结着炉料和冷铁，平炉内凝结着冷钢。焦炉炉顶长满杂草。厂房结构、机械设备锈迹斑斑，等等，鞍钢已成了满目苍凉的一座死城。

面对这座死城，公司领导班子提出了花一年时间恢复生产。但当时留在鞍钢的一些日本技术人员认为这不可能，这是天方夜谭。

---

❶ 李华忠．鞍钢四十年．辽宁人民出版社，1989：27。

曾放言：鞍钢即使由日本人主持恢复生产，而且用日本造的设备和生产技术，少则 3 年，多则 5 年。这些日本技术人员的谈论，不是危言耸听，他们的依据是鞍钢遭遇了多次大劫难和被破坏的现实状况。

但是，新生了的鞍钢有党中央和毛主席的关怀和正确领导，有当家作主的鞍钢工人阶级和工程技术人员所具有的爱国情怀、敬业精神，他们都有冲天的革命干劲和无穷的智慧。这些是新生鞍钢迅速恢复生产的重要因素，是那些日本技术人员根本不会想到的。

1949 年年初，毛泽东主席发出了"鞍山工人阶级要迅速在鞍钢恢复生产"的电令，极大地鼓舞了全体鞍钢职工，掀起了为鞍钢早日恢复生产的大热潮。

邵象华负责一炼钢的复产任务❶，他将一炼钢分成原料、平炉、煤气热风、铸锭、运输等 5 个工段，对每个工段提出了修复要求和进度。同时，他每天都要跑遍厂内各工段了解修复进度，并与他们一起研究解决修复中遇到的技术问题。

邵象华与厂里其他领导、工程技术人员和工人师傅们吃在厂里，睡在厂里，干在厂里，日日夜夜地奋战了一个多月，一炼钢以 1 号平炉为中心的修复工作进展顺利，已具备了复产炼钢的条件。

邵象华为了确保一炼钢顺利复产，提出有三大要素必须同步实施：

（1）公司的焦化、高炉、煤气发生炉、水、电动力、运输等分厂的修复，首先要领先，至少要同步。

（2）制定科学、实用的平炉炼钢的操作规程。

（3）对工人要进行认真的岗位培训。

第（1）条在公司会议上得到公司主要领导的赞同与认可。

第（2）条邵象华心里清楚，自己亲自设计的綦江钢厂的平炉容积只有 15t，100t 大平炉在国外考察时见到过，但缺乏实际操作经验。邵象华召集了技术人员胡光沛、靳汉、张春铭、刘嘉禾研究，

❶ 摘自《鞍钢第一炼钢厂厂志》（内部资料），沈阳新华印刷厂，1988，1：68，74。

要求参考苏联炼钢厂平炉操作经验，结合鞍钢的原料条件和工人文化、操作水平等实际，制定一套科学、实用的平炉炼钢的操作规程。

第（3）条邵象华十分了解一炼钢工人操作水平，他们中许多在日伪统治的昭和制钢所干过，但日本人不允许中国工人干技术活，只能干些零碎杂活，100t 平炉炼钢的技术活确实不会。邵象华认为现在的工人是国家的主人，是一炼钢修复、复产的主力军，一定要把制定的操作规程、细则向工人们宣讲清楚，组织他们反复讨论、学习、领会、贯通。培训岗位操作工人非常重要，指令张春铭、胡光沛、靳汉等技术人员负责抓紧、抓好。

1949 年 4 月 2 日，鞍钢的修复工程经过全体员工的日夜奋战、拼搏，原计划一年时间，不到半年一炼钢 1 号平炉就顺利出钢了。

这座沉默了 4 年的 1 号平炉终于起死回生，重燃炉火，重放钢花，实现了毛泽东主席"鞍山工人阶级要迅速在鞍钢恢复生产"的号令。大家高兴万分，激动地流下了眼泪。

# 指挥提高平炉炉顶寿命的战斗

鞍钢复产、投产后，炼钢厂平炉炉顶的寿命都很短，严重影响炼钢产能。具体地说，每次换炉顶耽误生产时间约 80h，因此，一个炉子炉顶寿命若只有一个月（720h），则换炉顶而耽误生产就是 80/720，即 11.1%，如果同一炉子炉顶寿命能延长一个月，那么换炉顶耽误生产就是 80/1440 = 5.6%，这样同一炉子的产量就可明显提高5.6%。邵象华用以上一组简单的数据告诉大家提高炉顶寿命是多么重要。炉顶寿命短促已成为炼钢产能发挥卡脖子的难题。为此钢厂发起了与炉顶寿命短促作斗争的号召。

邵象华是鞍钢的总工程师，炼钢厂技术副厂长，是这场战斗的指挥员，也是战斗员，付出了大量的精力和时间。依据热力学、流体力学、冶金反应学等基本理论对炉顶各方面做对比、分析、检讨，并将自己的理解、观点系统地整理成文，撰写了《论平炉炉顶》的重要论文，连载在《鞍钢》1950年6月第1期、1950年7月第2期、1950年9月第2期上，供大家参考、讨论，抛砖引玉，成为指导这场战斗的理论依据。

邵象华在论文中指出，炼钢平炉类似于加热器和化学反应器。前者，升温、降温过程中，炉顶砖因膨胀或收缩导致剥落受损，尤其高温下炉顶砖强度很低，易受热流、气流冲刷减薄。后者，炼钢是一个复杂的化学变化过程，而且都在高温下进行，不少的铁和其他元素被蒸发为气体，立刻被氧化变成氧化物，其中大部分都是 $Fe_2O_3$，其他为 $CaO$、$Al_2O_3$、$MnO$ 等，它们与炉顶砖接触，被附着在砖的表面，而且和它化合，生成低熔点的化合物，在平炉操作温度下，成为很容易流动的液体，流失而减薄。

邵象华在论文中特别强调，平炉炉顶在冶炼过程中是不断被熔蚀着的，熔蚀的速度限制了一座平炉的工作温度，也就是说，一座平炉的生产能力在很大程度上是被炉顶的熔蚀现象所限制。正因为这样，如何将炉顶的熔蚀减慢（完全避免是不可能的），是平炉工作者和平炉的耐火材料制造者面临着的一个最重要的问题。邵象华在论文中提出，要根据鞍钢炼钢厂的实际情况，来讨论如何提高炉顶寿命的问题，特别强调在操作中必须注意的几方面：

（1）新炉顶的熔化；

（2）燃气的控制；

（3）炉门废气闸板的控制；

（4）火焰方面的维持；

1950 年发表《论平炉炉顶》❶

（5）熔渣的控制；

（6）避免熔炼期中的耽误；

（7）烘炉的控制。

最后，邵象华特别关注炉顶砖的材质问题，国外开发成功铬镁砖，应用表明它的使用寿命比硅砖炉顶高出两倍以上，但我国缺乏铬矿资源，在引领鞍钢新技术的开发创新中，他组织了研发团队，独创了铝镁砖新产品。

# 组织研制我国独创的铝镁砖炉顶

炉顶是平炉最关键的部分，它要在很高且变化较大的温度下承受着本身的大重量和因热胀冷缩而产生的应力，以及炉内气体夹带

❶ 邵象华. 论平炉炉顶. 鞍钢, 1950（1）: 4~12; 1950（2）: 6~10; 1950（4）: 5~14。

的氧化物熔渣的化学侵蚀等，工作条件十分恶劣。

一炼钢平炉为倾动式碱性平炉，在恢复生产的 3 年多时间里炉顶是酸性硅砖砌成的。硅砖系伪满时期留下的，炉龄仅 50 炉左右，试用鞍山硅石制砖，个别炉龄低到 9 炉，严重制约了平炉生产。邵象华组织干部、技术人员、炉前工人联合攻关，从而使 1950 年上半年的炉顶平均寿命提高到 78 炉，接近日伪时期的下限 90 炉的指标。两年后，鞍钢平炉的平均寿命及其他技术经济指标都已达到，甚至超过鞍钢平炉炼钢史上最高的炉数，创造了新的历史纪录。

国外一些先进钢厂采用铬镁砖碱性炉顶，它比硅砖炉顶有更高的耐火性能和抗碱性渣化学侵蚀的能力，不仅容许提高炼钢温度，还可以达到远比硅砖炉顶高得多的寿命。邵象华于 1955 年曾提出组织试制、试用铬镁砖炉顶，第一次试用时炉顶寿命达 334 炉。但是正如他早在 20 世纪 40 年代初就指出过的，我国铬矿资源缺乏，需要进口，铬镁砖炉顶难以大量使用，必须寻找新的炉顶耐火材料。

考虑到我国高铝矾土所含氧化铝具有某些氧化铬相似的化学特性，1955 年，邵象华组织了鞍钢耐火材料厂、厂中央实验室、炼钢厂与中国科学院沈阳金属研究所研究人员合作，进行了以国产镁石和高铝钒土为原料的平炉铝镁砖炉顶的研究、试制和试用工作。1957 年首次在 180t 大型平炉上采用铝镁砖炉顶获得成功，该平炉炉顶寿命达到了 520 炉。截至 1959 年，鞍钢全部平炉采用铝镁砖炉顶，最高年平均寿命高达 675 炉，超过了当时国际上铬镁砖炉顶的最高寿命。这一独创的铝镁砖炉顶技术不仅显著地提高了平炉炉顶的寿命，而且使得平炉炼钢实际强化操作成为可能。该成果在鞍钢成功应用后，又在全国平炉上全面推广。

这次革新实践的成功使邵象华对新技术的开展和应用有了新的

认识。他说："一项新技术的开发和应用需要企业、研究单位、高等学校三家合作才能够完善。"20世纪50年代初期具有这种观点是了不起的，因为这次平炉炉顶用砖三家合作已经显示出当代科学技术"产学研"结合研究模式的初期特征，这种模式虽已在我国20世纪50年代萌芽，但直到21世纪初才被政府作为科研政策全面推广。

# 积极参与平炉用氧炼钢

平炉用氧受到氧气顶吹转炉经验的影响，20世纪50年代中期美国、苏联平炉炼钢大户在钢厂建氧气站，掀起平炉用氧炼钢的高潮，使平炉在氧气顶吹转炉挑战下获得新生。

邵象华也非常支持平炉用氧强化炼钢，但我国制造不了大型制氧机，平炉用氧新技术的开发就只好搁浅。

1970年后，在邵象华的积极努力下，平炉用氧炼钢得到冶金工业部有关领导的大力支持，以鞍山钢铁公司为首，钢铁研究院参加，组成了平炉用氧炼钢开发团队。在300t平炉上先从平炉用炉门小管吹氧试验，用氧量（标态）600~800m³/h，熔炼时间可缩短1~1.5h，降低燃料消耗15%左右。但存在吹氧管消耗大、劳动条件不好的问题。后来采用了炉门坎土法埋入吹氧试验获得成功，并投入生产。

继而采用三枪顶吹氧强化平炉冶炼新工艺试验成功，1980年1月投产，经过三年的生产实践证明，其冶金效果十分显著。冶炼时间缩短50%以上，产量翻了一番，重油消耗下降65%，取得明显的

经济效益。平炉用氧炼钢的技术在全国平炉上推广❶。该项成果 1985
年获国家科技进步奖三等奖。

# 发表《十年来我国的平炉炼钢》

邵象华发表了《十年来我国的平炉炼钢》文章，指出了在平炉
利用系数的飞跃增长、减少停炉时间、提高作业率、平炉超装、缩
短熔炼时间、钢锭工作、扩大品种、降低铸锭成本等方面获得的巨
大进步，使我国钢产量在 10 年中增长了 70 倍，其中平炉炼钢是最
大的贡献者。邵象华还特别指出，我国平炉的利用系数已跃居世界
的前列；铝镁砖炉顶、三槽出钢等都是国际炼钢生产中的创举；
扩大平炉装料量、厚层炼炉和厚层烧结炉等技术革新措施，在我
国得到了创造性的发展，表明我国平炉炼钢技术有了显著的
提高。

邵象华与平炉有缘，10 余年中，他将自己的青春年华都倾注于
国家的钢铁工业上，倾注于炼钢平炉的发展上。1944 年在四川綦
江电化冶炼厂炼钢厂任厂长期间，亲自设计、建造、投产 15t 碱性
平炉，这是一座按科学理论设计的，第一座由中国人设计、建造
的，抗战后方最大平炉；1944 年《资源委员会季刊》上刊登了邵
象华撰写的《炼钢平炉之设计》重要论文，在我国首次倡导平炉设
计应遵循热力学、流体力学，通过计算的科学方法，将永记史册；

---

❶ 摘自《当代中国钢铁工业的科学技术》第六章炼钢科学技术，冶金工业出版社，1986。

抗日战争胜利后，邵象华主持鞍钢遭受严重破坏的大平炉修复战斗；主持与炼钢平炉炉顶寿命短促的斗争；组织研发我国独创的铝镁砖炉等，都是率先登足，站在战斗的最前列，都作出了重要贡献，在我国平炉炼钢发展史上功不可没，是我国平炉炼钢的先行者。

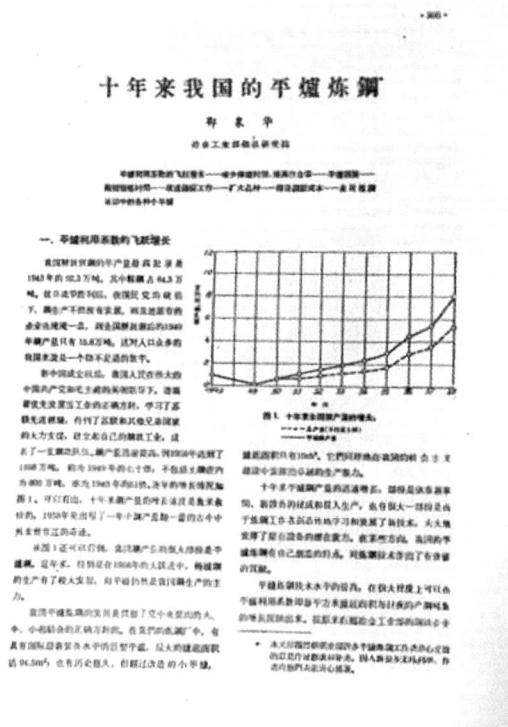

邵象华发表于《钢铁》上的文章❶

---

❶　邵象华．十年来我国的平炉炼钢．钢铁，1959（18）：805～812。

# 第六章

## 在钢研院的科研硕果

# 惜别钢都

1945 年 8 月 15 日，日本帝国主义宣布无条件投降，国家资源委员会分别电告靳树梁、邵象华、李松堂、王之玺、毛鹤年、相树堂 6 人，急速赶赴鞍山，成为接收日伪管理的鞍钢接收大员。邵逸周任总经理，邵象华等人担任协理，任务是迅速恢复鞍钢生产。但是，鞍钢受到战争的严重破坏，耗了两年多，只修复了一座平炉，炼了几千吨钢。1948 年年初，国内时局发生了重大变化，总经理邵逸周突然宣布全面停产。邵象华听后忍不住流下了泪水。

1948 年 2 月 19 日鞍山解放，鞍钢新生了。刚解放的鞍钢时局还比较混乱。军代表遵照党中央和中央东北局的指示，派解放军护送邵象华、靳树梁等一批技术专家到了丹东解放区保护起来，组织他们学习党的政策、知识分子政策、经济政策等。

1948 年 11 月 2 日沈阳解放，邵象华等 20 余名技术专家乘车随人民解放军回到了鞍钢，成为东北行政委员会派遣的负责接管鞍钢的接收大员，邵象华被任命为新鞍钢公司总工程师兼任炼钢厂技术副厂长，身负鞍钢迅速复产的技术重任。

在中国共产党领导下，公司领导与邵象华、工程技术人员、工人师傅一起住在厂里，吃在厂里，干在厂里，奋战了几个月，突破了许多技术难关，沉睡了近 4 年的 1 号平炉出钢了，在钢花怒放的现场，工人师傅们欢呼跳跃，邵象华也兴奋得流下了热泪。

随后，邵象华全身心引领科技改革创新、育才治厂、科学管理、抓产品质量，为鞍钢达产、扩产、日新月异的发展立了战功。

邵象华与鞍钢有缘，10 余年间经历了旧中国到新中国的改朝换代，国民党鞍钢接收大员到共产党的鞍钢接收大员，工业救国梦第三次破灭的伤心到工业救国梦起航、圆梦的喜悦，等等，深深体会到没有共产党就没有新中国、新鞍钢，圆工业救国梦的他，从此心里下定决心愿做党的人。为了鞍钢的复产、达产、扩产，他付出了一生中最宝贵的青春年华和满腔热血，也觉得自豪，会永远的纪念。10 余年间他在与公司领导、工程技术人员、工人师傅顽强拼搏、艰苦创业、改革创新中结下了深厚的友情，也永远记在心中。1958 年 8 月，根据工作需要，冶金工业部调邵象华到冶金部钢铁研究院工作。调令在身，他依依惜别深爱的钢都这块热土，也依依惜别钢都战友们的深情厚谊，奔赴新天地。

# 喜调首都

1958 年 8 月下旬，鞍山的夏天已开始渐渐远去，秋日悄然来临，邵象华来不及再次观赏鞍山的金色秋日，根据冶金工业部的调令，携全家向钢都和战友们依依惜别，乘列车南下入关进入北京，来到了我国政治、经济、文化、交通中心北京，来到了党中央所在地，毛主席生活的地方，心中充满着喜悦，庆幸成为光荣的首都市民。

北京是座拥有 3000 多年历史的古城，作为首都也有 600 多年的建都历史，拥有故宫、颐和园、天坛公园、万里长城等著名的名胜古迹，是国内外旅客向往的著名旅游胜地。

邵象华一家夏末秋初来到北京，早晚已开始有一丝凉意，白天仍骄阳如火，但不久他们将迎来天高气爽、蓝天白云、金色的秋天，投入到北京一年中最美好的金秋季节的怀抱里。邵象华休闲时携全家游览了著名的皇家园林——颐和园。

# 精英团队

位于北京西直门外大柳树上园村的冶金部钢铁研究院（1979 年改为钢铁研究总院）是直属冶金工业部领导的钢铁冶金的最高研究学府，主要承担开发研究钢铁冶金新工艺、新技术、新材料的工作，与也在北京的钢铁设计院（后改为钢铁研究设计总院）同为部属院所中最大的两家大院。为加快我国钢铁工业的发展，冶金部非常重视钢铁研究院领导班子、精英团队的建设，在这次特意将鞍钢公司总工程师、技术处处长邵象华调入以前，已先后从全国各地调入了一批著名学者、专家、技术精英，他们是：

陆达，钢铁研究院院长。1914 年生，浙江湖州人，留学德国柏林工业大学，历任中共中央兵工局工程师，八路军前方总司令部军工部工程处副处长、厂长，重工业部钢铁局副局长，北京钢铁研究院院长，著名的冶金专家。

李文采，钢铁研究院副院长。1906 年生，湖南永顺人，留德机械与电热专业博士。曾任华东财经委员会重工业处副处长，西南军政委员会工业部副部长，先后担任过中央轻工业部试验所所长、重工部钢铁工业试验所所长，钢铁工业综合研究所所长等职务，著名的冶金专家，中科院院士。

丘玉池，钢铁研究院副院长，兼炼钢研究室主任。1907 年生，广东潮安县人，德国冶金学博士，曾任重庆兵工署材料试验处冶金组主任，重工业部钢铁工业综合研究所副所长。

李公达，钢铁研究院炼铁研究室主任。1905年生，湖南省罗田县人，留美工程博士，曾任重庆兴业公司炼铁厂、天津钢铁厂，石景山钢铁厂经理等职，著名冶金专家。

戴礼智，钢铁研究院精密合金研究室主任。1901年生，四川万县人，留美物理学博士，曾在德国、英国著名大学学习和从事研究工作，曾任重工业部钢铁工业综合研究部副部长。

孙珍宝，钢铁研究院合金钢研究室主任。1909年生，山东海阳县人，美国理海大学冶金学博士，曾任北洋大学、同济大学教授。

丘玉池副院长因健康原因辞去兼任的炼钢研究室主任一职，推荐留英同学邵象华担任此职，邵象华成为了陆达院长领衔组成的精英团队重要成员之一。

为了适应国民经济发展和国防建设的需要，陆达院长领衔的钢铁研究院除了炼铁、炼钢研究室，先后设立了精密合金、合金钢、高温合金、难熔金属、粉末冶金等新型材料研究室，并调入了一批从苏联学成回国的年轻学者，其中就有在苏联长大、革命先辈蔡和森和赵世炎学钢铁冶金的儿子蔡博和赵施格，以及从全国著名高校招来了大批毕业生，他们在精英团队的引领下，迅速成长，成为钢铁研究院科研战线上的主力军。钢铁研究院卧虎藏龙，英才聚集，是国家和冶金工业部重要的科学研究机构。

# 新环境、新使命

鞍钢公司总工程师、技术处处长邵象华调到了位于北京西直门外大柳树上园村的钢铁研究院任炼钢研究室主任。钢铁研究院东邻北京铁道学院（现为北京交通大学），北邻中国农业科学院，西邻国家气象局，南邻我国最大的动物园——北京动物园。这 5 家单位似这广阔田野上闪跃的新星，光彩夺目。因为 20 世纪 50 年代，这里陪伴它们的是盛产各种蔬菜、水果、小麦、玉米的北京市民重要的蔬菜、瓜果、粮食供应基地，是一派田园风光，自然环境优美、清静。钢铁研究院也有许多大楼、中间试验厂，但与鞍钢一排排高大厂房和厂房里隆隆马达声、机器声，高炉旁出现的火龙，平炉出钢的钢花怒放，以及奔驰中火车的汽笛声，从早到晚热火朝天的生产环境有天壤之别。邵象华在鞍钢 10 余年已习惯了这种生活环境，突然来到了深夜都能听到邻居动物园动物吼叫的声音的研究大院，一时感到不太习惯。但邵象华是一代英才、文化学者，搞学问、搞开发研究的技术型专家，喜欢安静，喜欢研究大院的环境。年青时代开始，肩负重任，走南闯北，都能生根开花、结果，坚信很快也会扎根研究大院这块新环境、新天地中。

邵象华面临着最重要的是使命的转变。一是从以关注一家国有大型企业的日常生产管理，产品、质量、产量和企业的生产技术，工艺、装备的革新为主要使命，转变为行业的新工艺、新技术、基础理论，资源综合利用和未来发展方向的开发研究的重要使命。二是管理对象的转变，从以工人群众组成的生产队伍为主要管理对象，到以知识分子成堆的管理群体。三是研究开发任务的转变，从以研究开发生产现场实际需解决的技术问题为主，到关注国家急需、行业发展需要开发研究为主的转变。邵象华才华出众，在生产中能出色地完成重大使命，在钢铁研究院新天地，钢铁冶金新工艺、新技术的研究开发中成为新的领军人，也取得了新硕果。

邵象华历任钢铁研究院炼钢室主任，院副总工程师、院学术委员会副主任、院学位评委会主席、院技术顾问等职。任炼钢研究室主任期间，始终要求科研人员三坚持：一是研究工作必须与生产实际相结合，要为企业发展生产创经济效益，解决生产中出现的技术难关，护航保驾，并在生产实践中成长、成才。二是科研工作必须急国家之所急，凡是国家经济发展和国防建设需要的重大科研项目，要求研究人员必须勇于承揽，并排除万难去完成，这是必须坚持的一条重要准则。三是科学研究必须坚持开拓、创新，不能简单重复，外国人有的我们要有，外国人没有的我们也要有，要关注当代钢铁工业的发展动向，也要关注行业未来发展方向，要把钢铁冶金新工艺、新技术的开发创新放在第一位。邵象华领导的炼钢研究室在"三坚持"下科研队伍迅速成长、成才，在科研战线上取得了丰硕成果。

# 坚持为企业生产服务

## 一、积极指导帮助中小钢厂解决生产中存在的技术问题

20世纪50~60年代我国钢铁工业由于国家缺钱，办不了大型钢铁联合企业，只能发展中小钢铁企业，它们整体上都存在工艺、技术、装备较落后的情况，尤其是1958年大跃进年代掀起了全民办钢铁，出现的许多"小土群"（小规模、土办法、群众性）钢厂，生产工艺、技术、装备更落后，生产中都存在很多问题。邵象华陪同冶金部领导视察许多地方小钢铁企业过程中，企业同志都对这位曾管理过我国最大钢都的钢铁大家寄予极大期待，提出了许多生产工艺、技术、装备中存在的问题，期望得到指导，帮助解决。邵象华一边认真听取，一边仔细观察、提问，然后回答现场提出的问题，并与大家讨论提出解决的办法，很受大家的欢迎。

## 二、关注和鼓励空气侧吹转炉的技术创新

新中国成立后，钢铁工业仿照苏联模式，平炉炼钢一统天下，钢产量占到90%。氧气转炉因为制造不了大型制氧机，引进又缺乏资金，因而其发展受到限制。为此我国冶金科技工作者发展了用空气炼钢的空气侧吹转炉，铁水由化铁炉供给的生产工艺流程。该流程生产设备易制造，因此在全国各地推广、开花，生产的钢产量达到了10%以上，大跃进时期甚至超过30%，为国民经济发展和建设提供了大量的急需钢材，作出了重要贡献，功不可没。但该生产流程存在着生产力、钢质量、炉龄等较低的问题，邵象华带领研发团队赴上钢一厂、三厂就8t空气侧吹转炉炉龄展开了攻关研究，在双方精诚团结、合作下使炉龄突破100炉大关，为此冶金部在上海召开了全国性现场会议，推广邵象华与两厂创造提高炉龄的经验。

我国冶金工作者大胆创新、发展了热风化铁、热风炼钢的新工艺、新技术，邵象华十分兴奋，认为热风吹炼是转炉炼钢的一项新的技术革命，为转炉炼钢高产、优质、低耗、低成本、多品种创造了条件。他在1960年3月28日全国转炉炼钢会议上代表大会技术组发表了《发展热风转炉，为转炉炼钢的全面更大跃进而奋斗》的报告[1]。

报告列举了热风转炉的许多优越性：

（1）缩短吹炼时间，解放转炉生产力；

（2）提高钢质量，提高合格率和一级成品率；

（3）扩大转炉钢品种，热风转炉已炼出了许多优质碳素钢及合金钢；

（4）降低生铁消耗。

报告中侧重提出了发展和推广热风转炉应关注的一些问题：

（1）热风温度和热风炉炉型；

（2）转炉空心耳轴及底座的改装；

❶ 邵象华. 发展热风转炉，为转炉炼钢的全面更大跃进而奋斗. 钢铁，1960（9）：508~513。

（3）热风转炉的风量和风压；

（4）转炉风眼的改造；

（5）其他工段的配合；

（6）热风转炉的寿命。

最后报告提出了今后进一步发展的展望：

（1）目前热风转炉任务——迅速推广，使它早在生产中起作用；

（2）提高风温，充分发挥热风威力；

（3）混合炼钢——钢种一扫光；

（4）与连续铸锭结合，进一步提高钢质，并扩大轧钢品种，废除钢锭模；

（5）用水冷方法提高炉衬寿命；

（6）利用转炉废气的热量。

邵象华在报告中始终认为热风化铁炉和热风转炉是我国炼钢职工敢想敢干、大胆创新的结果，是转炉炼钢的一项新技术，对转炉炼钢提高产量、质量、扩大品种、减少消耗、降低成本等有重大意义，值得大力推广应用。20世纪50年代初诞生了氧气转炉炼钢，邵象华积极呼吁我们大力发展氧气转炉，但我们缺乏制造氧气机技术，又缺乏引进国外装备资金，我们炼钢科技工作者与广大炼钢职工一起独立自主、自力更生发展了适合国情的化铁炉和转炉炼钢工艺流程，承担起为国家经济建设提供急需钢材的重要使命，得到了邵象华的积极支持和关注。但是，化铁炉和转炉炼钢工艺无法与氧气转炉炼钢法相媲美，最终逐步退出历史舞台，被氧气转炉炼钢所取代。炼钢技术不断进步发展，也遵循优者胜、劣者败的自然规律。

### 三、帮助提高化铁炉操作水平[1]

1961年受冶金部的委托，邵象华与研究团队奔赴上钢一厂、三

---

❶ 邵象华. 一定要使转炉炼钢厂的化铁炉过技术关. 钢铁，1959（7）：235~241。

厂指导提高化铁炉操作水平，通过攻关试验，与现场人员精诚合作，在 20t 以上化铁炉成功推广应用，取得了节约焦炭、提高熔化率、保证铁水温度方面的良好效果。

邵象华（左）1958 年考察西昌小土群炼铜

王之玺（左上）与炼铜工人（邵象华摄）

# 坚持急国家之所急

## 一、开垦我国真空冶金的处女地

20世纪60年代初，为适应国家发展国防尖端材料的需要，邵象华向有关领导建议，将炼钢研究室改组为冶金物理化学研究室，从事与钢铁冶金及新型合金有关的基础研究与技术开发课题外，积极开展真空冶金领域研究。邵象华认为近代高纯和超高纯金属及合金的发展是和真空熔炼分不开的。在真空中进行熔炼时，由于熔池不与空气或燃烧废气及炉渣接触，可以避免这些因素的沾污影响。在不用坩埚的真空熔炼中，耐火材料的干扰也被消除。真空条件本身还能比其他熔炼方法更为完全地排除原来存在于金属中的某些杂质。第二次世界大战以后真空熔炼的迅速发展，是为原子能、高速及宇宙飞行、电子技术等现代技术发展提供各种特殊冶金新型材料的重要基础。

在一般真空熔炼设备里，熔炼过程中熔池表面附近的气体实际压力一般是在 $10^{-1} \sim 10^{-5}$ mmHg（1mmHg = 133.322Pa） 数量级的范围以内。真空熔炼过程中体系的压力很低，对熔池中有气态产物产生的一切反应都能起促进作用，如脱气、杂质挥发和某些类型的脱氧。但真空条件在某些方面也给熔炼过程带来困难，例如有些合金需要含一定浓度的易挥发组分，它的控制就比较困难；在真空感应炉中合金的某些组分还能够与坩埚材料起反应，对成品的组成和性能可能起不利的影响，等等。只有搞清楚真空条件下可能发生的各种过程的物理化学规律，才能够找出正确的方法和工艺，利用真空来达到所要求的提纯目的。为了适应生产高温合金、精密合金、难熔金属及其合金等应用于高科技的新材料的需要，他带领一批年轻同事，进行了真空条件下铁基、镍基熔体中碳脱氧或氧脱碳反应，坩埚耐火材料对熔池的供氧作用，合金元素和微量杂质元素的挥发等应用基础研究。另外，对国际上真空熔炼领域中已积累起来的研究成果作了系统的综合述评，为帮助我国正在成长起来的特种熔炼技术队伍提高学术水平，提供了部分理论基础。

## 二、倾注我国铌资源的开发研究

我国的铁矿资源有许多是共生矿，包头钢铁公司的白云鄂博矿就有稀土和铌资源。国家科技部非常重视铌资源的回收利用，作为重大研究开发项目下达给钢铁研究院，陆达院长也很重视和关注，把任务下达给由炼钢研究室牵头、邵象华亲自挂帅组织的强大的研发团队，开展了从包头钢铁公司炼钢平炉渣和铁水雾化提铌的实验和现场工业性扩大试验。平炉渣中提铌成功地利用包钢原中包试验厂原有设备，建成、投产了铌锰合金生产线。铁水雾化提铌半工业性试验装置设在炼钢厂混铁炉旁，大包铁水流经中间包定量控制，被空气雾化器粉碎，在反应室中铁水中铌、锰、硅易氧化元素被氧化分离成渣，然后一起流入分离器，实行渣铁分离，渣回收作为生产铌或铌合金原料，铁送至平炉炼钢。试验规模达到 180t/h 水平，实现与平炉炼钢完全相匹配的水平。在进入产业化设计中因"文化大革命"的干扰而中止。但 4 年后攀枝花钢铁公司成功地将其移植到铁水提钒的工业化生产中，邵象华心中也因此获得了一些安慰。

## 三、特创普通电弧炉冶炼超低碳不锈钢

1964 年年初，在国外停止对我国提供开发原子能所需的专用设备和材料之后，为了满足我国第一个生产堆核燃料后处理工程的急迫需要，冶金部接受了超低碳不锈耐酸钢材的研究试制任务。邵象

华作为这个项目冶炼的负责人,与钢铁研究院炼钢研究室和合金钢室的科研人员一起,协同抚顺钢厂和重庆特殊钢厂,承担了该钢种的研发工作。

不锈钢的抗腐蚀性能主要依靠溶解在钢中的合金元素铬。但一般方法炼制的不锈钢碳含量较高,容易在晶体边界形成碳化铬,局部降低溶解铬的浓度,以致在钢的使用过程中发生晶间腐蚀。这是一种不锈钢腐蚀的最危险形式。作为补救,国内外许多不锈钢标准中规定加钛或铌。这些元素对碳的亲和力比铬更强,因此能保护铬,减小不锈钢的晶间腐蚀倾向。可惜这种办法效果不够理想还引起钢性能方面的其他一些问题,不能满足上述用户的要求。

因此,为了提高钢的抗晶间腐蚀和刀口腐蚀性能,最有效的方法是将钢中碳含量降到 0.03% 以下,从根本上防止碳化铬的形成、沉淀和局部降低溶解铬的浓度,从而防止该钢种在使用过程中发生晶界腐蚀。

现在氩氧吹炼和真空技术已成为国际上炼制低碳、超低碳不锈钢的主要手段。氧气转炉增加惰性气体搅拌也可达到非常低的碳含量。但在 20 世纪 60 年代初,氩氧炉和转炉复合吹炼都还未发明,真空冶金也未发展到能用于生产这类钢的程度。当时世界上只有少数特殊钢厂能生产这种钢(美国和苏联 1960 年后才把超低碳不锈钢列入钢种标准)。他们那时已能制造大型的制氧机,氧气在炼钢生产中获得了大量的应用。炼这种钢时主要依靠大功率电炉和大量用氧,以及中途出钢然后再回炉精炼微调等特殊工艺,成功地炼制成超低碳不锈钢的。我国各特钢厂并不具备采用这些工艺的装备、原料和配套条件。国内一些特殊钢厂近几年也在不断地进行研发试制工作,也利用电炉吹氧工艺技术,但由于技术难点太多,至此大部分都没有试制成功。有些厂成分合格,但质量有问题,且工艺复杂,生产成本高,用户难以接受。

邵象华认为我国各特钢厂并不具备国外采用的工艺装备、原料和配套条件，是试炼不成功的主要原因。但任务紧迫，用户又急需，当然不能等待研究新的熔炼方法（如利用真空），甚至对原有电炉装备作较大的改造，在时间上也来不及。因而必须尽可能利用已有条件，在工艺技术上采取一切必要与可能的措施，来达到用户提出的成分和质量要求。

邵象华带领研发团队奔赴抚顺钢厂、重庆特殊钢厂，进行了认真的现场调查，并与现场工人、技术人员和领导一起分析、总结未成功的经验，同时分析了该钢种的特点和根据炼钢过程物理化学反应的计算，认识到冶炼超低碳不锈钢的主要矛盾是与钢中的碳含量作斗争，即如何达到将钢中的碳含量控制在 0.03% 以下这个最终目标，成为试炼任务的主攻方向。提出在冶炼工艺的氧化期要在短时间内将钢中碳含量降到最低值，而在还原期要千方百计防止增碳的战略。在具体战术上提出了无碳炉体、低碳精料、高温快速脱碳、快速化铬还原成钢的方针。为此，制定了具体操作规程，采取了相应的具体措施，发起了在普通电炉上冶炼超低碳不锈钢的冲锋号。

炉体是冶炼超低碳不锈钢的重要一环，既要防止增碳，又要能耐高温，因为在冶炼超低碳不锈钢时氧化末期温度往往高于 1850℃，而实际达到 1880~1930℃。抚顺钢厂采用的无碳炉体，使用了卤水捣结炉底工作层，铝镁砖砌筑炉墙，而不用通常的沥青耐火材料，经受了高温，熔损不大，又不增碳，为以后攻坚战的胜利打下了重要基础。

炉料的选择也是电炉冶炼超低碳不锈钢的重要一环。严格地限制入炉料的碳这一点至关重要，一般选用碳素钢返回料，熔清后碳含量要保证在 0.2%~0.3%，有助于升高钢水温度和便于工人在吹氧时根据火焰情况掌握炉内熔池中碳含量的变化。熔清后碳含量不应过低，但也不宜过高，以免开始吹氧时火焰很大、劳动条件差，影响工人操作。入炉料中不掺含铬的返回料，因为铬与碳有较强的相互降低活度的作用。熔池含铬会妨碍脱碳，而且脱碳会同时造成铬的损失，对超低碳不锈钢冶炼工艺做出了此特殊规定。选用碳含量不大于 0.03% 的微碳铬铁代替金属铬，这对降低超低碳不锈钢生产成本至关重要。另外造渣剂也要精纯，在炉前将造渣石灰中的过烧和未烧透部分全部捡出并保持设备及环境清洁。

高温快速脱碳是冶炼超低碳不锈钢工艺中最重要的攻坚战。它的主要任务：一是在短时间内将钢中的碳含量降到 0.015% 以下；二是升高钢水温度，有助于迅速熔化吹后加入的大量铬铁，缩短脱碳时间和化铬时间，减少电极对熔池的增碳。这按一般电炉氧化法的操作条件是很难实现的。

邵象华分析了熔池氧、碳、铬之间的化学关系，指出铬与碳有较强的相互降低活度的作用；温度变化对氧化铬、氧化碳的生成自由能有正好相反的影响。因此，熔池含铬会影响脱碳，熔池温度越低，这些干扰会越严重。根据分析结果，决定除采取入炉料中不掺含铬返回料的特殊措施外，还采取提高脱碳期熔池温度的措施。

采用通过管子向熔池吹氧的办法，毫不停顿，一吹到底，目的是缩短脱碳所需时间，减少散热，迅速升温，同时也减少了电极使熔池增碳的机会。提高单位时间内向熔池供氧量对降碳速度有很大影响，尤其是当氧化末期碳含量很低时更具有重要意义。吹氧强度与使用的氧气压力和同时吹氧时管数有关。抚顺钢厂小炉子（5t）吹氧压力为 0.55~0.75MPa，较大炉子（10t）为 0.6~0.8MPa。吹氧管小炉子当碳含量降到 0.1% 以下时，使用 2~3 支管；较大炉子为 3~4 支管。吹氧管要求在熔池内移动，否则只吹一个地方，不但会降低去碳速度，还会增加铁损。邵象华和研发团队有时与炉前工人一起冒着高温热浪移动吹氧管，劳动强度大，常常是满脸通红、汗流浃背，最终突破了高温快速脱碳的重要堡垒。实践证明，采用了上述工艺措施的效果是好的。小炉子碳含量降到 0.01% 左右时平均用了 13min，较大炉子平均只用了 18min，氧化末期温度达到 1880~1930℃，真正实现了快速脱碳和提高钢水温度的目的。

熔池达到所需的高温及碳含量后，立即加入铬铁，使之迅速熔化，以缩短精炼期，防止电极增碳。及时加铬铁所起的冷却熔池的作用，对于减轻高温对炉衬的侵蚀也是必要的。

快速化铬是缩短还原期、减少还原期增碳的最主要措施。根据抚钢冶炼一般不锈钢的经验，加入铬铁后，用电能化铬时增碳严重。因此冶炼超低碳不锈钢时除了尽量利用氧化末期的高温外，还应利用化学热代替电能供热的方法，即在加入铬铁前加入含 75% Si 的硅铁，然后吹氧放热、升温，成为帮助快速化铬的热源。这种化铬方法取得了很好的效果，较大炉子化铬时间平均是 28～30min，而同一车间只依靠电能化铬时间平均为 45min，个别达到 1h 之久。本方法在化铬阶段增碳：小炉子为 0.002%～0.004%，较大炉子为 0.005%～0.008%，达到了化铬期少增碳的目的。

邵象华带领的研发团队采用普通电炉冶炼超低碳不锈钢的攻关得到了抚顺钢厂和重庆特殊钢厂领导的大力支持，提供了充分条件。现场的工人和技术员为完成这一迫切任务，不辞辛苦全力以赴。此次非常值得自豪和庆幸的是，两个钢厂都从试炼第一炉起就达到了预定目标要求。超低碳不锈钢的碳含量要求是小于 0.030%，实际结果每炉都达到了，而且其中大部分是在 0.020% 以下。试炼成功的超低碳不锈钢全部用于制造核燃料后处理装置的关键部件。根据使用部门运行数年后的报告，这批材料（约 400t）的性能完全满足使用要求。超低碳不锈钢是以板、管、超薄壁管、焊条等多种品种、规格的产品交货的。为了达到用户提出的各类钢材综合性能要求，在钢的加工、热处理等方面也由钢铁研究院及其他有关单位合作进行了专门的研究开发工作。这些工作对于超低碳不锈钢试制任务的完成是与炼钢成功同样重要的。在试制任务完成后，我国有关特殊钢厂把这类钢纳入了正常的生产品种。

邵象华在普通电炉试炼超低碳不锈钢的战斗中，既当指挥员，又当战斗员，取得了从第一炉试炼就成功的重大战果，胜利地解决了国家和用户所急需的重要材料，为此冶金部通报表彰了邵象华及团队。

1988年10月邵象华发表了关于超低碳不锈钢是怎样炼成的回忆史料文章，该文发表在《冶金工业部军工史丛书（17）钢铁研究院军工史》第210～212页，1989年5月出版。这是邵象华主持独创的用普通电弧炉冶炼超低碳不锈钢工作最准确和最全面的叙述。

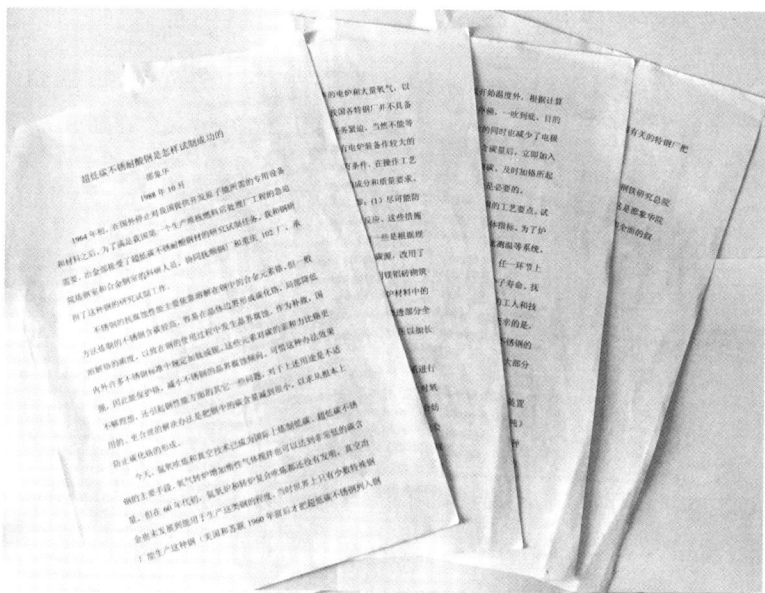

邵象华关于炼成超低碳不锈钢史料文章

## 四、指导攻克701钢缺陷的研究

1964年国家科委和国防科学技术工业委员会联合下达一项科研攻关项目，要求在当时国内供镍困难的情况下，采用我国富有的锰和稀土研制一种稀土无镍炮钢（代号701钢），用以代替仿苏钢号——PCrNi3MoA钢，制造100mm坦克炮身管。1964年4月国家科委和国防科委在基本确定了该钢化学成分的基础上，组成了以大冶钢厂、钢铁研究院、兵器部52所、447厂参加的701钢第二阶段试验研究工作组。邵象华参加了该工作组，主要是解决钢的断面收缩率不合格及淬火裂纹问题。其技术难点是控制钢液纯净度和稀土加入量及加入方法，使化学性能非常活跃而加入量很少的稀土元素能充分发挥其作用，并使各成分达到均匀。在大冶钢厂的 0.5t、5t 和 18t 碱性电炉上共冶炼 48 炉。在 447 厂锻造、热处理及机加工出 83 支管。在冶炼中摸索出较佳稀土加入量为 0.05%，结合采用氩气保护浇铸、渣洗等一系列新技术，从而消除了低倍稀土夹杂物，提高了断面收缩率，同时避免了淬火裂纹的产生，使 701 钢力学性能达到了技术要求。

1969 年 4 月，用 701 钢制成的坦克炮管经靶场定型射击试验，结果证明：用碱性电炉冶炼的 701 钢制造的坦克炮管已能够满足使用性能要求，其弹道性能及耐腐蚀程度等主要性能指标不亚于含镍钢。同年 6 月，经国家有关机构批准，701 钢用碱性电炉研制定型。

邵象华指导的攻关组因此受到上级的嘉奖。

1990 年重返包头 447 厂重逢当年合作人员

（前排右六邵象华，右七副厂长咎文中）

# 开拓创新

## 一、倾注转炉炼钢变革的开发研究

铁水转炉炼钢法经历了 19 世纪 60~80 年代酸性空气转炉、碱性空气转炉，20 世纪 50 年代初氧气顶吹转炉，60 年代下旬氧气底吹转炉，70 年代中旬转炉顶底复合吹炼的重大变革、发展，两种空气转炉已经消亡，平炉炼钢也退出了一统天下的历史舞台，而氧气转炉成为铁水炼钢的主舞台。邵象华是我国平炉炼钢的先行者，为此付出了自己的青春年华。调入钢铁研究院后，把精力倾注于转炉的变革和发展上，与研发团队在转炉变革的开发研究中取得了丰硕成果。

### （一）氧气顶吹转炉[1]

氧气顶吹转炉是转炉变革之星，是转炉变革中最杰出的成就。邵象华在 1956 年首次疾呼发展氧气转炉炼钢法，认为它不久将取代平炉炼钢一统天下的垄断地位，成为炼钢的主舞台。1958 年 8 月下旬邵象华调入钢铁研究院后就带领炼钢研究室转炉组同事们继续开展 0.5t 氧气转炉试验研究，完善了氧气转炉有关脱硫、脱磷、脱碳的冶炼工艺参数研究，为 20 世纪 60 年代初我国独立设计、制造建成投产的首都钢铁公司 30t 氧气顶吹转炉提供了一些可供参考的依据和参数。邵象华还带领团队参与了其炉龄攻关，使炉龄达到了 2856 炉

---

[1] 邵象华. 氧气顶吹转炉炼钢. 中国大百科全书，矿冶卷. 中国大百科全书出版社，1984：729~732。

次，进入世界先进水平的行列。

（二）氧气底吹转炉[1]

20 世纪 60 年代末在西欧诞生了氧气底吹转炉炼钢法，使得西欧各国（德国、法国、比利时、卢森堡等）纷纷弃用由于高磷铁矿资源曾长期使用托马斯法（空气底吹转炉炼钢）炼钢，改成氧气底吹炼钢，西欧从此结束了风行一时的空气托马斯转炉炼钢时代。托马斯转炉炼钢用氧化剂是空气，其中氧气仅占 1/5，其余 4/5 的氮气不仅吸收大量热量，降低热效率，同时使钢中氮含量增加，引起低碳钢的脆性，被氧气底吹转炉所取代是必然的选择。

1971 年美国钢铁公司（U. S. Steel Corp.）引进了德国马克西米利安冶金厂（Maximiliashutte）的该项技术（取名为 OBM 法）。为解决经济有效地吹炼低磷生铁和设备大型化问题，在该公司炼钢试验厂的 30t 试验炉上做了一系列中间试验，增加了底部吹氧同时喷吹石灰粉的系统，吹炼低磷普通铁水可在脱碳的同时完成脱磷，称为 Q-BOP 法。随后，在菲尔菲德（Fairfield）厂和盖里厂（Gary）分别建设了两座 200t Q-BOP 炉和三座 235t Q-BOP 炉。前者取代原有平炉，后者取代正在建设的氧气顶吹转炉。用氧气底吹转炉改造平炉是最佳选择，从而实现氧气底吹转炉的大型化，并扩大了应用范围。

邵象华对氧气底吹转炉法也十分关注，认为氧气从炉底多个喷嘴分散地直接吹入熔池，搅拌条件非常好，氧气流与金属液接触面积大，化学反应迅速而均匀，碳与氧接近平衡状态等。它与氧气顶吹转炉相比，熔池氧含量较低，温度分布均匀，所以吹炼平稳，喷溅少，钢的收得率比氧气顶吹转炉法高 1.5%～2.0%；适合冶炼极低碳钢（可以炼碳含量低到 0.01% 以下的钢）；厂房较低，可用于平炉车间改造；相同容积炉子可多装料；吹炼时间缩短。缺点是炉底寿

---

[1] 全钰嘉. 氧气底吹转炉炼钢. 中国冶金百科全书，钢铁冶金卷. 冶金工业出版社，2001：656～659。

命低，设备维护工作较复杂等。1973 年年初，邵象华与研发团队在钢铁研究院 300kg 氧气底吹转炉上开展了底吹氧气和同时喷吹石灰粉底吹炼钢试验，研究的主要内容有：

（1）氧气底吹转炉冶炼工艺特性。

（2）氧气底吹转炉随氧气同时喷吹石灰粉吹炼工艺特性。

（3）氧气底吹转炉用供氧喷嘴的结构、尺寸、材质及冷却剂等。

然后，研究团队与北京钢铁设计研究院等有关单位合作，在唐山钢厂、首都钢铁公司、济南第二钢厂及马鞍山钢铁公司先后完成了 5t 氧气底吹转炉炼钢的工业生产试验。其中在首都钢铁公司与济南第二炼钢厂的 5t 氧气底吹转炉上进行了全炉役由底部氧气作载体喷吹石灰粉炼钢试验，炉底寿命超过 300 炉。共进行 28 炉役试验，表明我国已完全掌握氧气底吹转炉炼钢工艺技术和供氧喷嘴、冷却剂、喷吹石灰粉等关键技术，具备产业化条件。

"氧气底吹转炉试验研究"
项目获奖证书

为表彰这项对发展我国冶金工业起了重要作用的科技成果，冶金部钢铁研究院"氧气底吹转炉试验研究"项目 1978 年获冶金工业部科技成果奖励。

（三）氧气转炉顶底复合吹炼

氧气底吹转炉具有一些重要的冶金效果，但炉底结构复杂，安装、维修难，且炉底寿命低，喷嘴冷却保护需耗费宝贵的碳氢化合能源，它虽克服了氧气顶吹转炉的一些缺点，但扩大应用受到了限制。因此，西欧、日本一些冶金科技工作者开发研究将氧气顶、底转炉的各自优点综合在一起的转炉炼钢新工艺，并于 20 世纪 70 年代中旬诞生了所谓氧气转炉顶、底复合吹炼炼钢新工艺。炼钢所需氧气由顶部吹入，底部吹入少量 $[0.01\sim0.05m^3/(min\cdot t)]$ 氮气，出钢前切换成惰性气体 Ar 气搅拌 $1\sim2min$ 的复合吹炼工艺，将转炉顶吹与底吹各自优点综合在一起是转炉炼钢的一大变革。邵象华对此极为重视，与研发团队在 20 世纪 80 年代初开始在实验室展开了大量的冷、热态模拟实验，然后在首都钢铁公司 5t、30t 氧气转炉上进行了试验研究，侧重研究氧气转炉顶底复合吹炼的冶炼工艺，以及炉底喷嘴结构、材质、尺寸、布置。试验成功后转入了生产应用。生产实践表明，氧气转炉顶底复合吹炼工艺完全克服了氧气底吹转炉

氧气转炉顶底复合吹炼获奖证书

所具有的缺点，保留了其优点，成为转炉炼钢较为理想的新工艺、新技术。研究成功的直管狭缝式底部供气喷嘴获国家专利，研究成果获冶金工业部科技进步一等奖、国家科技进步二等奖。氧气转炉顶底复合吹炼至今一直活跃在我国工业生产中，为我国成为世界头号钢铁大国作出了积极贡献。

（四）煤氧复合吹炼工艺的实验开发

转炉炼钢用氧由顶部供给称为氧气顶吹转炉，由底部供氧称为氧气底吹转炉；顶部供氧，底部改为供 $N_2$、Ar 气之类惰性气体称之为氧气转炉顶底复合吹炼，这三种模式至今都活跃在钢铁冶金工业中。邵象华是转炉变革的积极关注者，当他发现德国 KLOCKNER 公司推出氧气转炉煤氧复合吹炼时就产生了极大的兴趣，认为对我国具有重要的参考价值，并指出：

（1）采用管式底枪喷少量氧的复合操作，用煤粉作冷却剂替代轻柴油之类碳氢化合物重要能源资源是一大进步。

（2）多喷一些煤氧可解决半钢炼钢转炉热量不足的问题，对转炉炼钢多吃废钢具有积极意义。

（3）我国还有许多化铁炼钢的生产流程，每年耗量上千万吨宝贵的优质焦炭，这种方法对解决我国焦炭不足很有帮助。煤氧复合吹炼还有可能使转炉部分或全部吃冷生铁，为淘汰化铁炼钢开拓新路。

（4）增加转炉炉料的废钢比（包括外购废钢），从而可使国家钢产量增长，减少对建设高炉以前整个系统的依赖。

邵象华的这些观点得到了冶金工业部的大力支持，他从 1982 年起带领他的研发团队从实验室基础研究开始，直到与企业合作进行了工业规模的研发试验。1986 年与新抚顺钢厂合作，在出钢量 8t 的转炉上做了三个炉役试验，取得了较为理想满意的结果：

（1）热效率高。1kg 煤粉可熔化 7kg 废钢，平均喷煤粉 20kg/t

钢，增加废钢量150kg/t钢，利用普通转炉增加废钢比，钢厂提高了经济效益。

（2）冶金效果好。由于末期继续喷吹煤粉，增加熔池搅拌，使终点温度升高，钢水氧化性降低，对脱硫有利，渣钢间硫的分配比达到10~20，脱磷反应接近平衡。

（3）喷煤粉不影响吹炼，不延长冶炼时间，末期吹煤粉不会降低熔池的脱碳速度，适于冶炼低碳钢。转炉煤氧复合吹炼对一些缺少铁水或铁水供应不足、废钢富裕的钢厂有应用价值，该研究成果获得国家专利。该研究成果的论文分别发表在1989年和1993年的《钢铁》期刊❶❷上。

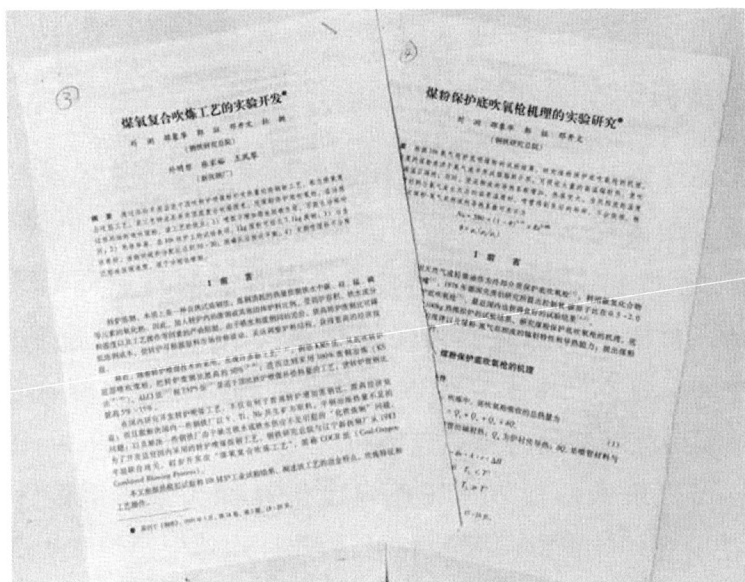

转炉煤氧复合吹炼论文

## 二、积极开展炉外精炼技术的研发

从20世纪50年代初开始，国外一些钢铁企业为了提高钢锭质

❶ 刘浏，邵象华，等.煤氧复合吹炼工艺的实验开发.钢铁，1989，24（3）：14~20。
❷ 刘浏，邵象华，等.煤粉保护底吹氧枪机理的实验研究.钢铁，1993，28（12）：17~23。

量、缩短冶炼时间、优化工艺和降低成本，研发成功几十种炉外精炼技术，如钢液真空循环脱气法（RH）、真空吹氧脱碳法（VOD）、钢包喂线法（WF）等。邵象华的研发团队从 1957 年开始，在钢铁研究院中间厂创建了一台钢包真空处理装置，积极开展研究电炉钢液在真空状态下 $N_2$、$H_2$、$O_2$ 被脱除的效果，与抚顺钢厂、太原钢铁公司合作进行钢水真空处理精炼的工业性生产试验，率先开展了我国钢水真空精炼技术的研发工作。研发炉外精炼钢包喷粉技术，与重庆特钢合作创建了 15t 钢包喷粉处理站，获得国家科技进步三等奖。与鞍钢二炼钢厂合作建立了 110t 喷粉处理站，对解决 16ML 和 16MnR 的质量问题取得显著效果，获得了 1986 年"六五"科技攻关重大成果奖。

### 三、薄板坯连铸攻关项目的顾问

薄板坯连铸是一种近终形连续炼钢技术，这种技术是在保证成品钢材质量的前提下，尽量缩小铸坯的断面面积来减少压力加工。20 世纪 80 年代初，薄板坯连铸技术在有色金属行业得到了生产应用。在钢铁行业应用的试验在国外也刚开始，曾尝试过多种方法，都未能达到工业生产水平。1985 年联邦德国西马克（Siemag）公司开发成功漏斗式结晶器薄板坯连铸机。美国纽柯（Nucor）公司采用西马克公司提供的薄板坯连铸连轧设备（称为紧凑钢板生产系统 CSP），在薄板坯连铸机后配 164m 长的热坯均热保温炉和 4 机架热连轧机。其板坯厚度为 50mm，宽度为 1000～1300mm，热轧后成品厚度为 2.5～12.7mm，设计年产量为 82 万吨。这是世界上第一套薄板坯连铸连轧的工业生产设备，于 1989 年投产。之后 1992 年投产了由德国德马克（Demag）公司开发并为意大利阿维迪（Arvedi）公司提供的一套直弧结晶器、带液芯轧制、板坯厚 60mm 的薄板坯连铸连轧设备（称为在线带钢生产系统 ISP）。此外还出现了意大利达涅利公司的 FTSRQ 工艺、奥钢联的 CONROLL 工艺薄板坯连铸机等。薄板坯连铸的优越性是简化了生产工艺流程，省略了粗轧机组，设备自重减轻，降低了基建投资，节省能源和生产成本❶❷。

1983 年在钢铁研究总院，李文采院士指导博士研究生干勇选定了"薄板坯连铸及其快速凝固机理研究"的课题并开展试验❸。在国家计委和冶金工业部的支持下，薄板坯连铸技术立为"七五"攻关课题，由钢铁研究总院与兰州钢厂、冶金部自动化研究院合作承担。钢铁研究总院由院长全钰嘉任课题组组长，张柏汀、陈杰、干勇任副组长，邵象华、李文采任技术顾问。

邵象华十分关注国内外薄板坯连铸技术的开发，认为它是 20 世纪 90 年代最重大的钢铁新工艺技术之一，支持国家对其在"七五""八五"立项，开展试验研究。"七五"薄板坯连铸攻关组请他担任顾问，他认真地参加技术方案和工作计划的讨论，积极提出建议，还亲自指导博士生王来华进行"薄板坯连铸结晶器内钢液流动及传热研究"，对薄板坯结晶器内钢液流动规律进行比较系统的物理模拟和数值计算，并对钢液的温度分布进行了理论分析❹。其实验和计算结果为薄板坯连铸机用漏斗型结晶器、浸入水口设计提供了有益的参数和依据，也对薄板坯连铸热态试验具有指导意义。薄板坯连铸的技术核心是特殊型的结晶器、浸入水口和高拉速用保护渣，其余与传统板坯连铸类似。

"七五"期间由钢铁研究总院设计，在兰州钢厂 10t 电炉车间建成了一台试验机，由于上级拨付经费很少，试验机十分简易，热态试验只做了三次尝试。进入"八五"期间（1991~1995 年），国家科委加大经费支持力度，从 1991 年年初开始历时 10 个月对试验机进行系统的改造和完善，于 10 月 8 日首次成功地拉出了整炉钢水（约 10t）。到 11 月 20 日止，又进行 30 炉热态试验，拉成率达到 100%，

❶　摘自"薄板坯连铸"，中国冶金百科全书，钢铁冶金卷. 冶金工业出版社，2001：22~23。
❷　卢震. 薄板连铸坯质量研究，钢铁冶炼新工艺. 北京大学出版社，1994：201~205。
❸　干勇. 中宽度薄板坯连铸工艺特征研究. 钢铁研究学报，1993（3）：194~200。
❹　王来华. 连铸薄板坯结晶器内流动及传热研究. 博士论文，1990。

表明改造完善后的试验机装置和自行研发成功的结晶器、浸入水口和保护渣三大核心技术有了重大突破。随后又进行 70 炉连铸工艺技术、拉成率和铸坯质量百炉（前期 30 炉也计在内）攻关试验考核，在连铸工艺技术和质量上取得重要突破，拉成率和质量合格率双双突破 98%，提前完成国家下达的攻关考核指标。该项研究成果获得冶金部科技进步奖一等奖、国家科技进步奖二等奖。

1993 年中国科学院学部应国家计委的委托，由邵象华担任组长，组成专家组对"八五"国家重点科技项目"薄板坯及带坯连铸连轧技术"进行中期评估。评估组实地考察，调查研究，与有关人员进行座谈讨论，最终写出中期评估报告。对攻关项目立项的正确性、项目进展的情况（包括取得的成绩和存在的问题）作了实事求是的评估，并对攻关后两年的工作提出了具体的建议[1]。

邵象华关注和支持的薄板坯连铸技术，近 20 年来在国内外得到很大的发展和工业生产应用。我国大量引进了薄板坯连铸连轧的

国家科技进步奖二等奖

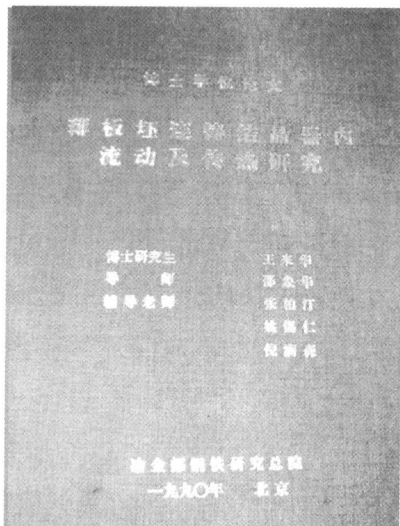

王来华博士学位论文
《薄板坯连铸结晶器内钢液流动及传热研究》

---

❶ 邵象华，等．"八五"国家重点科技攻关计划"薄板坯及带坯连铸连轧技术"中期评估报告．中科院技术科学部，1993 年 11 月。

装备。到 2010 年年底的统计，我国薄板坯连铸连轧的生产线已有 13
条，年产能力达 3280 万吨，占全国热轧宽钢带总生产能力的 15.4%。

薄板坯连铸试验现场

## 四、积极参与铁合金冶炼新工艺的开发研究

（一）用氧气转炉生产中碳锰铁和中、低碳铬铁

在"文化大革命"期间，在极端困难的处境下，邵象华依然如
故，一有机会就顽强地进行艰苦的科技探索和研究。1974 年，我国
冶金工作者针对铁合金生产中存在的问题，提出了用氧气转炉炼制
中、低碳锰铁和铬铁新工艺，得到了邵老的支持和赞同，并对这项
新工艺进行了理论计算和研究，分别发表了《铬铁吹氧脱碳平衡关

系》《锰铁吹氧脱碳的热力学探讨》和《脱磷的理论和实践》等论文❶❷❸。在此期间，在那不正常的日子里，有的文章他只能以笔名（毕铭）发表，真是难能可贵。然后，他又积极地参与工厂的工业性试验。

一般生产中、低碳锰铁是用电炉先炼出硅锰合金，然后以它为还原剂，在另一电炉内与富锰矿或富锰渣一起炼出中碳锰铁，即称为双电炉法生产工艺。这样的工艺复杂，电耗大，成本高。邵象华和我国的铁合金工作者勇于革新，提出以普通碳素锰铁为原料，用氧气转炉脱碳生产中、低碳锰铁的方法，这是具有重要经济意义的新工艺。他首先对锰铁吹氧脱碳的热力学关系进行计算，探讨实现这一新工艺的可能性和所需的条件（主要是温度条件）。

从计算的结果可以得出：（1）在常压下向碳素锰铁熔池吹氧进行脱碳是可以办到的。脱碳在 1300℃ 左右就能开始。随着吹炼过程中温度上升，平衡碳含量不断下降。1640℃ 左右有可能达到中碳锰铁的范围（如 1%C、1%Si）。（2）按上述温度吹炼中碳锰铁时，锰的挥发损失不大（如合金重量约 0.5% 的数量级）。吹炼低碳锰铁时，这项损失可能要大几倍（如 0.1%C 时为 2.5% 数量级）。（3）低压下吹氧能促进脱碳。例如在 0.1 大气压（10kPa）下吹炼成低碳锰铁（0.1%C、0.1%Si），终吹温度只要 1680℃，在通常转炉炼钢温度范围以内，但锰的蒸发损失将更大些，可达 3% 数量级。

根据计算的结果，确定了温度范围及锰的吹损程度，先后在上海与遵义两家铁合金厂进行了容量 0.8 ~ 1t 的氧气转炉吹炼工业性试验（大部分是顶吹，一部分是底吹），以碳素锰铁（可以用高炉生产）为原料。试验结果证实了这一新工艺方法的优越性，取得了预期效果，开辟了一条耗电少、成本低、以转炉生产中碳乃至低碳锰铁的新途径。

---

❶ 毕铭（邵象华笔名）. 铬铁吹氧脱碳平衡关系. 金属学报，1975（2）：86~88。

❷ 邵象华. 锰铁吹氧脱碳的热力学探讨. 金属学报，1977，13（3）：182~186。

❸ 毕铭. 炼钢脱磷的理论和实践. 钢铁，1976（2）：34~41。

基于类似的考虑和方法，他还指导上海铁合金厂采用氧气转炉生产中、低碳铬铁的新工艺。当时关于铬铁吹氧脱碳的物理化学基础，还没有经过认真研讨。铁合金工作者为这个过程所引用的只是1949年希尔蒂等（美）从为高铬钢冶炼而进行的实验所导出的平衡关系，而把它应用到工业铬铁的成分及其温度就没有根据了。邵象华用较近测定的热力学参数，求出这个反应的平衡关系，并进行验算，制定出不同温度下与 $Cr_2O_3$ 平衡的铬碳浓度关系图，比较正确地选择铬铁吹氧脱碳的温度，以及可能达到的铬碳浓度。他指导上海铁合金厂采用以氧气转炉生产中、低碳铬铁的新工艺进行工业性试验，取得了预期效果。

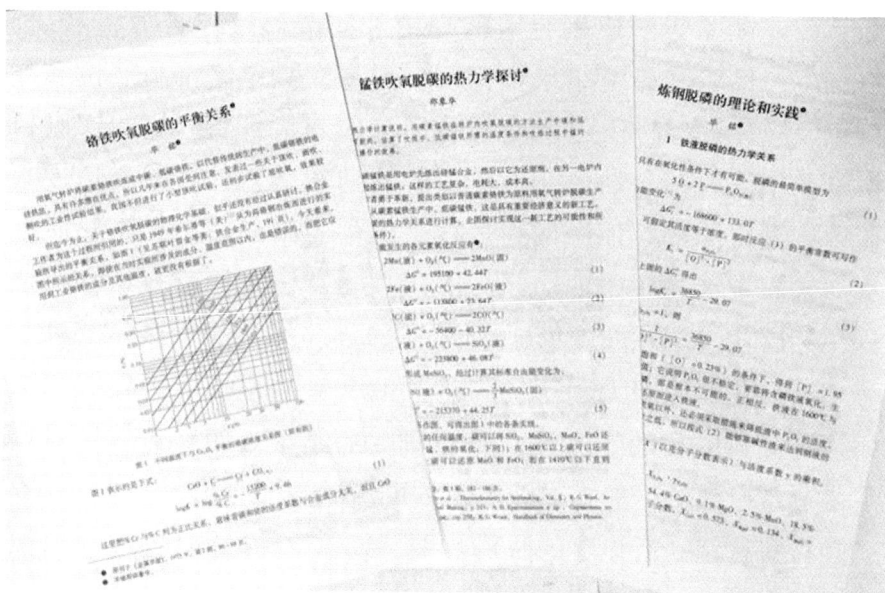

"文革"中发表的部分文章

（二）锰铁脱磷的实验研究

锰铁是炼钢生产中极为重要的一种辅助材料，而能直接用于炼制锰铁的优质富锰矿在地壳中分布很不均衡。我国锰矿资源中含锰较低或含磷偏高的矿占很大部分。用这种原料直接炼出来的锰铁，锰含量偏低而磷含量偏高，使钢厂炼钢使用时工艺复杂化，在炼某些钢种时甚至不得不用价格较贵的中、低碳锰铁或金属锰代替锰铁。这些当然都会对钢厂造成不利影响。

目前从低质高磷锰矿炼制标准锰铁的一个重要方法是两步法：第一步用高炉对矿石进行部分还原，将所含的一部分铁和大部分磷以液态金属的形式除去，使得到的高炉渣中锰/铁和锰/磷比都比原矿显著增高。第二步以这种"富锰渣"为原料，再用高炉或电热炉将其炼制成碳素锰铁、硅锰合金或中、低碳锰铁。我国已有一些铁合金厂采用这类流程，但由于流程较长，成本和能耗较高，从钢铁工业总的经济效果来看不理想。

脱磷是炼钢生产中一个至为重要的课题，国际上对此已积累了大量文献。邵象华对炼钢脱磷的理论和实践做过综合分析和研究。所有的生产经验和研究结果都指明，只有在高碱度、高氧位和充分的渣钢反应传输条件下，才能合乎经济地满足日趋严格的钢脱磷要求。邵象华认为在高炉内并不具备上述的脱磷条件，但高炉铁水炉外脱磷则是可能的。他根据高炉铁水炉外脱磷的经验，指导研究生汪大洲来探索锰铁脱磷的途径，即用高炉直接从低质高磷锰矿炼制锰铁，然后通过炉外处理达到必要的低磷成分❶。

当然，脱磷处理无助于提高锰铁的含锰品位，但排除了用两步法而达到低磷的目的。通过实验室研究的结果表明：碳酸钠对铁水脱磷是非常有效的，然而对液态锰铁的脱磷效果很差，但在900℃左右，能对粒状锰铁有显著的脱磷效果，脱磷率为60%~70%，可满足炼钢锰铁对磷含量的要求。发现在1500℃左右，电石渣对液态锰铁也能达到满意的脱磷效果，而且对中、低碳锰铁比对碳素锰铁效果更好（前者脱磷率约80%；后者脱磷率约40%，但也已足够），但在石墨容器中基本不能脱磷。其他还原性物质如金属铝能脱磷25%，钙硅合金能脱磷70%以上。此外，还从热力学的观点对试验结果作了解释，拟在这些试验结果的基础上作进一步的开发研究。

❶ 汪大洲，邵象华. 锰铁脱磷的试验研究. 钢铁，1983，18（4）：14~21。

# 第七章

## 氧气转炉炼钢法的积极倡导者

# 转炉炼钢的变迁

邵象华认真调研了转炉炼钢的变迁史，他认为 100 余年中转炉炼钢是一部变革创新史。

19 世纪中叶有位叫贝塞麦（Bessemer）的工程师发明了一种酸性底吹转炉炼钢法，被命名为"贝塞麦酸性底吹转炉炼钢法"（Bessemer process or Bessemer heat）。这种炼钢法用的转炉采用硅砖（酸性）筑炉衬，空气由炉底吹入，垂直而强烈地通过铁水熔池产生激烈的搅拌作用。

加拿大多伦多大学的 C. B. Alcock 教授认为，贝塞麦转炉的主要缺点是吹炼过程钢水中溶入少量的氮气。如果炉内钢水直接吹入空气，在炼钢温度下，一部分空气中的氮必然会进入钢水；如果钢水凝固时，氮在钢水冷却过程中以氮化物（$Fe_4N$）形式析出，就会使贝塞麦钢变脆。另外，硅砖砌成的酸性炉衬难以脱除钢水中的硫和磷。因此，钢铁界普遍认为采用贝塞麦酸性底吹转炉炼钢法冶炼的钢种有明显的局限性，成为这种冶炼法推广的主要障碍。

其后发明的托马斯转炉采用碱性白云石（$MgO-CaO$）筑炉衬。它的原理是：铁水在进行脱碳反应的同时还进行磷、硫元素的氧化反应，生成的 $P_2O_5$、$SO_2$ 与高炉铁水中的 Si、Mn 元素氧化生成的 $SiO_2$、MnO 及其他杂质，共同形成一种成分复杂的氧化物渣系，其中，$P_2O_5$、$SO_2$ 很容易与加入渣中的高碱性 CaO 作用，形成稳定的化合物固定在渣中而被除去，从而钢水中最有害的磷、硫杂质被净化去除。欧洲人发现托马斯转炉炼钢的副产品——高磷钢渣可作为化肥厂生产磷肥的原料，况且当时磷肥畅销欧洲，因此托马斯转炉炼钢法曾一度风靡欧洲大陆。

20 世纪中叶，欧洲的主要钢铁公司纷纷采用碱性平炉取代贝塞麦法炼钢。碱性平炉是指铁水被放置在一张不深的平炉炉床中，由油管喷入炉中的燃油燃烧的火焰自上而下加热铁水，熔炼过程中能够将铁水中的碳及其他主要杂质 Si、Mn、S、P 氧化，并以各种氧化物形态从钢水中去除。碳以一氧化碳形态从炉渣覆盖的钢水中排出时引起渣-钢搅动，从而促使钢水中各种反应加快，继而达到平衡。另外，在炉中加入 $CaCO_3$ 的目的是造成碱性平炉渣，这种渣在炼钢过程中可以保护炉体和炉顶，防止其被腐蚀破坏。$CaCO_3$ 加入后在炼钢温度下旋即分解出 $CO_2$，再一次使钢水沸腾。

碱性平炉最显著的特点是可以大量"吃"废钢，缺点是炼钢时间长。例如，盛百吨铁水的碱性平炉，将铁水精炼为钢水大抵上需要 $10 \sim 20h$。但 20 世纪中叶碱性平炉炼钢仍被国际大钢铁公司看中，将其列为重点发展目标，德国、苏联、日本、美国等钢铁生产大国的炼钢炉主要是碱性大型平炉。

1952 年，德国人杜勒（Durrer）博士分别在奥地利的林茨（Linz）和多纳维茨（Donawitz）两地建立了一座容量为 30t 的转炉。这种新式转炉与托马斯转炉的区别有两点：一是用制氧机提供的纯氧气取代托马斯法的空气；二是纯氧从炉顶而不是从炉底吹入炉内。新发明的转炉炼钢方法被命名为"纯氧顶吹转炉炼钢法"，简称 LD 法或 L-D 法。其中 L 取自地名 Linz，D 取自地名 Donawitz，各取两个地名的第一个字母。LD 法问世不久便盛行于欧洲主要产钢国家，迅速成为欧洲地区炼钢的主导方法并代替了平炉的主导地位。

1967 年联邦德国马克希米公司和加拿大莱采金特公司合作试验成功氧气底吹转炉炼钢法（Qxygen bottom blowing method），命名为 OBM 法。与此同时，法国研究成功用轻柴油作为底部用氧喷嘴的冷却剂的 LWS 法，随后它全部替代了空气底吹转炉炼钢法，结束了风行欧洲的托马斯转炉时代。美国引进了 OBM 法，成功地用于改造平炉车间，被命名为 Q-BOP 法。应该说氧气底吹转炉对结束托马斯转炉和平炉改造上是作出了贡献的。

20 世纪 70 年代中、后期，世界上一些钢铁大国把氧气顶吹转炉和底吹转炉各自优点综合起来，研究开发成功顶底复合吹炼转炉炼钢法，如法国 IRSID 和卢森堡 ARBED 联合研究成功的 LBE 法。这种氧气全部由转炉顶部供给、底部吹入少量惰性气体加强熔池搅拌的复合吹炼炼钢法呈现出许多独特的优点，世界各地纷纷开发出五花八门名称的顶底复合吹炼转炉炼钢法。

邵象华认为氧气顶吹转炉才是转炉改革之星，是百余年中钢铁史上最光辉耀眼之星，是转炉改革创新中最杰出的成就。氧气底吹转炉、顶底复合吹炼转炉都是氧气顶吹转炉的衍生物，它们只是它的家族成员，只是它的完善和发展而已，丝毫动摇不了它的主体地位。氧气顶吹转炉是一颗灿烂的明珠，将照亮和指引世界和我国钢铁工业的发展前程。

# 积极呼吁发展氧气转炉炼钢法

1956 年下半年，邵象华随中国冶金考察团访问了苏联、民主德国、捷克斯洛伐克。这些国家炼钢法主流都是平炉，我国向苏联学习，也是平炉一统天下。邵象华自己怀抱的工业救国第一梦是四川綦江钢厂的 15t 平炉的建成，这是他应用热力学、流体力学科学原理亲自设计、制造、安装、投产成功的。鞍山解放后，他参与了遭受严重破坏平炉的修复、复产、投产工作。10 余年都围绕平炉呕心沥血地转，与平炉有缘，也有了感情。所以，这次参与考察外国平炉生产，怀有一种特殊的亲近感。他要利用这次考察机会，多看、多听、多问，把这些国家平炉生产上的好经验学到手。回国后的考察报告中，他评述了这些国家平炉生产上的好经验，并提出在我国平炉生产中应用推广的建议。因为考察报告会提交有关领导、行业管理部门及冶金界的同行们看，邵象华与同行们一起还在考察报告中大声呼吁在我国要大力发展氧气顶吹转炉，虽然与这次考察任务有些离题，但他以科学家高瞻远瞩的敏锐眼光，认为氧气顶吹转炉是一颗光辉灿烂的明珠，预计将照亮和引领世界和中国钢铁工业的大发展。

1956 年到民主德国访问考察（前排邵象华）

　　邵象华在 20 世纪 50 年代初氧气顶吹转炉一问世就已意识到平炉黄金时代将结束，将迎来氧气转炉一统天下的时代。平炉炼钢法优点是可以大量吃废钢，但我国工业十分落后，废钢积累量和产量很低，废钢资源短缺，加上冶炼时间长达 10～20h，我国不能指望平炉来发展钢铁工业。我国生产不了大型制氧机，一些企业发展了空气侧吹转炉炼钢，用于生产一般质量钢，对我国国民经济发展作出了积极贡献，但侧吹转炉大型化有困难，也不能生产优质钢，不能指望侧吹转炉引领我国钢铁工业的大发展。邵象华看准了只有氧气顶吹转炉才有指望，呼吁各级领导、同行们都来大力支持发展氧气顶吹转炉。

# 氧气顶吹转炉在中国起步[1]

LD 炼钢法问世不久便传入中国，引起国内冶金界的热烈反响。中国科学院化工冶金研究所所长叶渚沛在 1955 年 9 月出版的《科学通报》上刊登题名为《论在中国采用吹氧转炉方法炼钢问题》中指出"采用氧气转炉炼钢法是迅速发展冶金工业的必由之路"，并向国家有关部门提出建议。1956 年 4 月重工业部钢铁工业综合研究所（即钢铁研究院前身）所长李文采、副所长兼炼钢室主任丘玉池组织领导研制我国首台 0.5t 级氧气顶吹转炉炼钢试验炉，并带领大家开展许多炉次的试验研究，主要是研究供氧、造渣、枪位操作中的供氧压力、供氧强度、渣量及碱度、枪位高度等操作工艺参数与铁液脱硫、脱磷、脱碳之间的关系，获得了一批很有价值的工艺参数。

邵象华任钢铁研究院炼钢室主任后，在中间试验车间见到了这台试验炉，他从上到下、从前到后仔细地看了又看，对在场的同事笑道："这就是 1952 年年初在奥地利问世的氧气顶吹转炉，小是小了一些，有台更大点的更好，但毕竟是国产的，是个宝贝。"他心里非常钦佩这两位冶金专家和炼钢研究室精英们的聪明才智。他下决心一定利用这台小宝贝，带领研究团队全力以赴，继续深入地开展氧气顶吹转炉炼钢新工艺、新技术的研发工作。

邵象华认真听取了转炉组前期在小转炉上进行的试验工作，并与大家深入讨论研究下一步试验计划与研究内容。研究的侧重点仍放在供氧制度、枪位制度和造渣制度这些氧气顶吹转炉最基本的工

❶  王中一. 钢铁研究院院志（内部资料），第一卷，1960：77~78。

艺、技术参数上，探索它们对金属熔池中的脱硅、脱锰、脱硫、脱磷、脱碳的影响，找出它们之间的内在关系和规律；进行了许多次试验，获得了再现性好、可行的试验结果，为氧气顶吹转炉工程设计和工业生产提供了有益的可供参考的依据。

1960年国家决定在石景山钢铁公司建造一座30t氧气顶吹转炉，由孙德和总工程师所在的北京黑色冶金设计院（现北京钢铁设计研究总院）负责设计，邵象华所在的北京钢铁研究院炼钢研究室提供部分参数，安朝俊总工程师所在的石景山钢铁公司负责制造、安装、调试、投产。后因为1960~1962年三年严重自然灾害，被迫停建。1963年国家财政状况稍有好转，就拨款支持石景山钢铁公司30t氧气顶吹转炉的建造，1964年12月24日成功投产，炼出了第一炉钢，宣布了我国第一台工业化生产的氧气顶吹转炉诞生。这是一台完全由我国科技人员自行研制、设计，工人师傅制造、安装、生产操作的氧气顶吹转炉，是对我国氧气顶吹转炉炼钢的发展作出巨大贡献的大宝贝。

随后，邵象华带领研发团队还参与了石景山钢铁公司30t氧气顶吹转炉炉龄的攻关任务，使炉龄达到了2856炉次，进入世界先进行列。

# 再次呼吁发展氧气转炉炼钢法[1]

我国氧气转炉炼钢的研发与奥地利相比也只晚了3~4年。1964年我国自行设计制造、投产的石景山钢铁公司的30t氧气顶吹转炉与日本钢管公司1957年从奥地利引进的50t氧气顶吹转炉相比也只不过晚了7年，应该说我国氧气顶吹转炉的研发与产业化进程速度也不算慢。

[1] 邵象华. 美国和日本的炼钢技术动向. 钢铁，1978（2）：66~78。

邵象华 20 余年来跟踪调查世界钢铁工业与氧气顶吹转炉发展动向，撰写了《美国和日本的炼钢技术动向》和《钢铁工艺发展动向》两篇学术论文，并在 1978 年中国金属学会组织召开的会议上作了演讲。报告指出，美国在第二次世界大战末钢的年产量达到 7300 万吨，占世界钢产量的 60%，是世界头号产钢大国。日本第二次世界大战战败后，钢年产量只有 56 万吨，仅占世界钢产量的 0.5% 左右，少得十分可怜。

但是，日本从 1957 年到 1967 年的 10 年时间里，大力发展氧气顶吹转炉炼钢的推广应用，全国建成了 70 座氧气顶吹转炉，年产钢达到 6200 万吨。随后到了 1975 年的 8 年中，日本年产钢达到 1.34 亿吨，比 8 年前的 1967 年钢产量翻了一番多，有氧气顶吹转炉 96 座，最大容量达 300t。在不到 20 年间，氧气顶吹转炉推广应用达到了顶峰，成为世界头号产钢大国。

邵象华在报告中特别指出，美、日两个世界钢铁大国在相同的时期里，日本钢产量猛增了 200 多倍，而美国只增加一半多一点，而且失去了世界钢铁产量头把交椅的位置，其最主要的原因是日本人大胆、果断推广、应用氧气顶吹转炉法。而美国在 20 世纪 50 年代末由于拥有较新的和效率高的平炉用氧技术，使平炉钢产量大幅度提高，对氧气顶吹转炉法基本作壁上观。直到 20 世纪 60 年代末起，迫使美国不得不以最大速度发展氧气顶吹转炉法，但这比日本晚了 10 年，使其失去了世界钢铁霸主的地位。

邵象华还以世界上产钢最多的 4 个国家为例比较了不同炼钢法的产量比重，见表 1。

**表 1　4 国炼钢法产量比重**　　　　　　　（%）

| 国别 | 年份 | 氧气顶吹转炉 | 电炉 | 平炉 |
|---|---|---|---|---|
| 美国 | 1976 | 62.5 | 19.2 | 18.3 |
| 苏联 | 1976 | 26.5 | 9.8 | 63.7 |
| 日本 | 1976 | 80.9 | 18.6 | 0.5 |
| 联邦德国 | 1976 | 74.9 | 13.0 | 12.1 |

由表 1 可见，美国、日本、联邦德国炼钢中氧气顶吹转炉法占比都很高，尤其日本达到了约 81%，表明这些国家中氧气顶吹转炉法在炼钢法中达到了绝对主流地位，平炉法黄金时代彻底结束了，世界钢铁工业将迎来氧气顶吹转炉一统天下的时代。

然而，邵象华指出，1976 年我国年产钢 2000 余万吨，其中平炉产量占 38.8%，氧气顶吹转炉钢占 35.7%，电炉钢占 25.5%。平炉钢产量比重比苏联的 63.7% 低，但平炉法在我国仍占主体地位。氧气顶吹转炉钢比重比苏联略高一点，但远比美国、日本、联邦德国低，我们在发展、推广、应用氧气顶吹转炉炼钢上是落伍了。

邵象华在报告中特别强调日本近 20 年间钢铁工业奇迹般地高速大发展的经验告诉我们，大胆果断淘汰平炉，大力迅速发展氧气顶吹转炉炼钢道路是正确的选择。他再次呼吁行业主管部门的领导、钢铁界的同行们齐努力，大力推进氧气顶吹转炉在我国的推广、应用，相信不久的将来一定能赶上和超过世界钢铁大国，实现钢铁强国梦。

1978 年 12 月中国金属学会第三次会员代表大会暨 1978 年年会
（前排左四张春铭，左七杨树棠，右一胡兆森，右七邵象华）

# 关注氧气转炉炼钢的工艺革新[1][2]

邵象华非常关注氧气顶吹转炉的技术创新，在 1978 年中国金属学会第三次会员代表大会上作的《美国和日本的炼钢技术》报告中，列举了 20 余年中氧气顶吹转炉问世后的许多技术创新，举例如下：

（1）转炉容积大型化。美国威厄顿厂 2 座 325t 转炉年产钢 364 万吨，日本大分厂 3 座 300t 转炉年产钢 800 万吨。日本年产 400 万吨氧气顶吹转炉炼钢厂就有 9 家，转炉容积大型化是今后发展的趋势。

（2）缩短冶炼时间。通常的方法是通过采用多孔喷枪（一般为 3~4 孔，最多达 7 个孔），可大幅度提高供氧强度，缩短冶炼时间。如美国平均每炉吹炼时间为 17min，平均冶炼周期为 30~40min。而日本每炉吹炼时间达到 12min，平均冶炼周期为 28min。

为了缩短冶炼时间，又研究开发成功许多新工艺、新技术。

（1）快速成渣。通过活性石灰（回转窑轻烧石灰）替代普通石灰作造渣剂，成渣速度快，大大加速了冶炼过程的脱硫、脱磷速度，利于缩短冶炼时间。

（2）铁水成分稳定。严格控制铁水成分稳定、波动小及尽可能不变或少变出钢成分，保持吹炼工艺少变或不变。

（3）副枪操作。冶炼过程用副枪钢水测温与自动定碳，免去

❶　邵象华. 美国和日本的炼钢技术动向. 钢铁，1978（2）：66~78。
❷　邵象华. 我国钢铁工艺发展概况和前景. 钢铁，1987，22（4）：1~4。

倒炉人工测温与取样定碳，既可减轻劳动强度，又可节省冶炼时间。

（4）计算机控制。冶炼过程的计算机控制操作与应用副枪技术的钢水测温，自动定碳相结合的动态控制方法，使冶炼过程完全自动化，不需倒炉补吹，其吹炼终点的命中率（钢水碳含量、温度的一次吹成率）很高，目前已达90%以上，既简化操作，又节省时间。

邵象华特别看重转炉吹炼过程中应用计算机技术，认为这是近几年转炉炼钢工艺技术创新上的一次重大突破。日本转炉冶炼应用计算机控制方面的经验最为突出，已在35座转炉上应用，许多推行冶炼过程动态控制模型，冶炼终点的命中率（钢水碳含量、温度一次吹成合格）已达到90%，对缩短冶炼时间、提高生产率的作用十分明显。他希望大家重视和关注转炉炼钢应用计算机控制这项重大的技术创新。

为此，邵象华投入了大量精力和时间，调查了世界上发达国家发表过的有关转炉炼钢应用计算机控制的论文、报道、综合论述等文献资料。在认真阅读、消化、理解的基础上进行了系统归纳，写成了《氧气转炉炼钢的计算机控制》❶ 一文，供行业领导和冶金界的同行们学习参考。邵象华积极在室内、院里、全国有关学术会议等各种场合讲解和宣传氧气顶吹转炉炼钢应用计算机控制的重要性、紧迫性。他认为氧气顶吹转炉炼钢过程很快，靠倒炉人工取样、测温，等待化学分析结果，还需结合肉眼观察，经验判断，既费时，又费工。转炉冶炼过程采用计算机和副枪的自动测温定碳相结合的动态控制方式，操作非常方便，简单快速。这样可使转炉吹炼在最短的时间内钢水达到预先设定的碳含量和温度，无需补吹、调整，一次吹成率达到90%以上，实现转炉的高效冶炼、节能、环保的目标。

---

❶ 邵象华. 氧气转炉炼钢的计算机控制. 全国氧气转炉炼钢会议文集，1983。

# 翻译《氧气顶吹转炉炼钢》巨著[1][2]

邵象华认真研究了美国、日本两国在第二次世界大战结束后到 1976 年的近 30 年间，钢铁工业发生的变革。二战结束后，美、日两国的平炉钢比例都高达 90%，美国是世界头号产钢大国，日本年产钢只有 56 万吨，少得可怜。

1952 年氧气顶吹转炉炼钢在奥地利问世后，引起了世界钢铁界极大关注。日本表现尤为突出，从 1957 年他们果断决定从奥地利引进 50t 氧气顶吹转炉后的约 20 年间迅速推广、应用与发展，风行全日本，氧气顶吹转炉钢比例高达约 81%。美国为 62.5%，也不算低，但世界钢铁工业霸主地位拱手让给了日本。

1960 年氧气顶吹转炉炼钢开始落地美国，也引起了美国钢铁界的极大关注与青睐。日本热衷氧气顶吹转炉的大发展，美国钢铁界也有危机感和压力，担心会失去世界钢铁霸主地位。1968 年美国氧气顶吹转炉钢产量也超过了一半，平炉一统天下的局面开始动摇了。氧气顶吹转炉在美国也深入人心，悄然升至首位。

氧气顶吹转炉炼钢在美国的异军突起与迅速发展，引起了冶金工作者 T. E. 丹西的浓厚兴趣和好奇。T. E. 丹西当时担任美国采矿、冶金、石油工程师协会炼钢物理化学委员会主席，他决定建立写作班子，编纂一部关注氧气顶吹转炉炼钢的专著。丹西先生邀请密执安大学 R. D. 佩尔克教授任主编，成员有在琼斯-劳林钢铁公司工作

---

❶ 佩尔克. 氧气顶吹转炉炼钢（上册）. 邵象华等译. 冶金工业出版社，1980。
❷ 佩尔克. 氧气顶吹转炉炼钢（下册）. 邵象华等译. 冶金工业出版社，1982。

过的炼钢专家 W. E. 波特和伯利恒钢铁公司的炼钢专家 P. F. 厄本。该小组后来成了该书的编写委员会,主任由 R. D. 佩尔克教授担任。

1970 年年初,确定了大多数作者并商定了各章的内容后,正式开始写作。这是一部氧气顶吹转炉炼钢的巨著,全书共分 5 册,约 100 万字。内容包括氧气顶吹转炉的发展过程、理论基础、设计原理、工艺操作等。

邵象华得到由 R. D. 佩尔克教授主编的这部巨著如获珍宝,决定亲自组织炼钢研究室的中、青年专家将此部巨著集中翻译成中文,尽快出版。他从本室中挑选了英文水平较好的 10 余人承担翻译工作,自己担任总审核,确保翻译质量。

原书共分 5 册,为了我国读者的阅读习惯,译成中文出版,他将原著的第一至第三分册合编成一册,称其为上册。第四至第五分册合编成一册,称其为下册。各由一组人员承担翻译,前后出版。

炼钢研究室参加翻译工作的中青年专家有张清、楼盛赫、张德铭、姚锡仁、王明超、张孟亭、钟甫芳等。他们为这部巨著的中文版出版付出了艰辛劳动,为我国氧气顶吹转炉炼钢的发展作出了冶金工作者的应有贡献。这些当时英姿豪迈、怀抱远大理想的中青年专家经过了 40 余年风风雨雨的历练,如今都已退休颐养天年。

邵象华为这部巨著的翻译,亲自选定翻译人员,组织任务分工,掌握计划进度,对译文的审核更是一丝不苟,逐字逐句,精雕细刻,严把译文质量关。他精通英文,又是我国著名的冶金学家,为近 100 万字巨著的中文版高质量出版,呕心沥血,付出了艰辛的劳动。

邵象华认定这部巨著将对致力于大力发展我国钢铁工业的冶金工作者们有极大的学习参考价值。本巨著的翻译与审核耗时 2 年,上、下册分别于 1980 年和 1982 年由冶金工业出版社出版,这项工作的完成对我国加快发展氧气转炉炼钢工艺起到了积极的促进作用。

邵象华十分看重氧气转炉炼钢法,从亲自投入研发、大声呼吁、各种场合的演讲到翻译巨著等,一生为之奔波忙碌,期待着氧气转炉炼钢法在我国能迅速发展，能在钢铁工业中发挥巨大的龙头作用。我国从2004年起成为世界头号产钢大国，氧气转炉炼钢法功不可没。邵象华一生难以弃舍的工业救国梦在党的正确领导下，在冶金界同行的共同努力下实现了。

1980年邵象华组织翻译工作

1980年和1982年出版的译著《氧气顶吹转炉炼钢》

# 第八章
## 我国真空冶金
## 领域研究的先驱

第二次世界大战结束后，西方一些国家为了发展核电、航天、电子等高端产业，对金属材料的质量要求越来越苛刻，品种的需求也很高，如高温合金、精密合金、难熔金属、高合金材料等都是高科技用金属材料，用户的需求十分迫切。

这些材料需要在特殊的熔炼设备（如真空熔炼设备）中生产。利用金属在真空条件下熔炼的特点，如熔池不与空气或燃烧废气接触，避免了这些因素的沾污；熔炼过程不造渣，也避免了渣之类杂质的污染；有些材料熔炼时不用耐火材料制的坩埚或炉子，消除了非金属氧化物的影响；容易比其他熔炼方法更完全地排除原来存在于金属中的某些夹杂物等，就能生产出满足用户需求的超纯、超高纯度的高性能金属材料。

真空熔炼技术为这些高、精、尖材料的生产与发展带来了生机和蓬勃发展的重要基础。同时真空熔炼技术自身也获得了迅速的发展。我国到了20世纪60年代初，真空冶金技术还是一片空白，冶金工作者都十分陌生。邵象华所主持的炼钢研究室也主要承担常压下冶炼工艺技术的开发研究，真空冶金也没有入门。

邵象华十分清楚，随着国民经济的发展，我国也急需高温合金、难熔金属、精密合金以及超纯、超高纯度的新材料。这些新材料想从国外引进又无门，只有自力更生，走自己开发研究之路。他决心带领炼钢研究室的同事们共同开发真空冶金这块处女地。

为此，邵象华首先办了两件事，第一件事是向院领导建议并获准将自己的炼钢研究室改名为物理化学研究室，并集中室里的部分精英投入到真空冶金技术的开发研究中；第二件事是建议并获准建设特种熔炼技术开发研究试验车间，为真空冶金领域的研发提供一个平台。这两件事是为迅速改变我国真空冶金的落后面貌迈出的重要一步，也使钢铁研究院成为国内一流的真空冶金技术研究基地和为国家提供急需的高、精、尖技术材料的单位之一。

邵象华在我国真空冶金技术领域的研发中勇于开拓、引路。邵象华和他的研发团队为改变我国真空冶金技术的落后面貌而迅速崛起所作的努力、贡献及主要业绩介绍于下。

# 真空熔炼物理化学[●]

真空熔炼是在熔炼过程中始终保持真空状态下进行的，这就必然会改变常压下一般反应过程的物理化学条件，也必然出现大量与常压下不同的物理化学反应现象，例如：

（1）真空条件下，对熔池中有气态产生的一切反应都起促进作用，如脱气、杂质挥发和某些类型的脱氧。

（2）真空条件某些方面也给熔炼过程带来困难，例如有些合金需要含一定浓度的易挥发组分，它的控制就比较困难。

（3）真空感应炉中合金的某些组分还会与坩埚材料起反应，对成品的组成和性能可能产生不利的影响等。

因此，首先搞清楚真空条件下可能发生的各种过程的物理化学规律，才有可能制定正确的方法和工艺，达到利用真空技术制造高纯和超高纯金属及合金的目的。

邵象华深知真空冶金在我国尚未起步，是未开垦的处女地，冶金工作者只熟悉常压下的熔炼物理化学，对真空条件下熔炼的物理化学知识很陌生，很难理解真空状态下熔炼过程的物理化学现象。

邵象华愿成为我国真空冶金的拓荒者、开路先锋。他平时除了率领同事们从事常压下熔炼技术的研究开发外，还废寝忘食、日以继夜地学习真空技术，查阅大量的外国文献，在学习、消化、理解

---

❶ 邵象华. 真空熔炼的物理化学. 金属学报，1964，7（1）：85~102。

的基础上系统归纳，写出《真空熔炼物理化学》重要论文，向全国冶金工作者介绍真空熔炼技术，1964 年刊登在《金属学报》上。

该论文的主题是真空对熔炼过程的影响，主要内容有以下 6 个方面：

（1）脱气。脱气的热力学基础，气体在铁、镍、钴中的溶解度、活度，第三元素的影响。

（2）挥发。杂质和合金元素在真空条件下的挥发，挥发过程中合金组成变化的规律、挥发系数。

（3）脱氧。液态金属中氧的活度及脱氧方法，氢脱氧、挥发脱氧、碳脱氧。

（4）坩埚-熔池反应。坩埚耐火材料与熔池间的反应，坩埚反应与脱氧的关系。

（5）真空熔炼中反应的动力学问题。扩散、挥发速率及真空度对挥发速度的影响，脱气速率、脱氧速率、坩埚反应速率等。

（6）关于今后的研究工作。

以上 6 个方面内容是邵象华博览国外 80 余篇有关真空熔炼文献后精心提炼而成的《真空熔炼物理化学》综述性文章的精华，最后一个方面是邵象华发现某些重要文献对某些理论问题的处理也有不少错误和缺点，有待今后我们去研究。文章定稿是在初稿完成后寄给邹元爔、韩耀文、王仪康、吴超万、唐仲和等冶金界名家，请他们提出意见和建议，然后再经充实修改完成的。

邵象华在该论文最后部分中指出，真空熔炼发展的历史不长，有关物理化学研究近年来虽已展开，而且取得了重要的成果，但随着生产品种的不断扩大和产品质量要求的不断提高，已有的知识远不能满足指导实践的要求。若干重要文献中对某些理论问题的处理也有不少错误和缺陷，应该在现有基础上继续开展以下内容的研究工作：

（1）液态金属中活度系数及相互作用参变数的测定。这方面的工作过去对铁基合金做得较多，而与现代新型合金有关的数据大部分告缺，应结合需要进行某些必要数据的测定。

（2）合金及杂质元素挥发过程的研究。目的是掌握挥发规律，更好地控制合金成分和更充分地去除有害杂质。重要的元素有砷、锡、硅、铝、稀土元素、锰、铜等，需要研究低价氧化物的挥发。

（3）真空条件下的金属和合金的碳脱氧及其他类型的脱氧过程的研究，包括热力学、动力学。目的是达到高纯金属最大可能的脱氧程度，或控制一定的微氧含量（如果需要）。

（4）坩埚与合金熔池之间的反应及其机理。掌握控制这些反应的物理化学规律，这样可以更好地控制合金组成和提高坩埚的耐用性。

（5）真空条件下合金凝固过程的特点及其控制方法。包括金属模子及水冷结晶器内的凝固过程、减少液析和改善结晶结构的途径。

（6）必要的实验技术。如各种合金中微量组分及特殊组分的测定、真空炉气氛的分析、真空技术等。

论文最后特别指出，目前对于气体及其他微量组分对各种合金性能究竟有什么影响，还是不够清楚的。人们把大多数微量组分看作有害杂质，真空熔炼作为提高合金性能的重要手段主要是通过尽可能完全地排除它们而起着作用。但是，究竟每一个所谓杂质组分是不是以任何浓度存在都对合金有害，在大多数情况下还是未知的。

邵象华认为研究真空熔炼过程物理化学有助于科学合理地将需要的微量组分控制在要求的范围而不是一切完全排除，这就需要对各种微量组分在各种合金中的作用进行深入研究。

邵象华的论文公开发表后在冶金界同行中引起强烈反响，被公认为是真空熔炼过程物理化学反应的最精辟叙述，系统完整，成为刚入门真空冶金学科的青年科技工作者、青年教师争相阅读学习的热门论文，使他们学到了真知，开阔了视野，对这些年轻一代迅速成长为我国真空冶金的开路先锋，有着极大的帮助。

## 真空熔炼的物理化学

邵象华

（冶金工业部钢铁研究院）

**摘要** 真空对熔炼过程的影响。脱气的热力学基础：气体在铁、镍、钴中的溶解度、活度；第三元素的影响。杂质和合金元素在真空条件下的挥发；挥发过程中合金组成变化的规律；挥发异物、液态金属中氮的浓度；氢和氮、挥发脱氢、碳脱氧；坩埚耐火材料与熔池之间的反应；增碳反应与脱碳反应。真空熔炼中各类反应的动力学：扩散、挥发速率与真空度对挥发速率的影响；脱气速率、脱氧速率、增碳反应速率。关于今后真空熔炼物理化学研究工作的意见。

近代高纯和超高纯金属及合金的发展是和真空熔炼分不开的。在真空中进行熔炼时，由于熔池不与空气或燃烧废气及炉渣接触，可以避免这些因素的沾污影响。在不用坩埚的真空熔炼中，耐火材料的干扰也被消除。真空条件本身还能比其他熔炼方法更为完全地排除原来存在于金属中的某些杂质。二次世界大战以后真空熔炼的迅速发展，是原子能、高速及宇宙飞行、电子技术等现代技术发展的重要基础。

在目前应用最广的各种真空熔炼设备里，熔炼过程中熔池表面附近的气体实际压力一般是在 $10^{-1}$ 至 $10^{-3}$ 毫米汞柱数量级的范围以内[1]。对空气中炼成的钢液进行真空处理或真空浇注，则采用较低的真空度（毫米汞柱数量级压力，或更高）。

用真空熔炼过程体系的压力很低，对熔池中有气态产物产生的一切反应都能起促进作用，如脱气、杂质挥发和某些类型的脱氢。但真空条件在某些方面也给熔炼过程带来困难，例如有些合金部分要与一定浓度的挥发发性组分，它的控制就比较困难；在真空感应炉中合金的某些组分还能够与坩埚材料起反应，对成品的组成和性能可能起不利的影响等等。只有搞清楚真空条件下可能发生的各种过程的物理化学规律，才能够找出正确的方法和工艺，利用真空来达到所要求的提纯目的。

### 1 脱 气

氧、氮和氢是金属材料中的主要气体杂质；真空熔炼的一个重要目的是脱除这些气体。但氧是一个活泼元素，并不以氧气的形态，而是依靠特殊的脱氧反应作为化合物而被排除的。在这里脱气指的只是脱氮和脱氢。

氮和氢在铁族金属中的溶解度曾经是许多研究工作的对象。在 1600℃ 和 1 大气压下较近测定结果如下：

---

《金属学报》刊文（1964 年）

# 创建国内一流的特种熔炼技术研发平台

　　邵象华主持的炼钢研究室改成物理化学研究室后，既从事常压下钢铁冶金工艺技术的研究，又承担真空状态下熔炼工艺技术的研究。

　　邵象华把研究成员分成两部分，正式成立了真空熔炼组，同时创建研发用的两个平台（即所谓热态模拟试验车间）。常压下平台已经建成，拥有 0.5t 电炉、500kg LD 转炉、50kg 电渣重熔炉、100kg 非真空感应炉等。该平台既可承接企业生产中存在问题的合作研究，直接为企业服务，同时也可承接国家下达面向行业的新工艺、新技术的开发研究任务。

20 世纪 60 年代初，我国真空熔炼技术刚起步，中大型真空熔炼设备还不能生产，需要向国家申请从国外引进，但国家又非常缺外汇。他开不了口，等等再说吧。

过了一段时间，国家经济稍有好转，钢铁研究院领导告诉邵象华一个喜讯，国务院特批部分外汇支持他用于从国外引进急需的特种熔炼设备，包括一台 10kg、一台 200kg 真空感应炉，一台 200kW 电子束熔炼炉。

随后邵象华组织与主持了由院设计研究室设计、机修厂制造一台 200kg 真空自耗炉、一台 100kg 电渣重熔炉的工作。这样，邵象华多年谋划追求的一个梦想，即创建设备较齐全，配置比较合理、先进，堪称国内一流的特种熔炼开发平台终于实现了。

邵象华特别重视这些设备的使用和管理，每台设备都配备有从事特种熔炼的研究人员负责使用、管理和指导，配备技校毕业生和素质较高的工人操作，把确保这些设备的安全放在第一位。

邵象华为研发平台下达的主要任务是：

（1）服务。首先是院内，认真完成院里下达各研究室的新品种、新材料的熔炼任务，其中熔炼工艺参数和技术要与各研究室专家、学者精诚合作商定。制定的熔炼工艺参数和技术方案必须严格执行。另外，热情为院外服务，承接院外的委托。

（2）研发。研发团队在承接院内外新品种、新材料的熔炼过程中，特别注重熔炼工艺参数的研发工作，确保承接任务的顺利完成，同时积累知识，增长才干，锻炼队伍，培养出国内一流的特种熔炼方面的技术专家。研发团队也要独自进行真空熔炼工艺技术、物理化学反应基础研究，要把研究成果写成论文发表，要为我国真空冶金学科的发展作贡献。

（3）试制。各研究室新品种、新材料开发研究试验成功后，需要试制一批产品供用户试用、检验，平台应承担该试制任务。

（4）生产。试制产品试用效果得到用户认可后，就可以转入批量生产，以满足用户和市场需求，平台具备了小批量生产的能力。

邵象华创建的国内一流的特种熔炼平台为我国核电、航天、电子等领域所急需的高温合金、难熔金属、精密材料等高、精、尖材料的研发、试制作出了重要贡献。

# 团队研究成果

邵象华和他的研发团队在真空熔炼工艺技术、物理化学反应机理等方面进行了大量的实验研究，撰写的多篇有较高学术水平的论文被刊登在《金属学报》《钢铁》等一级杂志上。

## 一、真空感应炉氧化镁坩埚熔炼纯铁的研究[1]

（1）在我们的试验条件和配料成分下，于 $10^{-4}$mmHg 高真空和 $10^{-1}$mmHg（1mmHg＝0.133kPa）低真空熔炼纯铁，获得最低的碳氧乘积都是在 $6\times10^{-6}\sim3.5\times10^{-5}$ 之间，没有看出高低真空显著的差别。

（2）熔炼过程中，氧含量的降低有一极限值，这一最低值由冶炼条件主要是坩埚供氧所决定。当熔池能量降低，以致碳氧反应速度下降、脱碳所消耗的氧抵不上坩埚供氧时，熔池氧含量就转向回升。

（3）当配料中碳含量在 0.03%～0.05%、配料碳氧比在 2 左右时，可以达到低的成品碳含量和氧含量（分别在 0.006% 和 0.003% 以下），[C][O] 乘积为 $1\times10^{-6}$。

---

❶ 吴超万，李伟立，邵象华．真空感应炉氧化镁坩埚熔炼纯铁的研究．金属学报，1964，7（2）：145～155。

（4）坩埚新旧不同，熔炼过程中放气量、脱碳速度有着显著差别。

（5）熔池中氧浓度对最终氮含量有显著的影响，这是因为铁液中氧浓度高时脱氧速度减慢。

## 二、真空感应炉熔炼纯镍时氧化镁坩埚的供氧问题❶

真空感应炉熔炼高级合金时一般使用氧化镁坩埚，可能由于其分解向熔池供氧，对合金的脱氧过程产生干扰，影响成品的氧含量，通过三种不同坩埚在不同条件下的熔炼，寻找金属中氧含量的变化规律。在 10kg 真空感应炉中使用不同化学成分的氧化镁坩埚在 1600℃ 和 $10^{-4}$mmHg 压力下，熔炼过程中氧含量从原来的 0.0048% 升高数倍。这是前人未曾研究过的。

在熔毕后的 30min 内，升高速率减小。30min 后三种坩埚对液态镍供氧速度都很慢，而且很相近。

炉压的差别对熔池耗氧有显著影响，但温度对坩埚供氧的影响差别不大。

关于操作方法的影响，采用间隙式真空感应炉熔炼时，破坏真空后坩埚的吸镍以及其氧化是坩埚对金属熔池供氧的一个重要来源，这种现象在所采用的操作制度下，原则上是难以避免的。因此，如果要保证金属低的氧含量，可能的措施之一是对间隙式炉子每次熔炼后，等炉子完全冷却再破真空。但缺点是降低了炉子的生产能力，只有在必要时方可以实行。

## 三、真空感应炉内液态金属镍和镍铬合金中的碳氧反应❷

（1）用真空感应炉熔炼（电熔氧化镁坩埚）镍和镍–10%铬合金

❶ 知水，等（邵象华指导）. 真空感应炉熔炼纯镍时氧化镁坩埚的供氧问题. 钢铁，1964（9）：22~24。

❷ 唐仲和、燕德顺、钟涌芳，等. 真空感应炉内液态金属镍和镍铬合金中的碳氧反应. 金属学报，1966，9（2）：117~126。

时，碳有很好的脱氧效果（与钛和铝的脱氧能力相近似），可以通过不同方式（氧脱碳或碳脱氧）来达到低氧、低碳的目的。在 1500 ~ 1540℃、$10^{-4}$mmHg 的条件下所获得的碳氧乘积为 $10^{-6}$ ~ $10^{-5}$。最低的数值是通过充空气脱碳而达到的。

（2）含碳的镍液或镍-10%铬合金在氧化镁坩埚（电熔）中其所含的碳与坩埚材料发生反应，相当于坩埚供氧 $(1 ~ 2.5) \times 10^{-4}$g/$(cm^2 \cdot min)$。反应可能在金属液和坩埚壁的界面上进行，对碳大致是一级反应。

（3）向炉内短时间定量充空气，可加速含碳熔池的脱碳。空气向镍-10%铬合金熔池供氧的速度比向镍液供氧的速度小，而且碳含量越低，供氧速度越小。充空气对镍-10%铬合金并不引起最终氮含量的增高。

（4）镍液中含有 0.2% ~ 0.15%氧时，可以用分批加碳的办法将其降低到 0.006%（碳氧乘积为 $2\times10^{-5}$）左右。

## 四、团队研究成果部分论文

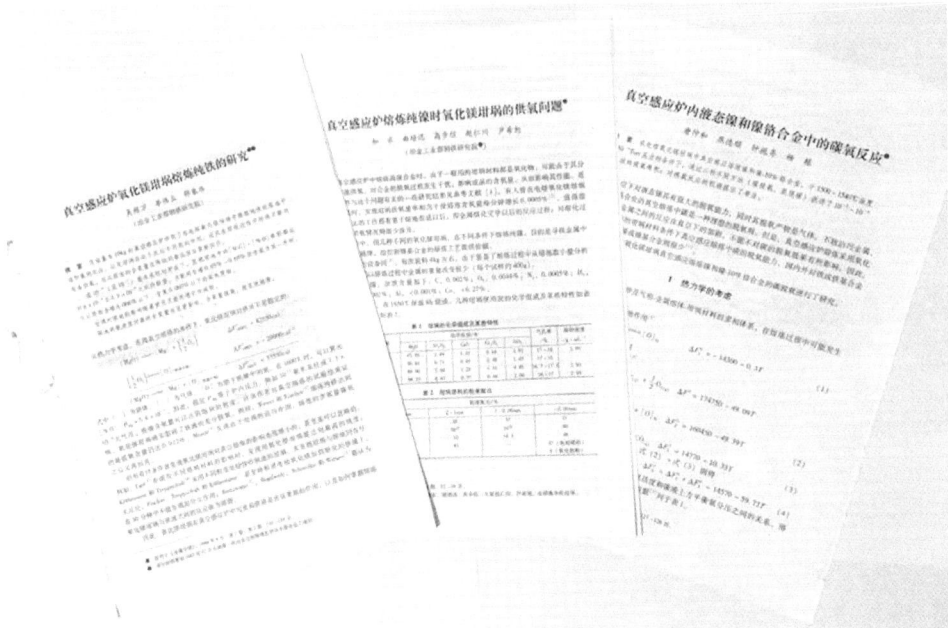

团队研究成果部分论文

# 五、特种熔炼技术研发平台部分设备

200kg 真空感应炉

200kg 真空自耗炉

20 世纪 60 年代初，我国真空冶金技术尚为空白。邵象华为了国家经济发展的需要，率先开垦这块处女地。他投入大量时间和精力，潜心研究、学习国外发表的重要文献，写出了《真空熔炼物理化学》一文，发表后成为我国冶金界同行们纷纷争相学习的重要论文，为我国真空冶金技术人才迅速成长发挥了重要作用。他在国家的大力支持下，创建了国内一流的特种熔炼技术平台，为研制高温合金、难熔金属等高端材料作出了重要贡献。他还带领

1979 年邵象华（右二）在亲手制作的
四元相图模型前与同事讨论

他的研发团队开展了真空熔炼方面诸多研究，硕果累累。邵象华是我国真空冶金研究领域的先驱，是对我国真空冶金发展做出卓越贡献者之一。

# 第九章

## 我国铌资源化的开拓者

# 共　生　矿

我国的铁矿资源多为贫矿，且不少为多金属的共生矿，最典型的是含有丰富的稀土和铌等宝贵资源的包头白云鄂博矿和含有丰富的钒、钛资源的攀枝花矿。这些矿的组成是世界上特有的，也可谓是我国的珍稀矿。共生矿中的稀土、铌、钒、钛都是重要的金属材料，在民用和军工上有着十分广泛的用途。因其资源有限，价格昂贵，其价值远高于矿中的铁资源，经济意义非常重大。据说在讨论包头钢铁公司设计时，我国冶金界一些著名学者建议："白云鄂博矿石公司主产品应是稀土、铌，铁是副产品。"充分表明学者们非常看重共生矿中稀土、铌等资源化问题。包钢联合企业投产后，白云鄂博矿中稀土被成功、有效地回收利用，这是项重大的技术成果，也有重大的经济效益。但铌资源化回收利用尚未找到解决办法，成了重大的技术难题，急待开发研究。

# 铌资源化[1]

国家十分重视包钢公司铌的资源化利用，从 20 世纪 60 年代开

---

[1]　摘自《邵象华院士文集》. 冶金工业出版社，2009：7。

始，国家科委将它列为重大科研攻关项目，冶金工业部科技司负责成立了由钢铁研究院、中国科学院化工冶金研究所、东北工学院、包钢公司、唐山钢厂等 10 余家科研院所、高校和企业组成的科研攻关队伍，钢铁研究院是主要的承担单位。院长陆达和物理化学研究室主任邵象华一直关注包钢公司铌的资源化，并都有自己的想法和方案，都十分乐意承担这项重大的国家科研项目。院里将项目交给了物理化学研究室实施，邵象华亲自负责主持，从室里的基础理论组、转炉组抽调了唐仲和、朱果灵、钟甬芳、袁以中、张柏汀、陶令辉、杨同春等 10 余人组成了研发团队。

在讨论包钢公司铌资源化方案时，邵象华主持，陆达院长也参加。先由他们二人介绍了各自的想法和思路，然后请大家讨论。平炉渣提铌是陆达提出的，主要针对积存的 30 多万吨平炉渣中铌的资源化。包钢公司高炉使用白云鄂博矿时，该矿含的铌被还原进入铁水中，铁水约含 0.08% 的铌。该铁水在平炉炼钢过程中铌又被氧化进入渣中，被排放置渣场。表 1 为此种渣的化学成分。

**表 1　平炉渣化学成分**　　　　　　　　　　（%）

| $Nb_2O_5$ | MnO | TFe | $SiO_2$ | $P_2O_5$ | CaO | TiO |
|------|------|------|------|------|------|------|
| 0.71 | 15.44 | 32.58 | 21.83 | 5.60 | 20.00 | 1.78 |
| 0.52 | 8.89 | 16.82 | 22.40 | 4.52 | 33.33 | |

从表 1 中可知，平炉渣中的 MnO 和 TFe（全铁）含量都很高，与包钢白云鄂博矿石相比，$Nb_2O_5$ 含量也高得多。因此，陆达同志发起了从废弃的平炉渣回收铌、锰等元素的研究，并提出了将这样的渣在专门的高炉中炼成含锰、铌铁水，然后在转炉中进行短时间吹炼，得到锰、铌富集的渣，再将此渣炼成铌锰铁合金的工艺流程。

铁水提铌是邵象华提出的，包钢典型铁水的成分如表 2 所示。铁水进入炼钢前，通过简易且处理量大的办法，将其中的铌提取出来后送去炼钢，达到铌资源化的目的。

**表 2　包钢典型铁水的化学组成**　　　　　　　（%）

| 元素 | C | Si | Mn | P | S | Nb |
|------|------|------|------|------|------|------|
| 组成 | 3.9~4.5 | 0.8~1.2 | 0.8~1.6 | 0.6~0.75 | 0.02~0.04 | 0.06~0.16 |

将表 2 所示的铁水（包括从平炉渣中炼出来的铁水）送去炼钢前，先用转炉（顶吹、底吹、侧吹）或其他预处理法，经空气、富氧空气或氧气短时间吹炼或处理，使铁水中铌、锰尽可能氧化，分离进入渣中。处理后的铁水送去炼钢，得到铌、锰富集的渣，作为炼成铌锰铁合金或其他用途的原料。但邵象华特别强调由于原料铁水中铌含量很少（不足 0.1%），铌渣的含铌品位也低，远不能与通常的提铌原料相比较。幸亏铁水中含锰较高，而锰与铌一起进入熔渣，得到的渣实际上接近于含铌锰矿，使包钢铁水中铌、锰的回收利用在经济效益上有所增加。即便如此，为了使从铁水中回收铌锰流程更有生命力，降低成本，进一步提出了包钢铁水喷雾法连续提铌的方案，使从铁水中提取铌锰渣可以具有流程简单、处理能力强的特点。

研发团队经过多次讨论形成了共识，确定了包钢铌资源化的研发方案：平炉渣提铌和铁水提铌。并针对两种研发方案仔细地研究了开发内容、方案、计划、进度、目标和要求，进行了具体分工，开始了研发工作。

# 小型试验

为了探索平炉渣、铁水两种提铌方案的可行性，在实验室小型试验炉上进行了很多的探索，主要侧重于：

（1）平炉渣铌的还原特性，主要研究还原剂种类、温度对平炉渣中铌还原速度的影响。

（2）铁水铌的氧化特性，主要研究氧化剂的种类（氧气、富氧空气和空气），熔池温度对铁水铌氧化速度的影响。

这些实验室小型炉上的基础研究结果为扩大小型试验提供了有益的依据和参数。

平炉渣提铌流程的进一步小型试验：

先在 $0.7m^3$ 和 $55m^3$ 小高炉上使用包钢公司平炉渣炼成含铌锰铁水，其成分见表 3。

表 3　小高炉铁水成分　　　　　　（%）

| 高炉 | C | Si | Mn | Nb | P | Ti |
|---|---|---|---|---|---|---|
| $0.7m^3$ | 2.6~3.2 | 0.1~0.8 | 11~15 | 0.55~0.85 | 3~7 | 0.3~0.5 |
| $55m^3$ | 3.2~3.4 | 0.3~1.28 | 6.6~15.3 | 0.4~1.3 | 6~9 | |

从表 3 中可以看出，由平炉渣炼出的铁水中铌、锰和磷的浓度都比原包钢铁水（见表 2）高了一个数量级，表明平炉渣中的铌、锰被还原富集到铁水中。然后，中国科学院化工冶金研究所利用表 3 所示的铁水，在 300kg 试验氧气顶吹转炉上进行提铌试验。按热力学的考虑和依据实验室基础实验结果，为达到脱铌、脱锰而要保碳的目的，吹炼温度应较低。根据经验，确定吹炼目标温度为 1400℃ 左右，吹炼结果得到了铌和锰的氧化率都在 80% 以上，渣中 $Nb_2O_5$ 含量为 3%~6%，MnO 含量高达 50% 或更高，可用作生产铁合金的原料。小型试验表明，包钢平炉渣中铌和锰可以通过高炉—转炉流程显著富集，达到资源化的目的。

包钢铁水提铌试验在唐山钢厂 5t 空气侧吹转炉上进行，吹炼前、后铁水成分如表 4 所示。从表中可以看出，铌的氧化率为 80.7%，锰氧化率为 78.8%。铌、锰的氧化物都富集到炉渣中，其成分见表 5。

表 4　铁水成分　　　　　　　　　（%）

| 元素 | C | Si | Mn | Nb | P | S |
|---|---|---|---|---|---|---|
| 吹炼前 | 3.9~4.3 | 0.40~0.70 | 1.40~1.90 | 0.06~0.09 | 0.55~0.65 | 0.023~0.063 |
| 吹炼后 | 3.6~3.9 | 0.007~0.017 | 0.20~0.50 | 0.007~0.022 | 0.55~0.69 | 0.016~0.048 |

表5 铌渣成分 （%）

| Nb$_2$O$_5$ | MnO | TFe | SiO$_2$ | P$_2$O$_5$ | CaO | MgO |
|---|---|---|---|---|---|---|
| 2.10 | 46.50 | 9.10 | 29.20 | 0.60 | 2.40 | 2.40 |

从表5中可以看出，铌渣中 Nb$_2$O$_5$ 和 MnO 含量都比较高，完全可用此渣作为生产铌锰铁合金的原料。

钢铁研究院在300kg氧气底吹转炉上进行了包钢铁水提铌试验，吹炼前铁水成分与表4所示大致一样，铌的氧化率为86.1%，锰氧化率为75.4%。吹炼渣中 Nb$_2$O$_5$ 与 MnO 的品位完全可以用作生产铌锰铁合金的原料。

邵象华参加了上述各种小型试验，结果说明他的理念：包钢铁水（包括从平炉渣炼出的铁水）只要通过简单的吹炼操作，不论顶吹、侧吹或底吹转炉，也不论吹氧气、空气，只要控制适宜的吹炼温度皆可以使铁水铌、锰至少有80%被氧化进入熔渣回收利用。除上述方法以外，邵象华理念中最有新意的方案是铁水喷雾法连续提铌，在实验室里针对喷雾用喷嘴结构、气体压力、流量等参数的选择和确定进行一系列冷态、热态试验，为包钢铁水喷雾法连续提铌扩大试验装置的设计和工艺参数提供了有益的参数。

# 铁水雾化法连续提铌

20世纪60年代初，英国开展了喷雾炼钢试验，引起了邵象华极大兴趣。但他关注的是能否将它的基本原理应用到包钢铁水提铌中，创造性地提出了包钢铁水雾化连续提铌的试验方案，获得了研发团队的一致赞同与支持。雾化法连续提铌的基本工作方式与喷雾炼钢有些相似，铁水雾化提铌工艺流程的示意图如图1所示。

大包的铁水注入中间包，经由中间包底部水口的铁水流入喷雾器出口时被通入的高压空气或富氧空气雾化成微细的小铁珠，在密闭的反应器落下过程中，小铁珠中的铌、锰、铁等元素迅速被氧气（或空气中的氧气）氧化成渣，从铁水中分离出来。在反应器底部渣与铁进一步交互反应后流到铁水包中。渣铁分离后，铁水送去炼钢，渣回收用于生产铌锰铁合金的原料。该法的特点是装置简单、投资小，可连续化生产，处理量大，利于降低铌、锰提取的成本。同时与其他方法不同的是反应区高温液体可不直接与炉壁接触，对提高铌渣的品位是有益的。

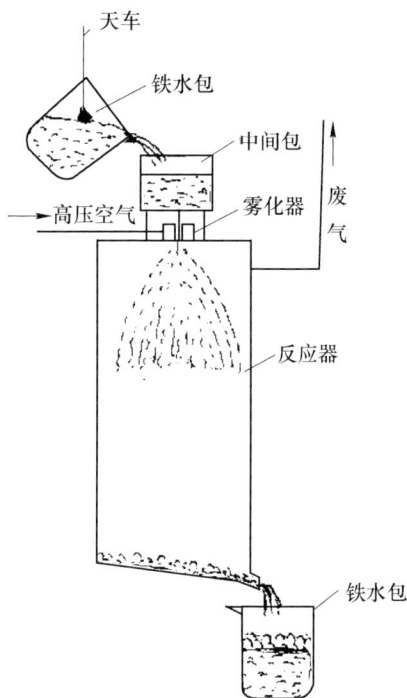

图1　铁水雾化法提铌工艺
流程示意图

邵象华还参考了高温液态金属喷雾制金属粉末的原理和装置，使该方案更有科学技术依据和理论基础。喷雾技术在国内外首次被应用在铁水提铌试验上，具有独创性和新颖性[1][2]。

铁水雾化法连续提铌的扩大试验选在平炉炼钢厂混铁炉旁，这也是邵象华亲自主持选定的。高炉的铁水经雾化法提铌后送至混铁炉或平炉，行程短，成功后转型投产见效快。充分利用混铁炉空间、高度、铁水包包坑及天车等设施，投资省，有利于加快研发进度，得到厂方的赞同。铁水雾化法连续提铌扩大试验工艺流程如图2所示。

---

❶ Shao Xianghua. Technological studies for the extraction of niobium and manganese from Baotou hot metal. Proc. 1st Sino-Japanese Symp. Steelmaking. Sept. 1981：183~202。

❷ 邵象华. 包钢铁水提铌工艺研究. 钢铁研究总院学报，1981（1）：1~10。

如图 2 所示，装置主要由中间包、喷雾器、反应器和分离器构成。从高炉来的铁水包用混铁炉天车吊起，倒入反应器上方的中间包，通过中间包底部水口的铁流经喷雾器时，被气流击碎成细滴，在反应器内下降的过程中与气体中的氧反应（一次氧化），形成的渣和铁水聚集在反应器底部，一起经暗道流入分离器，实行渣铁分离和铁液中铌锰元素进一步氧化（二次氧化），通过虹吸口，铁水流入铁水包，由天车吊起倒入混铁炉或直接送至平炉炼钢。渣流入渣罐，供电炉生产铌锰铁合金和其他用途原料。

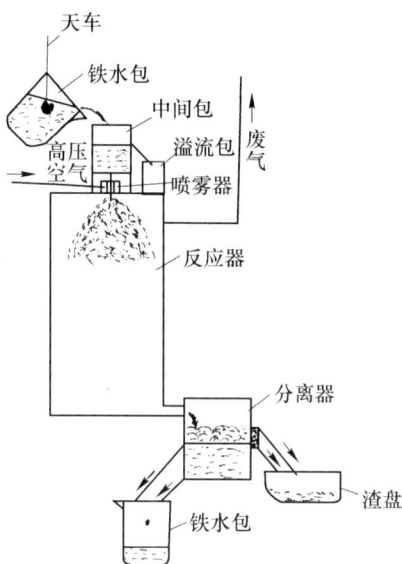

图 2　铁水喷雾连续提铌扩大试验工艺流程示意图

该工艺流程是在实验室和现场对其核心设备喷雾器的结构、尺寸，雾化用空气压力、流量，分离器结构，铁水铌锰一、二次氧化的影响因素等，进行了无数次的冷热态试验的基础上形成的终极流程。铁水喷雾连续提铌试验进行了铁水流量为 30t/h、60t/h、180t/h 的数十次试验，在没有采用专门的装置控制铁水流量和雾化空气流量的情况下，只是根据试验中积累的经验进行手动调节。尽管如此，铁水通过流量不超过 60t/h 时，在铁水中原始含铌小于 0.1%条件下仍有 77%以上的铌氧化进入渣中。与此同时，铁水中 80%左右的锰被氧化，渣中 $Nb_2O_5$ 含量接近 2%，MnO 含量为 20%左右，其结果是十分令人鼓舞的。

180t/h 流量甚至更大流量时铌的回收率有所降低，但邵象华认为：将喷雾器结构参数作一些调整，对铁水流量与雾化用空气量进行必要控制，达到 80%～90% 的铌和锰的氧化率也应该是可以的。180t/h 铁水流量已接近包钢公司炼钢厂正常生产情况下所需的全部铁水用量，实现了邵象华所要达到的目标。在混铁炉旁或其附近设置一台铁水喷雾法连续提铌装置，对来自高炉的全部铁水进行提铌处理，这是世界钢铁史上的一个创举，在理论和实践上都有重大意义。

遗憾的是骤起的"文化大革命"使该方法的工业生产实践未能进行。10余年后，攀枝花钢铁公司基于他的理论和试验结果，结合公司的实际情况进行了大量研发工作，成功地开发出大规模高炉铁水雾化提钒工艺，为国家做出了重要贡献。

# 平炉渣提铌

包钢公司是扩大试验的主战场，是合作的主要伙伴。邵象华曾多次率领研发团队赴包钢公司进行现场调研，与包钢公司领导、技术人员深入讨论、确定方案。

在邵象华亲自主持下，平炉渣提铌扩大试验选在包钢试验厂（小包钢）进行。试验厂有闲置的 $55m^3$ 小高炉、6t 侧吹空气转炉和 5t 电炉等设备可利用，既可节省投资，又可加快开发进度。同时，一旦开发成功即可转为正常生产线进行小规模生产，给企业创造一定的经济效益。平炉渣提铌工艺流程如图 3 所示。渣倒入 $55m^3$ 小高炉，渣中 $Nb_2O_5$、$MnO$ 还原进入铁水，铁水经 6t 空气侧吹转炉短时吹炼，铌、锰又被氧化再次进入渣中。此渣送至 5t 电炉还原，又进入铁水制成含铌锰铁合金。该流程历时近三年的开发研究，最后成功地解决了从平炉渣回收铌、锰的问题，并进行了 10 多年的小规模生产。该流程虽长，但投资省、生产成本低，有较大的经济意义，直至 20 世纪 80 年代后期仍是包钢公司回收铌锰资源的唯一工业生产流程，也是邵象华和他的研发团队为包钢铌资源化创立的一项具体成果和主要贡献之一。

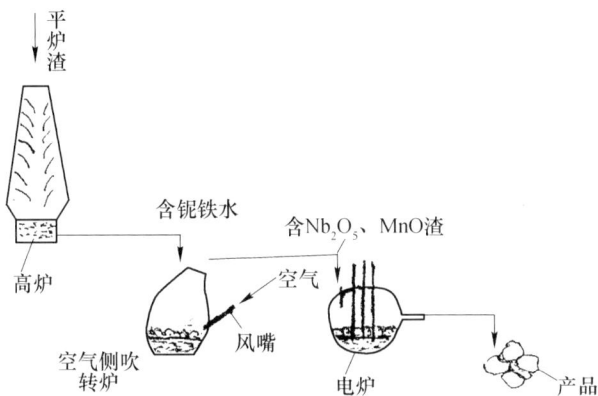

图 3　平炉渣提铌扩大试验工艺流程示意图

　　20 世纪 60 年代初，邵象华亲自主持了包头钢铁公司铌资源化综合利用的开发研究，在钢铁研究院实验室带领研发团队开展了大量的实验室基础试验，确立了从平炉渣提取铌、锰和铁水中提取铌、锰法。平炉渣提铌利用该公司原有的闲置设备开发了一个从该公司大量积存的平炉渣通过小高炉冶炼出富锰含铌含磷铁水，随后经空气转炉内轻吹，冶炼成可用于制造铁道车辆部件的高磷铁，以及主要成分为锰、铌和铁的硅酸盐高锰铌渣，再在电弧炉中用焦炭将这种渣部分还原脱铁脱磷后，最终还原成适于生产锰铌高强度低合金钢的锰铌合金的工艺流程。该独特的工艺流程虽长，但利用闲置设备，投资少，成本低，有较大的经济意义。直至 80 年代后期，仍是用于回收包头钢铁公司铌资源的唯一的工业生产流程。

　　为从根本上解决包头钢铁公司大生产主流程中回收铌、锰的问题，邵象华认为从铁水中提取铌、锰是最佳选择，并提出了铁水雾化法处理原理，具有独创性和新颖性。将高炉铁水注入中间包定量流经雾化器被空气喷吹成雾滴，使其中所含的铌、锰、硅之类易氧化元素迅速氧化成渣而与铁水分离，成为冶炼铁合金的原料。该试验达到了处理量 180t/h 规模，已与包钢炼钢厂正常生产情况下的全部铁水用量相当。这是一个伟大的创举，在理论和实践上都有重要意义。邵象华为我国包头钢铁公司铌资源化回收利用，呕心沥血，取得了许多开创性的成果，是我国铌资源回收利用的开拓者、贡献者。

# 第十章
## 关注钢铁冶金的前沿新技术

连续炼钢法、熔融还原和直接还原的"非高炉"炼铁法被认为是钢铁冶金热门的开发研究领域，世界上许多国家投入了大量的人力、财力进行开发研究，并取得了不少成果。邵象华和我国冶金界的许多著名学者、专家也十分关注这些热门领域，纷纷打报告，建议国家在科技规划中能列入，认为对我国钢铁工业发展有重要意义。

# 连续炼钢[1][2]

邵象华在1978年12月中国金属学会第三次会员代表大会上做了《关于连续炼钢的理论和实验》的报告，介绍了近30年来国际上开展连续炼钢的试验研究情况，提出了我国应在科技规划中列入连续炼钢这一重要的课题。

## 一、连续炼钢的意义

邵象华在报告中指出，现代工业的最大特点是采用连续式的生产过程，这样才能最大限度地提高生产效率、降低生产成本，为企业带来最高的经济效益。

20世纪50年代初出现的氧气转炉，由于它保持了转炉炼钢所特有的高速反应，而且与适当的炉外处理（铁水脱硫、钢水真空处理、钢包精炼等）结合，可以生产许多钢种，所以在各国得到非常迅速的发展。但是现有的一切炼钢方法，包括氧气转炉在内，都是一炉一炉炼的间歇式的生产方法。整个现代工业的发展过程说明要最大

---

[1]　邵象华. 关于连续炼钢的理论和实验. 中国金属学会第三届年会学术报告论文集，1978。
[2]　黄晔. 连续炼钢. 中国冶金百科全书，钢铁冶金卷. 冶金工业出版社，2001：332～333。

限度地提高生产效率，应采用连续式的生产过程。现在钢铁工业内部，选矿、烧结、炼铁可以说已经是连续的，连续铸钢正在迅速发展，轧钢也基本上实现了连续化。唯独炼钢还是间断地炼。即使生产能力很大的现代转炉，在装料、出钢、换渣、取样时都不在炼钢，而这样的辅助时间占作业时间的一半或更多；传统的炼钢电炉，很贵重的变压器设备几乎有一半时间低负荷工作或全不工作。另外，在炼钢炉操作周期中温度变化很大，而且要受到废钢冲击、钢水洗刷，以及成分和温度不断改变着的熔渣的侵蚀，耐火材料在极端不利的剧烈波动条件下工作，寿命不长。由于炼钢过程瞬息万变，还需要高度熟练的操作技术。以上这一切，都不利地反映在炼钢厂的建厂费用、时间以及产品的成本上。

邵象华认为把炼钢操作由间断方式变成连续方式，有可能带来如下好处：

（1）连续炼钢设备是稳定而不间断地使用的，所以同样的生产能力，设备可以较小较简单；许多重型运输设备可以不要，厂房及附属设施结构减轻，占地减少；与连续铸钢结合，非常有利。

（2）因为工作条件稳定，有可能显著提高钢的收成率，降低耐火材料和热量的消耗，并节约劳动力；还可以简化炼钢操作，消除繁重劳动；钢的质量稳定；便于采用自动化控制。

（3）由于以上各项，有可能实现建厂快、投资省、生产成本低、劳动生产率高。

（4）炼钢连续化后，就可能实现整个钢铁生产流程的连续化。将来的钢铁企业布置将更加紧凑，流程将更加经济合理。

## 二、国际上连续炼钢的研究试验情况

邵象华在报告中介绍了国外正在研究开发的几种连续炼钢的试验情况。

联邦德国的学者对间断和连续炼钢法中的传质问题作了理论研

究，认为连续炼钢在原理上是合理的、可行的。

国外试验的连续炼钢方法大致分为三类：槽式法（分顺流法、阶段法、逆流法）、喷雾法和泡沫法。

（1）槽式法。澳大利亚布罗根希尔公司中心研究所 1962 年报道了单段槽式炉试验（称沃克拉 Worcra 法），类似的方法后来也为美国伯利恒公司研究所和捷克的研究单位所采用。试验的规模相当于每小时 3.5~5t。日本金属材料技术研究所 1967 年建立了多段槽式炉，试验装置的通过能力为每小时 8t 铁水。

（2）喷雾法。奥地利联合钢公司 1971 年报道了喷雾法炼钢试验。英国钢铁公司研究所 1966 年在一家炼铁厂高炉后建立了每小时 24t 铁水的中间试验装置，进行了 10 个月的试验。

（3）泡沫法。1968 年以后，法国钢铁研究院发表了泡沫法连续炼钢的研究试验结果（称 IRSID 法）。该院在院内中间试验的基础上和钢铁厂合作，建立了一套每小时 25t 生产规模的试验装置。1971 年炼了 2 万吨钢。

从上述的试验研究的情况可以看到实现连续炼钢所涉及的技术问题，在当前科学技术的发展水平下应该是可以解决的。20 年来各国试验了各种形式的连续炼钢，都炼出了合格的钢。但迄今为止，还没有一个方法已达到工业生产的程度，还需要进行大量的深入的研究试验，才能够发展成为经济上优越的工业生产方法。

### 三、建议在我国的科技规划中列入连续炼钢这一重要科研课题

邵象华建议在全国范围内组织充分的力量，制订分阶段的研究计划，建立必要的试验装置、试验厂，扎扎实实地进行研究试验。试验的目的是，找出适合于我国条件的连续炼钢的冶金过程、控制系统、工艺装备结构等，为设计正式生产的连续炼钢提供必需的技术上和经济上的依据资料，进而使连续炼钢在工业生产上得以实现。这对我国钢铁工业的发展具有重大的战略意义。

邵象华报告做完了之后，我国没有行动，因为搞连续炼钢从实验研究到工业化生产是需要很多资金和人力、物力的。但是他提出这一重大的项目是高瞻远瞩，有远见的，相信连续炼钢将来是会在工业生产上实现的。

# 熔融还原炼铁法

能源和环境问题是人类面临的两大难题。由于炼焦煤匮乏和环境保护法规的日益严格化，当今世界钢铁生产中的炼铁传统工艺流程（焦炉—烧结—高炉）受到严重挑战。熔融还原炼铁与传统的炼铁流程相比，以煤代焦，可以用非炼焦煤全部代替焦炭炼铁，缩短流程，取消了炼焦和烧结两个投资高、污染严重的生产环节，可节省基建投资，对环境造成的污染可减少80%~90%。

近几十年来主要工业发达国家研究开发的熔融还原炼铁方法有20多种。20世纪80年代以来重点开发的主要方法有COREX法、DIOS法、HI法等。其中由联邦德国和奥地利VOEST-ALPIONE公司（简称奥钢联）联合开发的COREX法更受人青睐。COREX法是采用二步法，在第一个反应器内对含铁原料（块矿、球团、粉矿）进行预还原，在第二个反应器内进行终还原，熔化分离出液态铁并产生还原气供给预还原用。1981年联邦德国在Kihl建成了年产6万吨的半工业性试验装置，使用了不同铁矿石和不同煤种进行试验，于1985年完成了半工业性试验，取得了良好效果[1]。COREX法工艺流程如图1所示。

邵象华一直注视着熔融还原炼铁技术的发展。当时奥钢联曾和我

---

[1]　摘自《熔融还原炼铁》，中国冶金百科全书，钢铁冶金卷．冶金工业出版社，2001：505~510。

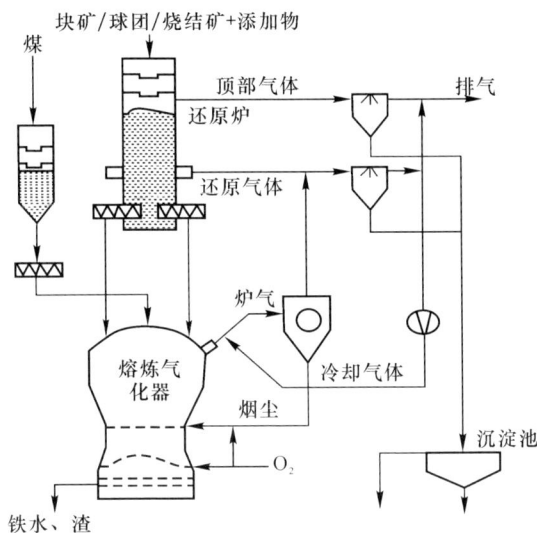

图 1 COREX 法工艺流程图❶

国联系，希望中国购买熔融还原炼铁半工业性试验的技术，因未工业化，在价格上可以便宜些。冶金工业部陆达副部长请邵象华对此做一些调查研究。邵老找了奥钢联的有关专家，详细了解试验情况。他认为年产 6 万吨的规模太小，要达到年产几十万吨规模，并能稳定地生产和经济上受益，还要花很多的资金和人力、物力。当时我国冶金系统的科研经费尚难以承受，所以他提出现在不买，但我国应在科研计划中列入开展熔融还原的项目❷。冶金工业部领导接受了他的意见。

1986 年 7 月邵象华翻译了德国柏林工业大学著名冶金学教授欧特斯（Oeters）等于 1984 年发表的《用煤还原铁矿石的物料转化和热量转化》科研报告❸。邵象华认为该报告是熔融还原炼铁方法的理论基础，并将预还原与终还原之间的相互关系作了剖析，对于把熔融还原作为一个整体来理解很有帮助，以此向从事熔融还原的研究工作者提供支持❹。

---

❶ 摘自《COREX 法》，中国冶金百科全书，钢铁冶金卷．冶金工业出版社，2001：38~40。

❷ 周渝生．煤基熔融还原炼铁新工艺开发现状评述．钢铁，2005，40（11）：1~8。

❸ 摘自 Oeters 著、邵象华译《用煤还原铁矿石的物料转化和热量转化》，钢研总院科技情报资料，1986（86-8）。

❹ 邵象华．铁矿石直接还原．钢铁，1959（22）：1076~1083；1959（23）：1130~1138。

在 20 世纪 70 年代，钢铁研究院李文采院士积极探索用一般煤粉熔融还原冶炼铁水，也就是"一步法"。他和科技人员去首钢、包钢等工厂进行探索性试验。20 世纪 80 年代，他和杜挺博士指导研究生周渝生开展熔融还原的炼铁原理和工艺技术研究。于 1987 年因为启动经费只有 3 万元，选择了在江苏省竹箐机械厂（劳改厂）的煤粉化铁炉上进行半工业性试验。试验是以非炼焦煤和冷固结含煤球团为原料，由煤粉和空气在前炉中旋转燃烧供热，高温煤气经火道进入竖炉下部逆流预热和预还原冷固结含煤球团。预还原的球团在竖炉下部熔化、过热并进行终还原，最后流入前炉完成渣铁分离，连续生产铁水。当时这是在我国进行最大规模（每小时 3t 铁水）的熔融还原半工业性试验。经过一年多的艰苦努力，完成了半工业性试验并通过了冶金部专家的技术鉴定且获得发明专利。1988 年年底，周渝生完成了博士学位论文。

1990 年，邵老和冶金工业部陆达副部长、中国科学院化工冶金研究所许志宏所长及钢铁研究总院杜挺教授联名给国家科委提交了"采用 90 年代新技术加速发展我国钢铁工业——建议国家在'八五'期间立项进行以煤代焦熔融还原炼铁新工艺开发"的报告，认为熔融还原炼铁是 20 世纪 90 年代钢铁工业前沿的重大新工艺，国家应立项，开展试验研究。该报告后来又发表在《冶金管理》刊物上[1]。

1992 年，邵象华和魏寿昆、李文采院士及钢铁研究总院杜挺、北京科技大学杨天钧、中国科学院化工冶金研究所王大光联名向国家科委提出了"熔融还原技术基础研究"作为国家科委工程与技术科学研究攀登项目的建议书。三位当时 80 岁以上的院士自告奋勇出任顾问。研究的目标是开发具有国际竞争力和中国特色的熔融还原新工艺，为半工业及工业试验提供必要的理论、技术基础和设计依据。预计在含碳球团铁预终还原的基础研究方面有所创新，并为实现熔融还原技术工业化培养出一批高水平的中、青年人才。

---

❶ 陆达，邵象华. 以煤代焦熔融还原炼铁新工艺开发. 冶金管理, 1999（6）：12~13。

1986 年年初，南非比勒陀尼亚的伊斯科（ISCOR）公司开始建造年产 30 万吨的 COREX 法熔融还原炼铁 C1000 型生产装置，1987 年年底投产。投产后出现诸多设备问题，如预还原煤气除尘不良等。随着对装置的不断改进和试运行，至 1989 年年底再次开炉，一个月后操作正常。此后，年产 60 万吨的 C2000 型装置于 1995 年在韩国浦项钢铁公司建成投产；1998 年 1 月在南非萨尔达纳建成投产；1999 年 8 月及 2001 年 4 月又在印度京德尔公司建成投产。

在我国，国家科委接受了邵象华等专家的建议，将熔融还原炼铁正式列为"攀登计划"项目，开展试验研究。建成了每小时 2~4t 的半工业性试验装置，开发了 COSRI 法熔融还原炼铁。它是以含碳球团为原料的低二次燃烧率和中等预还原度为特点的二步法熔融还原技术，尚需进一步深化和扩大试验。2005 年由宝钢从奥钢联引进年产 150 万吨的 COREX C3000 型的技术和设计，共用约 2 亿元人民币。其 99%（按重量计）的设备由国内制造，于 2007 年 11 月建成投产，达到年产 105 万吨的生产能力。邵老提倡和支持在我国开展熔融还原炼铁的试验研究，正向工业化的道路前进。

# 直接还原炼铁法

从矿石炼钢的传统方法，是通过高炉炼铁，然后再把生铁在炼钢炉内炼成钢。但很久以来，世界上许多国家出于利用本国资源的技术和经济角度考虑，不走高炉炼铁而生产钢的方法也受到极大的重视，投入了大量的财力、人力进行开发研究，并得到了一定的发展。直接还原及熔融还原同属"非高炉"炼铁。推动研究和采用的

"直接还原"就是不在高炉中炼出高碳的金属（生铁），然后再在炼钢炉中脱碳，而是直接生产出低碳金属的方法。

邵象华在 1959 年《钢铁》第 22、23 期上连续发表了《铁矿石直接还原》综述性文章，就矿石直接还原在技术经济上的意义、在我国研究和发展直接还原的意义、各国目前主要的直接还原方法、各种方法的对比、在工业生产上的实用意义等进行了系统、完整的论述。

邵象华认为"直接还原"法大致可以解决以下的一些问题[1]：

（1）缺乏炼良好的冶金焦所必需的煤，因此得不到良好的高炉燃料；

（2）铁矿石的品位低不宜直接进高炉，而且由于矿物组成上的原因，用一般的选矿方法不能经济地加以富集；

（3）在缺乏废钢的条件下，用本地铁矿石生产出适用于平炉或电炉的废钢代用品；

（4）避免通过烧结、团矿或球团矿的手续而用粉矿或精矿直接炼成金属铁；

（5）通过海绵铁的途径经济地生产高质量的特殊钢。

邵象华认为这些问题我国也存在。例如我国钢铁工业已经开始严重地感觉到主焦煤供应不足，有些地方甚至根本没有可以炼焦的煤。今后随着钢铁工业的发展，产量不断提高，这方面的困难将更趋严重，因此除了努力研究弱黏结性煤炼冶金焦的方法以外，发展根本不依靠焦炭的钢铁生产方法也是一个重要任务。我国还发现一些数量很大的难以选分的贫铁矿资源，采用直接还原在技术上、经济上都将可能是比较合适的途径。还有就全国资源情况来看，我国适宜于直接进高炉冶炼的铁矿石也将越来越少，在今后的钢铁工业发展中，为了将铁富集或者为了矿石中共生元素的综合利用，大部

❶ 邵象华. 铁矿石直接还原（综合性评述）. 钢铁，1959（22）：1076～1083；1959（23）：1130～1138。

分铁矿势必先进行选矿而成为不能直接进高炉的粉状精矿，因此直接用粉矿生产钢铁，从而避免精矿成块所需的巨大设备，这对我国也是非常具有吸引力的问题。我国废钢少，电炉钢厂发展受限制，用直接还原生产海绵铁，不仅可供电炉炼钢用原料，而且能生产高质量的特殊钢。可以看到，直接还原可以解决的一些问题，在国外也许个别存在，而在我国却可以说每个都存在。因此，研究和开发直接还原在我国当时的条件下具有更大的意义。

邵象华还指出，现在世界上出现的直接还原的方法有 20 几种，但只有少数规模较大，多数还在试验阶段，有的只是小规模工业或半工业性生产，还没有任何一种已发展到真正大型工业生产的规模。在一般条件下，这些方法还谈不到和现代的高炉生产平起平坐的问题。但在特定地区，由于特殊的资源条件，直接还原可能是比高炉更为经济的生产方法，在这样的地区发展直接还原的生产就已经是

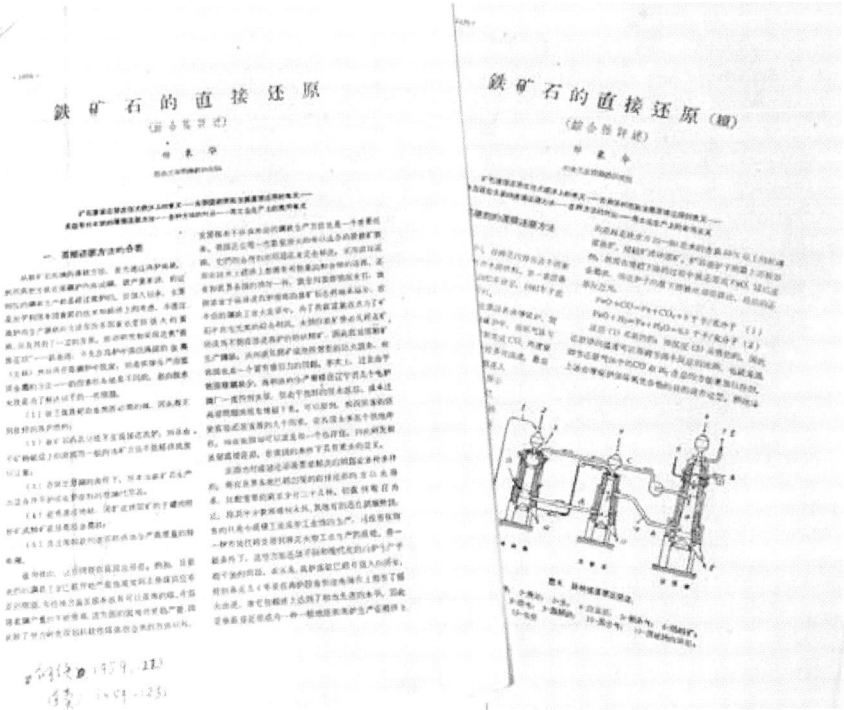

邵象华发表关于直接还原的综述文章

合理的。所以我国也应重视开发研究直接还原这一热门领域，将来有可能成为我国钢铁生产的方法之一。

该文还系统地介绍了各国主要的直接还原方法，各种方法的特征及在工业上的实用意义，对我国从事直接还原研究的冶金工作者具有很好的参考价值和指导意义。

# 第十一章
## 特殊年代里的坚守

从 1966 年 11 月~1969 年 11 月的整整三年中，邵象华和研发团队为包钢公司铁水铌资源化进行了大量的开发研究，创立了从平炉渣提取铌、锰的工业化生产流程。在铁水喷雾连续提铌、锰扩大试验中，他呕心沥血，锲而不舍攻难关，取得了许多开创性的成果。这期间他也经历了"文化大革命"浪潮的冲击，许多事至今仍记忆犹新，永远留在脑海中。

# "文革"中的落难人

邵象华负责和主持的包钢公司铁水铌资源化的试验研究进展得很顺利，正当他计划率队奔赴包钢公司现场实地考察、调研，探讨开展扩大试验有关事宜时，1966 年夏天开始，"文化大革命"席卷了整个中华大地，也猛烈地冲击着钢铁研究院，厄运也开始降临到他的头上。1967 年 1 月 8 日，钢铁研究院的"造反派"全面夺权，掌控了研究院党政大权，主管全部日常工作，全院的科研工作基本停顿。邵象华被罢免物理化学室主任，不过本来他就不想当官，只想踏实地搞科学研究。但大字报给他戴上了"资产阶级学术权威、崇洋媚外、国民党资源委员会鞍钢接收大员"等帽子，"造反派"令他老实交代问题，随时接受批判，一下子成了被打倒的对象，成为"文化大革命"中的落难人之一。他被关进了"牛棚"，住房被收走了，原住的四间房住了两家。许多珍贵的藏书和资料也丢失了。邵象华夫妇亦曾下放到"五七干校"劳动，那时他已是 60 多岁的人了。他一时想不通，很不理解。但自己一不反党、二不反社会主义，嘴长在人家脸上，随别人说去吧。"文化大革命"中的邵象华在困难的处境下，仍然一心想着自己负责的项目，找有关同志反映，包钢公司铁水提铌项目是国家重大科研项目，院里的重中之重，可不能停呀！物理化学室掌权派才同意邵象华与室里 6 位同志一起奔赴包钢公司启动现场扩大试验工作。

包头大街、小巷，包钢公司本部、各厂、矿都贴满了大字报，高音喇叭播个不停，"文化大革命"浪潮也很汹涌。攻关试验组成员中有包钢公司、包头钢铁设计院和包头钢研所的科技人员，每天一早办公室集中时都要先说说自己单位昨天发生的"文化大革命"新闻，街头小道消息，大家听得津津有味，有时还针锋相对、辩论一番。邵象华穿好了工作服，坐在一旁只听不言。但当讨论当天工作和试验方案时，先听大家发言，然后总是认真、明确地说明自己的意见和建议。有时在试验现场休息，不少年轻人仍针对"文化大革命"中发生的某件事争论不休，邵象华却站在一旁望着庞大、壮观的试验装置沉思，是在琢磨某个技术问题，还是在想别的事？但脸上却露出一丝宽慰的笑容。扩大试验能进展到如此程度不容易啊！但有时也会闷闷不乐，估计遇到了一些极不痛快的事。他来包头出差也好几个星期了，有个星期日，想起了包头钢铁设计院的老朋友谭振雄总工程师，已好久未见面，想到他家拜访一下。但很不凑巧，那天碰上包头钢铁设计院的"造反派"正在抄老朋友的家，被"造反派"堵在门外揪住审问了半天才放他离开。回到招待所后，问他去哪里玩了，他搪塞了几句，没有说实情，郁闷了好几天，心想老朋友与自己一样也成了"文化大革命"中的落难人。

邵象华和谭振雄相识源于湘潭中央钢铁厂的筹建。1938 年 1 月国内派出了史通、刘刚、谭振雄等 9 人来到了中央钢铁厂合作伙伴德国克虏伯钢铁公司实习考察。邵象华主动放弃在英国深造读博士学位的机会，毅然决定报效祖国参加湘潭中央钢铁厂的建设，匆忙自英国赶到德国克虏伯钢铁公司与国内同行汇合。实习考察期间，邵象华与谭振雄分在同一个炼钢组，彼此间建立了深厚的友谊，成为了好朋友。回国后各自为国家的钢铁事业努力顽强拼搏，做出了重要贡献，并都成为了国内著名的专家、学者。但在"文化大革命"中却成了"革命"的对象，批为"反动学术权威"而被打倒，成了"文化大革命"的落难人。

# 年过花甲挤坐火车往返包钢

为了包钢公司铌的资源化，从 1966 年 11 月～1969 年 11 月整整三年间，邵象华与研发团队频繁往返北京—包头，一起挤坐北京到兰州的火车。这期间正值"红卫兵"停课闹革命、全国大串联的高潮期，火车票一票难求。去包头的时候北京是起点，大家轮流整夜排队才能搞上几张坐票。邵象华虽已年过花甲，也与大家挤坐在一起。看着车厢过道、连接处，甚至卫生间里人都站得水泄不通时，能坐着就万幸了。盛夏时，从北京到包头整整一个夜晚的行程里，电风扇和车厢窗户全部打开，因为人多仍十分闷热，汗流浃背。车厢里原本有服务员不间断为旅客提供热水，也因无法通行而取消。邵象华笑着对大家说："这下好，免了上卫生间了。"其实他知道，这不是免不免的事情，去卫生间是根本过不去的，即使过去了，也因为卫生间内挤满了人而无法使用。隆冬时，人多、暖气足，感觉还不错，但车厢的空气很难闻。返回北京时，包头站是过路站，常常买不到坐票。上车时人多拥挤，好不容易上了车也只能挤在两节车厢的连接处，站得两腿发软，两眼发黑，十分疲惫，到北京时已经精疲力尽。年轻人睡一觉后路途的劳累就会消失，但对上了年纪的邵象华，得几天才能恢复元气。短暂修整后，邵象华与研发团队又得再一次挤火车奔赴科研战场，再一次体验一起挤火车的艰辛旅途。

# 风雪扬沙中乘坐毛驴车

记得头一回去包钢公司出差是一个冬天，天刚蒙蒙亮火车就到站了。出站后站前一片灰蒙蒙，远处的上空飘着一束火苗，这大概是我们要去的包钢公司吧！过了好一会儿东方才开始露白，看清楚站前是一片荒凉的沙丘地。挤了一夜的火车又困又累又饿，等了很久也不见公交车。我们中有一位小伙子见站前有一位赶毛驴车的大爷，就跑过去打听一下是怎么回事。这位大爷不假思索地说："嘿，大概都闹革命去了吧！"这位小伙子灵机一动，诚恳地对大爷说："我们是从北京来的，到包钢出差，您能否帮忙送我们到包钢招待所，我们付钱。"就这样我们坐上了大爷敞开的毛驴车。头一回坐毛驴车觉得挺新鲜，大家背靠背挤在一起防风御寒。但毕竟是包头的冬天，零下十五六摄氏度的天气，还刮着呼啸的北风，没多久身上的热气就刮走了，只觉得寒气逼人，手、脚、脸开始觉得刺骨的痛，渐渐麻木失去了知觉。赶车的大爷看着这一群来自北京的客人，尤其邵象华这位上了年纪的先生，身上穿的根本不适合包头这样寒冷的天气，他使劲地吆喝着，让毛驴跑得快一点儿，把大家快些送到目的地。下车时，两只脚没有什么感觉，站也站不稳，跌跌撞撞地进了招待所的大门，回头望望慈祥的大爷和大口大口喘气的小毛驴，大家不约而同抬起手大声说："谢谢啦！"

# 休闲中的桥牌乐

包头钢铁公司有两个招待所：一个是专供曾帮助包钢建设的苏联专家住的，设施齐全，吃住条件比较优越，苏联专家走后一般只接待领导干部、专家、学者和各种会议的包钢专家招待所；另一个主要是接待到包钢公司办事的普通人员，设施和吃住条件很一般，房间里除了一张床外什么都没有，卫生间是公共的很不方便的包钢招待所。邵象华是我国著名的冶金专家、教授、中科院院士，应该说他是最有资格入住包钢专家招待所的，但他却选择了和研发团队住包钢招待所，成了招待所的常客。招待所有双人间，但邵象华与大家都是挤在一起住四人间或六人间，人多热闹，也便于讨论每天的工作。闲聊天时，大家经常为"文化大革命"中的某件事争论不休，很是热闹。邵象华这时靠在床上收听广播、看书，从不参与讨论这些说不清、道不明的事。到了晚上或星期日休息时，他经常与大家一起玩扑克，十分投入。时间久了一种玩法也玩腻了，邵象华提出玩桥牌。大家知道桥牌是一种很高雅的玩法，据说很难学。邵象华耐心地给大家介绍玩桥牌的基本知识，然后说在实践中学，会学得更快，于是大家开始边玩边学，很快便入门了。玩桥牌成为大家后来消磨时间的主要娱乐活动。邵象华是玩桥牌的高手，在他指导下带出的徒弟曾代表室里参加院里的桥牌比赛，还得了第三名。

# 吃"钢丝面"和窝窝头

包钢公司招待所有食堂，邵象华与大家一样需要将随身带的全国通用粮票换成食堂饭票。饭票有粗粮、细粮之分，粗粮占 70%，主要是玉米面；细粮占 30%，主要是面粉，大米很少。食堂师傅们努力学着粗粮细做，每天变着花样推出玉米贴饼、发糕、窝窝头等。当市场出现金灿灿类似粗毛线的玉米面条时，食堂里也很快同步供应。对上了年纪、出生在江南水乡、吃惯了大米的邵象华来说，来到每天吃玉米面为主的地方，深知自己的消化系统不太好，需要有一个适应过程，吃时特别注意细嚼慢咽，少吃多餐。玉米面条觉得很新鲜，吃了几回感到热时比较软，易入肚。但凉了比较硬，难于吞咽。所以他很形象地用行业的话称其为"钢丝面"，这个美名一直留在大家的记忆中。

招待所食堂肉、蛋、油之类的副食也是定量凭票供应。蔬菜夏季种类多一些，到了冬季，白菜、土豆、萝卜成了老三样，天天如此。因炒这些菜用油少，味道不好，有的年轻人吃几口就不吃了，邵象华却不这样，蔬菜有丰富的营养，好东西，也都一点一点吃下去。在招待所一住就是几个月，每天一进食堂都闻到一成不变的味道时，有些人就一下子没有了食欲，有时就跑到街上小餐馆，点上几个小菜，换个花样改善一下。邵象华一般不同行，他知道这项研究工作不是短期就能完成的，出差住招待所，吃食堂的日子还长着呢，一定要适应这里的伙食，保持健康的身体才是重要的。

1990 年重返包钢钢铁研究所

# 干校生活

　　1969 年夏天，钢铁研究院革命委员会积极贯彻中共中央关于"五七干校"的指示，安排本院职工分期分批到干校接受"再教育"，到冶金工业部主办的"五七干校"参加体力劳动锻炼。冶金工业部创办的干校开始设在云南省北部草坝，后迁到河南省淮阳。钢铁研究院从第二批职工开始都到河南省淮阳干校接受"再教育"。

　　1969 年年底，邵象华也加入了这批"五七干校"学员队伍，来到淮阳干校。干校位于河南省漯河东部，这里是一望无际的大平川，是河南省著名的产粮区，自然条件不错。邵象华初到干校劳动时，他感到处处新鲜又陌生，对陌生的事情总是怀着好奇心和新鲜感，愿意亲手劳作。他从小生长在江南水乡，见过水稻种植，但未曾干过大田农活。尽管干农活的动作笨拙好笑，但他仍感到是一种乐趣。

1970年8月，夫人王晓云也来干校锻炼，接受"再教育"。邵象华知道后很高兴，但是王晓云到干校后被分派到另一个连队，住所与邵象华所在的连队相隔较远。每天早出晚归的大田劳作，让他们深感疲劳，有时晚间还有政治学习，因此他们也不能天天见面，好在在同一干校，比较放心。

1971年一家三口在干校团圆

1971年10月，大学毕业分配到抚顺工作的儿子邵贝恩来到河南省淮阳探望父母。经干校领导特批，一家三口人团聚在邵象华连队驻地，随后他们乘车到周口镇（现周口市）照相馆合影留念，又在附近饭店吃了一顿难得的团圆饭。这一天是他来干校后最快乐的一天。1971年11月6日，邵象华的父亲邵家驹仙逝于长春市的长孙邵卓民（长兄邵象伊之子）家中，享年82岁。邵象华得知噩耗，请假并偕邵贝恩赶往长春料理父亲后事。

1975年10月，邵象华将父亲邵家驹的骨灰由长春墓地迁出，护送父亲骨灰返回杭州，圆父亲叶落归根的遗愿。

1972年5月，邵象华和王晓云先后从干校返回钢铁研究院。最初没有地方住，只能住到侄女家，与侄女、侄女婿、侄孙挤住在一间16m²的房中。后来分配到筒子楼的一个房间，一家人（包括女儿、外孙、外孙女）在这里住了好多年，其乐融融。直到"四人帮"被打倒，他们才逐渐恢复了正常的待遇和工作。对于在"文化大革命"中所受到的委屈，邵象华从不提及，好像没有发生过一样。"文化大革命”结束后，他仍然像以前一样乐观开朗、风趣幽默，精神饱满地投入到他热爱的钢铁事业中去。

1957 年与父亲邵家驹于鞍山

1964 年的邵家驹

1972 年 5 月邵象华干校毕业返回北京

# 勤奋学日语的老人

邵象华精通英文、俄文。外语是一种工具，用于了解国外科技发展动向，对研究开发工作很有益。"文化大革命"前钢铁研究院有许多科研人员坚持刻苦自学，有许多人参加院里组织的各种业余学习班，努力提高外语水平。"文化大革命"开始后，学外语、说外语、看外文文献被戴上崇洋媚外的大帽子，受到莫名其妙的批判。像邵象华这样一大批留学回国的爱国知识分子、学者、专家因为至少精通一门外语，有的被怀疑成外国特务、间谍，受到残酷迫害，许多人都不敢再学外语了。到了"文化大革命"后期，钢铁研究院的科技人员再不害怕那些荒谬的高帽，一些研究室又办了业余外语学习班。邵象华想学习日语，在他带领下炼钢研究室办了日语业余学习班。

开学的那天，可容纳50余人的教室坐得满满的，其中还有一些外室的同志。教室里没有桌子，凳子也只有长条板凳，设施很简陋。邵象华来得最早，坐在最前排。头一堂课老师先寒暄了几句，说："自己是'文化大革命'前邵象华主任派送到冶金部举办的脱产外语培训班学习的日语，只学了半年就因'文化大革命'冲击而停止了。日语的基本知识是学了，但要我来教大家实在是误人子弟。所以大家期望值不要太高，只能抛砖引玉，教一些最基本的知识，向前走还得靠大家自己。"邵象华听得很认真，问："日语有什么特点和应该怎样学？"老师说："这两个问题很重要，我也只能讲一点个人肤浅的理解，供大家参考。日语的主要特点：一是语法上与英文、中文不同，大家应注意它是主语+宾语（或补语）+谓语（动词）的排列顺序，这在掌握正确阅读、书写中是很重要的。二是黏着性，日语的名词在句中的地位和作用是通过其后黏着的各种格助词确定的，这也是正确理解文章内容和书写中很重要的一环。三是包容性，日语中有许多汉字，其中有许多发音类似且意义也一样，但也有许多汉字是日本自己创造的，发音和意义也完全不同，这一点对中国人学日语既有有利的一面，也易造成误解和混淆，学习时一定要注意。

怎样学习日语主要把握住两点。一是一定要学好日语的五十音图，包括五十音图中行、段，要能熟练掌握正确发音、书写，更重要的是对行、段要能背得滚瓜烂熟，这对以后学日语的语法非常重要。二是学好格助词的功能、用法，其中有的功能单一，比较简单；有的功能多，比较复杂，不易掌握。一定要注意学习好格助词的各种用法和功能。

最后提一点要求，大家白天忙于工作，学习班只能利用业余时间，很辛苦。每周一次，每次 2 小时，计划学习 10 个月，希望能克服困难，坚持到底，做到不迟到、不早退，不缺课。让我们共同努力，最终达到大家能借用词典阅读日文科技文献的目的。"

邵象华在五十音图学习单元中由于精通英文，发音正确，记得也最快。平假名、片假名写得工整、准确、漂亮。令人佩服的是五十音图中行、段背得非常熟练，班上有些年轻人还做不到这一点。在以后学习基本语法、格助词阶段，坚持认真听讲、做笔记、课后复习和按时完成作业，学得非常认真、刻苦，学习的成效和收获也最大。业余班学习结束后，他坚持借用词典开始练习阅读日文科技文献，遇到不理解的地方与大家一起分析、讨论，共同提高。一位年过 60 岁的老人为什么有如此大的毅力和动力要学日语？邵象华曾经感叹地说："日本人在 1967 年时年钢产量只有 6000 余万吨，到 10 年后的 1976 年钢产量突破 1 亿吨，已超越了世界头号产钢大国美国的水平，成为最大的暴发户，其中一定有很多奥秘，要想解开这个迷惘和了解日本钢铁工业中的先进技术，不会日语就难了。"

# 第十二章

## 为中国钢铁工业
## 殚精竭虑

# 参加远景规划的编制

随着新中国成立后经济逐渐恢复，我国从 1953 年开始实行第一个国民经济的五年计划，并设想在第二、第三个五年计划内更大规模地开展经济建设，实现社会主义工业化。这个目标的实现有赖于科学技术的发展。

1956 年 3 月毛泽东主席提出对我国科学技术发展要"全面规划，加强领导"的指示。五六月份，由周恩来亲自指导，国务院科学规划委员会主持，举全国之力开始筹备《十二年规划纲要》的编制工作。国务院成立了科学规划委员会，从全国调兵遣将，调来 600 余位各行各业的著名专家、学者，其中不乏国内行业翘楚。此外，还外聘百余名苏联专家与中国同行一起参加国内第一部规模宏大的"1956~1967 年科学技术发展远景规划纲要"即《十二年规划纲要》的编制工作。邵象华作为中国科学院学部委员和钢铁冶金方面的专家被聘请参加了规划的编制。经过半年多的编写、讨论，编制出规划纲要修正草案，1956 年 12 月经党中央、国务院批准，作为试行草案付诸实施。这是中国科学史上的创举。

在规划中确定了我国发展科学技术执行"重点发展，迎头赶上"的方针。首先从 13 个方面提出了 57 项重要的科学技术任务。这 13 个方面是：（1）自然条件及自然资源；（2）矿冶；（3）燃料和动力；（4）机械制造；（5）化学工业；（6）建筑；（7）运输和通讯；（8）新技术；（9）国防；（10）农、林、牧；（11）医药卫生；（12）仪器、计量和国家标准；（13）若干基本理论问题和科学情报。每一个方面分成几项任务。每一个任务又包括若干个中心问题。其中"（2）矿冶"及"（13）若干基本理论问题和科学情报"方面的部分内容与钢铁冶金、钢铁材料、冶金过程物理化学关系密切。

与钢铁冶金和材料有关的"（2）矿冶"中第13项任务为强化现有的并探索新的黑色金属的冶金过程，包括了下列中心问题：

（1）迅速掌握并大力推广国外已有的先进生产方法和技术。譬如，在炼铁方面普遍采用加湿鼓风和高压炉顶操作，提高自熔性烧结矿的碱度等。在炼钢方面，发展氧气炼钢，推行平炉快速炼钢，推行转炉—电炉双联法，发展优质耐火材料的制造与使用，并推广真空处理以提高钢锭质量等。

（2）研究国际上正在发展的先进生产方法，如氧气顶吹转炉炼钢和连续铸钢等，争取尽早投入生产。

（3）结合国家长远需要研究新的炼铁方法。应建立实验高炉，研究利用贫铁矿和劣质煤焦直接炼铁的新工艺过程，并且可以结合这项工作在强化炼铁过程方面做深入的探讨。

（4）开展冶金物理化学方面的研究。

第15项任务为合金钢及特种合金系统的建立，包括了下列中心问题：

（1）结合我国资源建立合金钢系统。主要目的是利用硼、钼、钨、钒、硅、锰、钛等来节约镍、铬、钴，工作重点应放在用量大的合金结构钢方面。

（2）研究高温材料。首先应掌握高温合金与金属陶瓷的生产技术，进一步发展新品种。研究钼、钨等高熔点金属的表面保护层的制造方法，以求获得超高温材料。

（3）磁性材料及特种合金。研究超级硅钢片和各种巨姆齐的制造方法，并掌握电阻合金、电极合金、低线膨胀系数合金等的生产技术。

（4）研究粉末冶金。许多特种材料需要用粉末冶金方法来制备，研究的重点是烧结理论和各种金属粉末的制造方法。

这次《十二年规划纲要》编制中，邵象华、叶渚沛、孙德和等联名提出的三项前沿性的冶金科学技术发展建议被采纳并写入纲要：（1）氧气顶吹转炉炼钢应尽早在我国推广应用；（2）国内尽快开展连续铸钢工艺技术研究；（3）积极开展冶金过程物理化学人才培养及冶金理论研究。邵象华、叶渚沛、孙德和等联名提出将在20世纪50年代初在奥地利林茨建成投产的氧气顶吹转炉生产技术和在英国巴路钢厂投产的连续铸钢技术作为我国规划要发展的专门的中心问题，这对于推动我国钢铁工业发展具有里程碑意义的生产技术有着重要的意义；又提出将开展冶金物理化学方面的研究列为专门的中心问题，这对于在我国重视和开展冶金过程物理化学的应用和基础理论研究有着重要的推动作用。

# "不合时宜"的发言[❶]

1954年9月15~28日，邵象华、孟泰、张明山、胡兆森、沈策作为鞍山选区选出的中华人民共和国第一届全国人民代表大会代表与辽宁省其他选区代表一起参加了在北京隆重举行的第一届全国人民代表大会第一次会议。会议期间，在中南海怀仁堂召开了大会主席团扩大会议，毛泽东同志主持，周恩来同志讲话，邵象华很荣幸被邀列席。

1957年6月26日，邵象华在第一届全国人民代表大会第四次会议上，代表鞍钢在全体会议上作了题为《钢铁工业应大型化》的大

---

❶　中华人民共和国第一届全国人民代表大会第四次会议汇刊，1957：238~243。

会发言。

　　这篇发言稿被大会秘书处摘录并载入《中华人民共和国第一届全国人民代表大会第四次会议会刊》。邵象华在发言中说："对于生产大量需要的普通钢材的钢铁企业来讲（这类产品当然占全部钢材生产的极大比重），应该根据条件（主要是资源大小）尽可能建立规模大些的企业。这是因为：（1）每吨生产能力的基建投资，大厂比小厂低。例如，有人根据苏联现有各钢铁厂的资料得出如下关系：若将年产162.5万吨钢锭的工厂，每吨钢锭生产能力的基建投资设为100%，那么，年产230万吨的，投资只要89.3%，年产540万吨的，投资只要81.9%。（2）大厂的产品成本低，劳动生产率高。以1956年的实际数字为例，石景山、马鞍山、重庆等厂生铁的成本为鞍钢的1.14～1.82倍；天津、唐山、上海、重庆的钢锭成本为鞍钢的1.9～2.5倍；天津、唐山、上海、重庆小型钢材成本则为鞍钢的1.9～2.8倍。在劳动生产率方面，鞍钢每个炼铁工人产铁量为上列各厂的5～23倍，每个炼钢工人产钢量为各厂的4～6倍。（3）大钢铁厂的经济效益很大，因此尽可能扩大钢铁企业的规模，已经成为世界主要产钢国家鲜明的共同趋势。例如，按1955年年初的情况，美国生铁生产能力的70%和钢生产能力的78%是属于100万吨以上年产能力大厂的；西欧各国也在大力向此方向发展。苏联就更不用说了。认为发展我国钢铁工业的主要途径应该和其他各国一样，就是按照具体条件，尽可能陆续建立大钢铁厂。放松建立大钢铁企业的工作会对以后的钢铁工业发展速度产生不利影响。虽然如此，我们不但有大的铁矿资源，也有不少小的资源，在它们那些地点建立中小厂，就近利用资源，满足地方需要，也是合理而且需要的。不但如此，钢铁工业中有些产品质量要求特殊而数量不大，本来就适宜于小规模生产，因此特别需要正确的配合。"

　　邵象华这番坦诚之言话音刚落，会场就响起了热烈的掌声。他回到座位还没有坐下，沈阳市市长焦若愚便走过来与他握手表示赞同，并对他说，钢铁工业的确有它的特殊性，与其他行业是不同的。

开完人代会离京前，冶金部找了五六个专家座谈，这些人都是当时搞钢铁的老专家。冶金部部长说，现在中央发展钢铁工业提出要"大中小结合，以小为主"，你们看怎么样？这些老专家纷纷表示对"小"不太理解。有个搞高炉设计的专家还说："我就会搞大的，小的没搞过。"实际上这些专家都是偏于要搞"大"的。

1957年，国内发生了两件大事：第一件是反右斗争已经在国内展开；第二件是"大跃进"运动序幕已经慢慢拉开。反右斗争范围限制在国家薪给人员、民主党派、高等院校师生。其中，薪给人员范围较广，包括政府官员、教育和文化系统的知识分子等，企业不是反右斗争的重点开展地区。"大跃进"运动初期是以企业为主力展开的。因此说邵象华在第一届全国人民代表大会第四次会议上的发言"不合时宜"，惹了麻烦，使他在"大跃进"时期受到了一次莫须有的冤屈。

大炼钢铁运动的发起时间是1958年6月，邵象华在全国人民代表大会第四次会议上的发言是在1957年6~7月，两次事件相隔整整一年，似乎没有直接的关联性。1958年2月1~11日，邵象华出席第一届全国人民代表大会第五次会议，他没有在大会上发言。这次会议通过了1958年钢产量为624.8万吨的目标。

1958年5月邵象华回到鞍钢正常工作，没有感到公司高层有异常举动或言论。8月，他被告知冶金工业部将他调到位于北京西郊的冶金工业部钢铁研究院任炼钢室主任。鞍钢公司领导没有详谈调动理由。然而，这次调动在邵象华的心中留下阴影，对他后来的言行产生了影响。

关于这次工作调动的原因，女儿邵贝羚回忆说：父亲在第一届全国人民代表大会第四次会议闭幕后立刻回到鞍钢，调查父亲在会议上发言的事跟着就来了。鞍钢领导与父亲共事这么多年，对父亲的为人是了解的，知道父亲不是有意跟中央对着干的。但是迫于当时的政治形势又不可能为父亲多说什么，只能按照上面的决定把父亲调离鞍钢。起初，部领导想把父亲调到包头钢铁公司，鞍钢领导觉得包头钢铁公司刚建成不久，工作、生活条件都不好，将父亲调去那里是不合适的。就在鞍钢领导左右为难的时候，恰巧冶金工业部钢铁研究院来鞍钢调他，鞍钢领顺势就答应了。因此，全家都很感激鞍钢领导对父亲政治上的保护。

从后来发生的事情来看，1958 年邵象华被调离鞍钢一事，仅仅是那个特殊年代发生的一个特殊事件。一个事业成功者的生命长河中总会有几度泛起浪花的岁月，尽管这些浪花与平静的生命河流不够协调，但随着时间的推移很快会被平复，最后留下的痕迹将被载入人生史册。

邵象华对我国钢铁工业的贡献依然被冶金工业部和钢铁研究院的广大同行赞许。1959 年和 1964 年，他又两度被选为第二届、第三届全国人民代表大会代表，连续三届当选全国人民代表大会代表的科学家大多是在科学界享有很高威望且能够带领该学科向前发展的学界领袖。党和人民始终是信任与重用邵象华这位卓越的学者的。

改革开放后，因为他的这一发言，他被称为"首个对'大炼钢铁'提出不同意见的人大代表"。2009 年 96 岁高龄的邵象华院士在接受媒体访问时说："我在那次发言中引用许多数据来说钢铁发展还是应该'大洋全'。当时也有人提出中国发展钢铁工业要靠'小土群'（小规模、土办法、群众性）。我觉得'小土群'是没有办法的办法。""我的发言自然被当成问题放在档案里。说实话，当时对'大炼钢铁'不科学的态度是有些抵触情绪的，但也不是不参与的。我曾陪同冶金工业部领导视察过许多地方的小钢铁厂，从技术上主动积极地帮助他们解决生产中的问题。"邵老谦虚地说："我那次在第一届全国人大四次会议上的发言曾被同行们称赞为'正直、敢言'。其实我当时并没想那么多，只不过是以技术人员的视角，本着尊重科学的态度，以数字为论据作了不同观点的发言。"

# 钢铁工业是夕阳工业
# 还是朝阳工业？

20 世纪 70 年代中期以后，国际上出现了两股思潮，它们分别是以拜耳、哈贝马斯、奈斯比特为代表的"后现代主义"（postmodernism）及以托夫勒为代表的"未来学"。依据他们的理论，人类于一万年前开始从原始社会发展到农业社会，二三百年前开始从农业社会进入工业社会，而现在已经到了一个新阶段。关于新阶段的名称，有的人称其为"后工业社会""高技术社会""信息社会"，如哈贝马斯等；有的人定其名为"第三次浪潮"，如托夫勒等。他们都认为钢铁工业将变成"夕阳工业"，必将太阳西下，难止衰落。

"后现代主义"和"未来学"方面的著作内容十分枯涩乏味而且如其他的哲学文章一样，非专业人士很难有兴趣关心，研读更是鲜有乐趣。邵象华是国内工程专家中少数喜欢阅读这类文章的人，他读后感触很多，分别在 1984 年 11 月 27 日的《冶金报》和 1985 年的《工程师论坛》创刊号上发表了题为《钢铁工业——"夕阳工业"还是"朝阳工业"》的文章❶，文章曾引起冶金工业界同行的广泛兴趣、争鸣、反思和探索。他写道："他们所说的这个新社会大体上指的是以计算机、信息传递和处理、新能源、新材料、海洋开发、生物技术、机器人等为特征的社会。据说在这种社会里，多数人不再从事生产货物的活动，而是提供服务；而所谓服务，实际上主要是创造、处理和分配信息。"他继续写道："他们中有些人把资本密集

---

❶ 摘自《冶金报》第四版，1984 年 11 月 27 日。

（注：应为劳动力密集）的传统制造业，包括所谓'烟囱工业'在内，统称为'夕阳工业'，认为应入迅速淘汰之列。"

上述观点在国内一部分人中颇有影响。为了澄清这个问题，邵象华阅读了未来学家和后工业社会学家的著作，并在来访的国内外科技界知名人士中做了一些调查研究，从而形成了他的基本观点。

他写道：首先，那些未来学家描述的是美国社会状况，但至少没有说明工业发展较晚的国家现在也应"弃工（工业化）就信（信息化）"。其次，那种把高科技同工业化或基础制造业对立起来的观点，在美国社会并没有普遍的市场。今天（指1984年）来华访问的几位美国知名教授都说在美国时他们不知道有"夕阳工业""朝阳工业"，以及淘汰基础制造业的说法。再次，美国一些企业界和科技界人士公开表示不赞同"弃工就信"的观点。例如，美国知名冶金学家史密斯博士在1983年度的"材料和社会杰出演讲"中尖锐地指出："美国矿冶业近来遭遇到巨大困难的主要原因，并不在于资源枯竭、环境污染、国际竞争等常听到的理由，而是在于社会原因，由于一些人利用言论自由的权利，忘记了自己的责任，把自己的一些推论引申到极端所引起的。"最后，以工业化社会转向"工业后社会"（通常译为"后工业社会"）的结构改革，并不符合美国的国家政策。例如，1970年美国国会通过的《国家材料政策法案》，1980年通过的《国家材料与矿物政策法案》，等等。

邵象华陈述的上述理由有力地证明，"弃工就信"的发展道路并不适用于发展中国家，甚至某些发达国家也明确表示拒绝采纳。那么，中国钢铁工业是"朝阳工业"还是"夕阳工业"呢？邵象华认为，在相当长的时间内，由于技术和经济方面的限制，目前我国钢铁工业发展的唯一出路是通过科技和其他方面的艰苦努力，吸收、发展和创造更加先进的钢铁生产技术、工艺、设备和流程，并用来改造和扩建现有的钢铁基地，以达到今后建立新的基地的目的。因此，钢铁工业在美国并不是什么"夕阳工业"，在中国更不是什么

"夕阳工业"，而是今后还将大大地发展，是一种在四个现代化中大显身手的、欣欣向荣的"朝阳工业"。

邵象华还特别强调高科技与传统工业不是势不两立的竞争者，而是相互促进、共同进步的伙伴。

古稀之年的邵象华仍保持着高瞻远瞩和敏锐的眼光，以及独立思考的判断能力，他敢于用大量事实和有力的证据挑战当时国际权威未来学学者的观点，受到了国内工业界、学术界专家的赞同和支持。

1984 年发表在《冶金报》上的文章

# 宝钢论证会

宝钢是党中央、国务院决策建设的新中国成立以来规模最大、现代化水平最高的冶金工程，1978 年 12 月 23 日，宝钢工程正式动工建设。当时决定一气呵成，一步建成年产671万吨钢的特大型钢铁联合企业。1980年年底，国民经济进行调整，中央决定宝钢工程进入停缓建阶段。

当时人们提出了一些主要担心的问题：第一个问题是能不能建设好宝钢？其中包括：从靠近矿山到靠近市场，厂址选择是否合适？在上海这块软地基、高水位的地方建设大型钢铁厂，技术问题能不能处理好？铁矿石的供应主要依靠进口是否妥当？基建投资大，是否是个无底洞？工程的施工质量和设备安装精度，能不能达到现代化的要求？第二个问题是能不能顺利投产？其中包括：对大型高效的设备，能不能适应？采用现代化技术，水平是不是过高，花钱是不是太多，有没有这种必要？建设宝钢，同用这些钱来改造老厂相比，是否合算？第三个问题是投产后能不能正常生产，按期达产？第四个问题是宝钢现在引进的技术是国际先进水平的，会不会再走"引进—落后—再引进"的老路？宝钢建设一度成了全国争论的大问题。

1981年年初，国务院17个部委联合召开了有220多位专家参加的大型论证会❶，邵象华应邀参加了这次会议。他有根据地从技术上和经济上提出宝钢工程不能停止建设的理由。会议对宝钢工程作出了"延长工期，分期建设"的建议。1981年8月，国务院批准宝钢恢复建设，并分为一期工程和二期工程。到1991年6月历时12年半，全部完成了两期工程的建设计划，共计总投资300.77亿元，其中人民币100.5亿元，外汇47.8亿美元。经过宝钢的建设和投产的实践，对当时提出的问题作出了肯定的满意的回答。宝钢工程的建成，不仅对我国钢铁工业的发展，而且对我国整个工业水平的提高和国民经济的发展，具有十分重要的意义。这也证明了邵老和有关专家们的意见是正确的。

❶ 黎明，杨长恒. 宝钢工程的管理与方法. 冶金工业出版社，1994：3～4，15～16，17.

# 索赔谈判和国际仲裁**❶**

## 一、进口钢轨的情况及其质量问题

1994~1996 年，正值中国铁路大建设期间，因为国内钢轨产量不足，铁道部所属中国铁路物资总公司以公开招标的形式，利用世界银行贷款和日元贷款分别从西班牙国家钢铁公司购买了 60kg/m 合金钢轨 35000t，加拿大悉尼钢厂购买了 50kg/m 合金钢轨 50000t，用于当时正在建设的浙赣铁路、南昆铁路、京九铁路。

西班牙钢轨从 1994 年 5 月 17 日至 1995 年 2 月 1 日分 5 批运抵上海港后，经北京商检局商检发现质量问题并出证索赔。

西班牙钢轨陆续从港口运往工地，有一万多吨陆续铺设上道使用。1994 年 7 月 15 日，在浙赣线道岔配轨作业用手锯锯切钢轨时发生突发性裂缝，钢轨从锯口沿轧制方向裂开。

1994 年 8 月 28 日，新余工务段工人进行道岔配轨作业，又发生两次突发性裂缝，裂纹分别为纵向和横向。锯片锯到轨头下部，随着一声巨响，钢轨沿轨腰横向或纵向裂开，而且裂纹张开，最大张开时达 6mm 多，现场工人称之为"爆裂"。

1995 年 1 月 12 日，浙赣线新轨铺设区间超声波线路探伤作业中，又发现西班牙钢轨端头纵向裂纹，裂纹从轨端面裂开，贯通螺栓孔，长度分别为 66mm 和 220mm，工务段紧急更换钢轨，才避免

---

❶ 摘自姜曦对原中国铁路物资总公司副总经理、加拿大/西班牙进口钢轨索赔领导小组组长赵传学的采访记录。采访地点：钢铁研究总院炼钢工艺会议室，2012 年 11 月 5 日。

了行车重大事故。

对钢轨样品进行了全面的检验分析，我方科研人员一致认为：已发生的几起断裂事故分析和试验结果证明，西班牙钢轨质量问题严重，必须立即采取措施。为了确保我国铁路的运输安全，铁道部在1994年年底到1995年年初陆续发出指示，要求西班牙进口钢轨的各用户暂停上道，进库封存，严加监视，并在新线开通前全部更换下道。正是采取了这样果断的措施，才避免了我国铁路发生车毁人亡的重大事故。面对如此重大质量问题的钢轨，当中方向西班牙方提出索赔时，西班牙方却百般抵赖。

## 二、邀请邵象华等成立钢轨索赔领导小组

为了应对钢轨的质量问题，中国铁路物资总公司成立了钢轨索赔领导小组。组长由中国铁路物资总公司副总经理、教授级高级工程师赵传学同志担任。该领导小组于1995年2月开始邀请国内邵象华、柯俊、林吉忠等知名专家参与对西班牙钢轨质量问题的研讨，向专家发放有关西班牙进口钢轨质量问题的资料，听取专家们的意见，不定期地召开过多次会议。

中方与西班牙方于1995年2~11月进行了5次谈判，均无果而终。西班牙方不承认他们的钢轨中因出现成分偏析和冷却工艺不当造成的轨腰生成条带状马氏体组织，钢轨残余应力大，因而在锯切时发生"爆裂"及后续裂纹。这种钢轨危及行车安全，不能上道使用。他们认为，轨腰上存在的组织叫"白相"，但无法对所谓"白相"组织的成分、结构、性能、归类等做进一步的说明。关于锯口问题，认为工厂若使用厚锯片的圆盘锯锯切钢轨就不会发生"爆裂"，建议中方在现场作业中不使用手锯而改为圆盘锯。西班牙方的上述观点遭到中方有理有据的驳斥并坚决要求赔偿后，西班牙方又建议用热处理方法改变钢轨中的组织，并提出在中国境内找相应设备进行热处理。

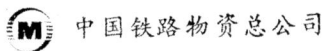

中国铁路物资总公司钢轨索赔领导小组组长赵传学致信邵象华先生

钢轨索赔讨论会第一次会议参会人员名单

中方认为，热处理设想是个务实的态度。中方认为这些进口的钢轨必须全部进行热处理，消除马氏体并达到技术要求才能使用，全部费用应由西班牙方负担。

正当西班牙钢轨质量问题的双方谈判陷于僵局的时候，加拿大悉尼钢厂的 5 万吨钢轨也于 1995 年 7～12 月分 6 批抵达黄埔港。然而通过对已到黄埔港的 3.5 万吨加拿大悉尼钢厂的 50kg/m 合金钢轨进行商检，发现加拿大钢轨与西班牙钢轨存在同样的质量问题。

邵象华先生接受邀请参与此项工作后，立即积极地投入进去，他不顾年事已高，查阅了大量的资料，甚至国外许多钢轨厂商的产品说明书。在 1995 年 2 月 16 日写给赵传学先生的信中指出：

（1）钢轨在手锯过程中自行断裂，说明它有高度脆性，不但施工困难，干线建成后使用也非常危险，因此（这样的钢轨）不能使用。

（2）造成钢轨脆性有不少可能原因。铁道材料监测总站 052 号报告中指出有些轨样有明显的成分偏析，我相信是钢液凝固过程中产生的。如果所示偏析超过了订货标准规定的许可程度，应将这种钢轨剔除。

（3）052 号报告表明手锯时断裂的钢轨中含有不少呈平行条状的典型未转变马氏体。我相信这是造成钢轨严重脆性的一个主要因素。这样的钢轨不应使用。

（4）欲防止由马氏体引起的脆性，只能将涉嫌含马氏体的钢轨进行适当的热处理，如经金相检验证明马氏体已分解，而且钢轨完全符合铁道部门采用的国家或国际标准及检验规定（包括特别与脆性有关的落锤试验等），则可以按正常钢轨使用。

（5）可以采取钢轨回火处理。大批量重型钢轨回火处理，需要符合条件的大型装备。建议先在有条件的试验室用实际含马氏体钢

1995 年 2 月 16 日邵象华先生致钢轨索赔领导小组信件草稿

轨进行试验，确定合理的热处理基本技术条件（加热温度、保温时间、冷却速度等），然后创造必要条件，进行整根钢轨的工艺试验。最后建立正规的工艺装备进行工艺处理流程。为了这批钢轨的热处理，邵象华先生通过查阅资料，给出了采用回火处理工艺的建议。

### 三、提起国际仲裁，参加进口钢轨质量问题咨询指导专家组

1996 年年初，西班牙、加拿大钢轨生产厂对其钢轨质量缺陷所采取的狡辩抵赖行为，迫使中方向他们提起了国际仲裁。1996 年 1 月领导小组决定邀请包括邵象华、柯俊院士在内的 8 位技术专家成立"进口钢轨质量问题咨询指导专家组"（注：此后又邀请钢铁研究总院副院长刘嘉禾教授为专家组成员）。

邵象华先生认为这 8.5 万吨进口合金钢轨价值 5000 多万美元，西班牙、加拿大的钢厂及他们聘请的专家们，为了逃避责任，竟然置学术道德于不顾，在简单的科学技术问题上，颠倒黑白，混淆是非，给我们国家造成巨大的经济损失，同时会给我们的铁路运输事业埋下巨大的隐患。在国际仲裁法庭上，邵象华与其他专家们一起据理力争，对西班牙、加拿大钢轨生产厂在其钢轨质量缺陷方面的狡辩抵赖给予了有力的驳斥。

在驳斥被告方的狡辩中邵象华指出：许多钢轨厂商都在其产品说明中专门说明其钢轨组织为珠光体或细珠光体，而没有敢说含有任何数量的马氏体（或白相）。

邵象华先生就"白相""马氏体"的概念进行了剖析，他们所谓的"白相"系轧后冷却时未分解为珠光体的部分偏析区中生成的原生马氏体。因为马氏体对钢轨的使用是绝对有害的，必须彻底消除钢轨中的马氏体后，才能上道使用。钢轨中产生马氏体的原因在于轧制过程中冷却速度过快，合金元素严重偏析所致。邵先生又指出马氏体严重的正偏析是造成钢轨锯切"爆裂"的原因，因为偏析区在钢轨矫直的过程中产生了较大的残余应力。悉尼钢厂聘请了加

邵象华先生对钢轨质量问题及产生原因的分析手稿

邵象华先生对进口钢轨申辩材料的逐条质疑原件

拿大国家研究院首席专家克鲁塞克以及专家 B. 麦克唐纳就关于悉尼钢厂钢轨生产工艺的问题进行辩解，专门书写了申辩材料。针对悉尼钢厂聘请专家的申辩邵象华先生提出了逐条的质疑，指出他们的工艺必然导致马氏体的产生。

在邵象华先生、柯俊先生及其他参与仲裁的专家们以及北京科技大学钢轨研究组、国家材料试验室、铁道材料监测总站、中国商检局等单位的共同努力下，国际仲裁法庭判定中方胜诉。中国国际经济贸易仲裁委员会于 1997 年 1 月 28 日收到国际仲裁法庭的裁决书，中方胜诉并取得保函项下设的保证金。

随后，西班牙钢轨索赔案也取得相似结果，得到履约保证金。

两项索赔数量总计 84866t，索赔得到金额总计 500 万美元。

此项国际仲裁的另一个成果是，此后国内外钢轨标准中都加入了"钢轨内不得有马氏体组织"的条款。这应视为中国科学家及铁路、冶金工作者对世界钢轨事业发展做出的重大贡献。

## 四、指导对不合格进口钢轨在国内进行热处理

中国铁路物资总公司决定由深圳宏昌公司、贵阳车辆厂负责对 8.5 万吨钢轨进行消除马氏体热处理。深圳宏昌公司派高级工程师刘镒率队与铁道部贵阳车辆厂合作完成钢轨热处理工作，在邵象华的具体指导下，他们先在上海重型机器厂用 45t 钢轨在 27m 长的热处理炉上做回火热处理试验（钢轨长度 25m）。取得成功后，邵象华推荐北京科技大学冶金系冶金炉教授高仲龙、压力加工系崔玉芬先去贵阳车辆厂内选址，与重庆电炉厂共同设计了一座 27m 长的简易电炉，钢轨热处理量为每炉 75t。

邵象华提出设计电炉时，首先要保证炉内温度均匀，以保障彻底消除马氏体，使马氏体转变为回火索氏体。同时避免温度过高使得索氏体球化而降低钢轨的质量。

深圳宏昌公司担心热处理后钢轨会变形，可能还要对变形钢轨

进行矫直。邵象华说凭他的经验，钢轨不会在热处理后变形，因为热处理的温度为650℃，钢轨轧制温度要在1000℃以上，只要在回火中注意钢轨在炉内的摆放，避免钢轨受外力变形，就可以保证热处理后钢轨不会变形。结果证明邵先生是对的。

进口钢轨"风波"曾一度惊动了新闻界和国务院高层领导。有关领导批示要求铁道部妥善解决，避免损失，并责成国家技术监督局跟踪这批钢轨的处理。这批钢轨还上了中央电视台的焦点访谈❶，新闻界也表示在关注这批钢轨的动向。钢轨处理完毕后都铺设到了新的铁路线上，没有出现任何质量和铁路运输问题。

1998年加拿大钢轨热处理完工纪念

邵象华作为我国冶金学家和冶金工程专家，在国家及冶金行业科学技术发展规划的制定和重大科技问题的决策中做出了重要贡献。此外，他经常收到来自各地同行提出的关于钢铁科技和生产建设方面的求教，以及有关部门、单位以至领导机关要求他参加的评议、

❶ 摘自中央电视台"焦点访谈"栏目关于进口钢轨质量事件的报道，1996年3月21日。

论证、咨询、审查等活动。不论来自何方的要求，他都认真对待，进行必要的调查研究，以期提供尽可能符合实际并有科学依据的意见。同行反映他在上述活动中提供的意见具有实事求是和坦率的特点。

# 第十三章
## 重要的社会兼职和奉献学会

# 重要的社会兼职

1955 年，邵象华当选为中国科学院学部委员（1993 年改称院士）。从 1956 年起，他连任中国金属学会常务理事至 1991 年，并兼任炼钢学术委员会主任、炼钢学会理事长和冶金过程物理化学学术委员会副主任、冶金过程物理化学学会副理事长。自 1957 年起，他先后任国务院科学规划委员会、国家科学技术委员会冶金组组员，钢铁冶金组组员，冶金学科组副组长。他参加了"1956~1967年科学技术发展远景规划纲要"的起草工作。他是国务院学位委员会工学学科评议组成员，国家发明奖奖励评审委员会冶金组委员，国家自然科学奖励委员会委员，冶金部科技进步奖奖励评审委员。他是第一、二、三届全国人民代表大会代表。在鞍山钢铁公司工作期间，他还担任鞍山市政协副主席和鞍山市中苏友好协会副会长。

他十分重视科学技术刊物的作用，自 1949 年起，曾任《鞍钢》（技术期刊）主编，《金属学报》《钢铁》《中国金属科学技术学报》及其他几种主要冶金期刊的编委、主编、副主编、顾问及总顾问等。他是《中国大百科全书·矿冶卷》钢铁冶炼分支主编、《当代中国的钢铁工业》编委、《中国冶金百科全书》总编委员会委员等。

在众多的社会兼职中，他在中国钢铁冶金行业有关学会的筹建、创建、担任要职时间长、投入精力大、贡献卓著。

# 筹建中国金属学会

新中国成立之后，1954 年年初，东北部分冶金科技工作者建议筹组中国金属学会。在中国科学院、重工业部及全国科联的大力支持下，于 1954 年 11 月 6 日召开了学会筹委会第一次会议，选举产生了 18 人的筹委会常务委员，邵象华是其中之一。经过筹备，1955 年获中央内务部批准备案。1956 年 11 月 26 日至 12 月 1 日召开了全国会员代表大会，中国金属学会正式成立。

1989 年中国金属学会常务理事会合影

（前排右起：邵象华、魏寿昆、殷瑞钰、陆达）

学会是党和政府联系科技工作者的桥梁和纽带，是推动我国科学技术事业发展的重要力量。中国金属学会的成立是我国冶金工业发展的迫切需要，也是老一辈冶金科技工作者魂牵梦萦的夙愿和远见卓识的创举。邵象华被选为第一届理事会常务理事（1956～1963年）。之后他自1963～1991年又担任了第二、三、四届理事会常务理事。由于他对冶金科技和学会有重大贡献，中国金属学会于1990年8月授予他荣誉会员称号❶。

# 创建炼钢分会

1979年5月宣布成立炼钢学术委员会，邵象华是主要负责人之

1986年1月全国炼钢夹杂物学术讨论会代表合影（前排左六为邵象华）

---

❶ 招冀. 邵象华传，中国科学技术专家传略，工程技术篇，冶金卷1. 科学技术出版社，1995：296～312。

一。1985 年将学术委员会改名为炼钢学会，全称为中国金属学会炼钢分会，邵象华任理事长。之后从 1985 年至 2000 年 15 年间他连续担任第二、三届理事会理事长。在此期间，炼钢分会组织了许多重大的学术活动，如每两年举办一次的全国炼钢学术会议，至 1998 年先后举办了 10 次。炼钢分会下设平炉、转炉、热能、钢中夹杂物、铸锭及炉外精炼 6 个专业委员会。组织各专业委员会开展学术交流，推广新技术，提供咨询服务等。分会还参与组织国际学术交流方面的中日双边钢铁学术会议、中美双边冶金学术会议、中法双边钢铁学术会议等。

# 冶金过程物理化学分会的工作

中国金属学会冶金过程物理化学学术委员会成立于 1961 年。1962 年在上海召开了第一届全国冶金物理化学学术会议。1964 年在长沙召开了第二届全国冶金物理化学学术会议。1979 年中国金属学会恢复活动，冶金物理化学委员会同时恢复活动，由魏寿昆担任主任，邵象华任副主任。在他们的组织领导下，1979 年 11 月在昆明、1980 年在广州先后召开了第三、四届全国冶金物理化学学术会议。

1981 年冶金物理化学学术委员会与金属物理学术委员会联合组织召开了第一届中美双边冶金学术交流会。1985 年冶金物理化学学术委员会改组为冶金物理化学学会，由魏寿昆任理事长，邵象华任副理事长，直至 1992 年理事会换届。

从 1984 年起，全国冶金物理化学年会每两年举行一次。每次会前都出版论文集，编印质量高，会上讨论热烈。冶金物理化学学会

1986 年第三届冶金过程动力学学术讨论会成都合影
（前排右三起：陈永定、邵象华、魏寿昆）

还与炼钢、炼铁分会一起筹办了中日双边钢铁年会，1992 年前共举办了 6 次。邵象华协助魏先生积极开展冶金物理化学国内外的学术交流，推动我国该领域的发展❶。

1989 年 11 月，邵象华获得中国科学院授予的荣誉章。

1990 年 8 月邵象华被授予中国金属学会首批荣誉会员称号。

2006 年获得中国金属学会冶金科学技术终身成就奖。

1989 年获中国科学院荣誉章

❶　魏季和．邵象华传，中国现代科学家传记．科学出版社，1994，第 6 集：873～887。

1998 年获中国工程科学技术奖

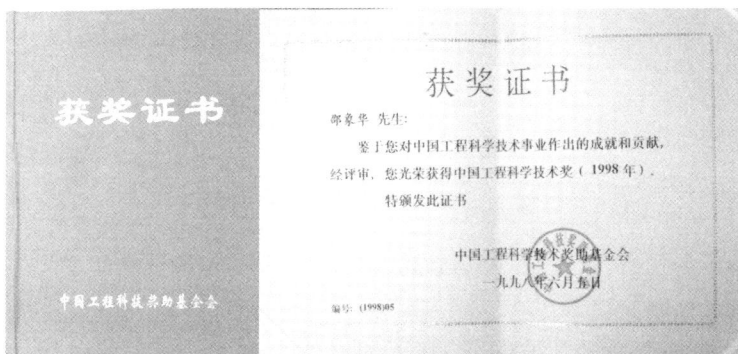

中国工程科学技术奖获奖证书

2006 年获冶金科学技术终身成就奖

# 第十四章

## 积极促进国际冶金界的科技合作与交流

1978 年我国实行改革开放政策后，邵象华作为我国著名的冶金学家和冶金工程专家，多次应邀和奉命出国访问，活跃在国际冶金学术讲坛，对增进我国与国际冶金界的相互了解和友谊，促进和加强科学技术交流与合作，起到了先锋作用。

# 第七届钢铁冶炼物理化学国际会议

1978 年 10 月，邵象华作为副团长率中国金属学会代表团参加了在法国巴黎举行的第七届钢铁冶炼物理化学国际会议。会议有来自 26 个国家的 276 位代表参加。这是交往中断多年后，我国钢铁界人士第一次在西方大型国际学术会议上露面。会上共有 31 个学术报告，报告人都是冶金物理化学方面的国际知名学者。邵象华在他的报告中介绍了新中国钢铁科技进展的主要特点和成就，以及冶金物理化学方面的科研工作，使与会者感到震惊，并引起了强烈的反响。

会后，邵象华和代表团成员冀春霖教授共同署名的《第七届钢铁冶炼物理化学国际会议》一文在《钢铁》期刊上发表[1]。

该文对会议情况做了介绍，汇总了会议上值得我们注意的发展和观点，包括在铁基溶体中的活度、炼钢渣、界面张力、脱氧和夹杂、铁液中的碳氧反应、研究高温反应的实验技术以及氧气转炉中的精炼反应等 7 个方面，并提出了与会的收获和建议。通过参加会议，对钢铁冶炼物理化学迄今的成就、存在的问题和今

---

❶ 邵象华，冀春霖. 第七届钢铁冶炼物理化学国际会议. 钢铁，1975（3）：78~87。

后的展望有了进一步的认识，对我们今后的工作有参考价值。但更重要的是认识到我国这方面的科研工作与国外的差距。为了迅速改变这种落后状态，使冶炼理论基础工作起到应有的作用，提出了建议：包括要加速培养这方面的科研队伍，制定冶金物理化学科研规划和支持有关院所、高校结合研究任务建立和充实实验设备。邵象华把出席会议的收获与我国同行共享，并推动这方面工作的发展。

1978 年邵象华参加第七届钢铁冶炼物理化学国际会议（法国）与国外同行合影

1978 年出访法国参观法国钢铁研究所下属工厂（右一冀春霖、左二胡兆森、左四邵象华）

# 中美冶金学术交流和合作❶

1979 年 5 月，应美国矿冶工程师协会和美国金属学会的邀请，中国金属学会叶志强理事长率 15 人的代表团访问美国，邵象华是代表团成员之一。代表团重点考察了美国的冶金科研和教育工作，参观访问了 17 所研究发展中心、9 所大学和 15 个工厂，并与美国金属

❶ 摘自《光辉的历程——中国金属学会建会五十周年纪念刊》，中国金属学会，2006。

学会和美国矿冶工程师协会冶金分会签订了加强双方科技交流和合作的协议。协议内容包括派代表互访、参加对方召开的学术会议、交换出版书刊和教育资料、协助我方组织国际学术会议及展览等。有了这个合作协议的先例，之后许多国家有关的学会主动要求与中国金属学会建立合作关系，开展多种方式的学术研究活动。

1979 年中国金属学会访美代表团（前排左一胡兆森、左三叶志强、右一师昌绪，后排左一肖纪美、左二邵象华、右三付君昭）

1981 年 11 月，根据中国金属学会与美国金属学会、美国矿冶工程师协会冶金分会签订的合作协议，第一届中美双边冶金学术会议在北京召开。美方代表团由美国冶金界第一流的科学家、教授、工程师 41 名组成，提出论文 38 篇。中方代表 150 人，提出论文 43 篇。会议内容为：化学冶金及物理化学、物理冶金及金属物理等。

邵象华作了题为《中国钢铁冶炼工艺的某些进展》特邀报告[1]。

---

[1] 邵象华. 中国钢铁冶炼工艺的某些进展，第一届中美双边冶金学术会议论文集（英文），1981 年 11 月。

该报告介绍了中国钢铁冶炼方面有特点的工艺技术，包括：（1）用细精铁矿生产高碱度烧结矿；（2）高炉喷吹煤粉；（3）顶燃式热风炉；（4）转炉炼钢的发展；（5）从铁水中回收稀有金属；（6）用氧气转炉生产中、低碳锰铁。

1979 年访美期间参观芯片生产厂（右一邵象华、右二付君昭）

访问美国 Kawecki Berylco Industries Inc.（KBI）合影

（前排右四肖纪美、右六叶志强、左七邵象华，后排右一胡兆森、左二师昌绪）

# 中日冶金科技合作和交流

1980 年 4 月，受日本钢铁协会邀请，由中国金属学会副秘书长付君昭率领代表团访问日本，邵象华是代表团成员之一。代表团参加了日本钢铁协会的春季学术大会，了解了日本在钢铁科学研究和工艺技术方面取得的新进展，并到日本主要钢铁厂进行参观，见到了日本钢铁工业现代化的生产装备和工艺技术，收获很大。

1983 年 11 月中国金属学会代表团 19 人赴东京参加中日双边钢铁会议第二届炼钢学术会议，邵象华是代表团成员之一。参加这次双边学术会议的代表共 113 人，会上宣读报告共 27 篇。其中日方提出的有 15 篇，大都着眼于改进生产工艺，提高产品质量、生产效率和降低消耗。通过科技交流，了解了日本炼钢最新的研究成果和获得了相关资料。日方代表反映，通过此次会议了解到中国两年来炼钢技术进步很大。

1992 年 4 月，邵象华收到日本铁钢协会来函，告知他被该协会推选为 1992 年度 "名誉会员"，并邀请他在日本铁钢协会 "汤川纪念会" 上做重要演讲[1]。

1992 年 4 月邵象华赴日接受日本铁钢协会名誉会员证书，作为该会 "汤川纪念讲演" 嘉宾，邵象华应邀发表了题为《Striving for more and better steel-behind closed door and in the open（为生产更多更好质量的钢而努力：中国开放政策前后对比)》的演讲，该文此后登载在

---

[1]　邵象华. Striving for more and better steel-behind closed door and in the open. 日本铁钢协会汤川纪念演讲，ISIJ International（日本铁钢协会会刊）国际版，1992。

1980年中国金属学会代表团访日

（右三起付君昭、日本铁钢协会秘书长 TABATA、邵象华）

1983年参加中日炼钢会议（东京）

1986年邵象华（中）访日
在京都与日本钢铁学会
会长和秘书长合影

1990年5月接待日本神户制钢稻叶晋一和大谷正康教授来访

（右二邵象华，右四翁宇庆）

1992 年 ISIJ International（日本铁钢协会会刊）国际版。同时赴会接
受证书的还有一对来自法国的学者夫妇。

在日本铁钢协会汤川纪念会演讲会场

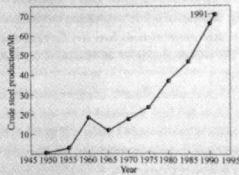

STRIVING FOR MORE AND BETTER STEEL
——BEHIND CLOSED DOOR AND IN THE OPEN

Shao Xianghua

( Central Iron and Steel Research Institute ( CISRI ), Beijing, 100081 China )
( Based on the Yukawa Memorial Lecture Held at Crest Hotel Tsudanuma,
Narashino, on April 1, 1992. Manuscript Received on August 24, 1992)

I am deeply honored and privileged to present this Yukawa Memorial Lecture and join the distinguished list of speakers who have preceded me. Mr. Yukawa did very great contribution in the spectacular development of iron and steel technology in Japan which has set an example to the world. As this is also a priority field in my own country, I take special pleasure in speaking in memory of him.

China has a long history of ironmaking, but iron and steel industry in the present sense of the term emerged there very late. From 1949, the birth year of the People's Republic, its steel production has grown from practically negligible to a little over $70 \times 10^6$ t in 1991 ( Fig. 1). Compared with Japan, the growth rate was not particularly remarkable. But fresh with the memory of a humiliating past as a result of nondevelopment, we Chinese do cherish the progress that has been made, while striving for a still faster and healthier course of industrialization.

Fig. 1  Steel production in P. R. China

In the course of development of the steel industry of China, three major challenges have had to be faced, arising from ( 1 ) the need to free the population from an extreme poverty of steel, ( 2 ) upstream, the need to overcome technological difficulties in the processing of domestic ores, most of which are very lean in iron, and/or rich in harmful or valuable components that are not readily amenable to ordinary processes for their separation or utilization, and ( 3 ) downstream, the need to produce advanced steels and alloys for new, critical uses. These challenges seemed to have arisen all at one time. What made it worse was the fact that, for a long time, the country was situated in an isolated condition, and things had to be done without much aid from outside. But I must add here that even at that time, exotic technical information was still partly procurable in the form of open publications etc. and these certainly were very helpful in fulfilling many of our unfamiliar and

● ISIJ International, Vol. 32(1992), No. 12, pp. 1368～1380.

邵象华应邀发表"汤川纪念讲演"的演讲稿

日本铁钢协会名誉会员章

日本铁钢协会汤川纪念会讲演纪念章

# 韩国"第二届钢铁技术与
# 新材料国际会议"

在中韩两国建交之前，邵象华和中国金属学会副秘书长付君昭、炼钢分会副理事长周荣章应联合国一个亚洲组织的邀请，于 1986 年

10月参加在浦项召开的第二届钢铁技术与新材料国际会议。邵象华在大会上作了《中国钢铁工艺的发展概况和前景》特邀讲演❶。报告中回顾了世界钢铁工艺发展的概况，介绍了中国钢铁工业的发展，包括我国钢产量的增长，不同容积高炉的分布及其平均利用系数、风温、燃料消耗的变化，不同容量转炉、平炉、电炉的总容量分布，钢连铸比的提高，以及我国矿石资源的特殊性，并对未来钢铁新工艺开发，列举了直接还原和熔融还原炼铁、薄板坯连铸连轧及转炉复吹等，比较全面和扼要地介绍了中国钢铁工艺的情况。

1986 年 10 月赴韩国参加国际会议，与会学者合影

（左一 Y. S. KIM 教授，左三付君昭，左四邵象华，右一赵容善）

1986 年邵象华在第二届钢铁技术及新材料国际会议（韩国）做特邀讲演

---

❶ 邵象华. 中国钢铁工艺的发展概况和前景. 第二届钢铁技术及新材料国际会议特邀报告集（英文）。

参加这次会议，开启了我国与韩国钢铁科技界和有关方面的接触与联系。

大韩金属学会章

# 第十五章
## 一生的渴望

1956 年起邵象华就积极要求加入中国共产党，曾向党组织提交过几次入党申请书。1981 年再次向党组织提交了强烈要求加入中国共产党的申请。时隔 25 年要求参加中国工人阶级先进队伍的渴望比以往更加强烈，这在知识分子成堆的科研机关中，尤其当时"文化大革命"恶浪的微波尚存，一些混乱思想也未完全消失的情况下，邵象华再次向党组织提交入党申请在钢铁研究总院兴起了不小的波浪。许多人钦佩邵象华的追求、理想、渴望，视为自己的学习楷模和榜样。少数人认为像邵象华这样著名的学者、权威，国内外都有了很高的名望，工资待遇都不错，已经到了 68 岁高龄，好好地享受天伦之乐，安度晚年就行了，何必再追求什么理想、事业呢。邵象华 25 年来在党的教育和培养下，注意改造旧的世界观，逐步树立了为共产主义事业奋斗的人生观，成为他 25 年中坚持不懈地努力追求的源动力。

邵象华为什么强烈渴望参加中国共产党，他在入党志愿书上写道："我在旧社会曾目睹自己国家的贫穷落后，帝国主义列强的残酷侵略。在反动腐朽的国民党统治之下，半壁江山沦陷，自己的'工业救国'梦想一而再、再而三地遭到破灭，看不到祖国的前途，找不到自己的出路，彷徨苦闷。解放后接触到马列主义理论的启蒙教育和社会主义的实践，开始认识到社会发展的根本规律。反动统治下旧中国贫弱原因得到了解答，对共产党领导下建设社会主义、最终达到共产主义的前途逐步产生了信心。我自己能在这个伟大事业中作出点滴贡献感到光荣和自豪。"邵象华在黑暗、贫穷落后的旧社会度过了他的青少年时代，新中国成立后，根据自己的亲身体验和新旧社会的对比，破解了旧中国贫穷落后和"工业救国"梦想屡遭破灭的真正原因。开始认识到中国只有在中国共产党的领导下才能改变贫穷落后，才能救中国的道理。多年来的彷徨苦闷消失了，看到了自己的出路和前途，全身心地投入到共产党领导下建设祖国的事业中。在党的教育与培养下，政治觉悟有了很大的提高。1956 年开始向党组织提交了入党申请书，愿为共产主义事业奋斗终身。

邵象华要求参加中国工人阶级先进队伍的渴望，虽然在"文革"时期有过挫折，但现在比过去更加强烈。他在入党志愿书又写道："党的十一届三中全会纠正了'文革'及其以前的错误，确定了解放思想、开动脑筋、实事求是、团结一致向前看的方针，作出了把工作转移到社会主义建设上来的战略决策，重新确定了马克思主义的思想、政治、组织路线。从此在经济上、政治上都出现了很好的形势。尤其是党的十一届六中全会通过的决议，回顾了我党60年的光辉战斗历程，总结了中华人民共和国成立以来的基本经验，实事求是地评价了一系列重大历史事件，分析了其原因，阐明了毛泽东思想的历史地位和毛泽东思想，进一步明确了我们的前进方向。这一切都使我在'文革'中产生的混乱思想得到了彻底的澄清。"

邵象华在党的十一届三中全会后，比过去更加认识到党的光荣、正确、伟大，更加深刻地感到自己若能成为一名共产党员，在党的直接教育和监督下继续改造自己的世界观，在自己的有生之年为党、为人民作出更多的贡献，才能使自己的生命更有意义，更有价值。他渴望加入中国共产党，目的就是把自己的一切贡献给党的伟大事业，为实现共产主义的最终目标而奋斗。

邵象华的入党介绍人是赵施格、知水同志。赵施格是钢铁研究总院炼钢研究室的副主任、党支部书记。知水是炼钢研究室副主任、党支部副书记。他们二人与炼钢研究室主任邵象华共事多年，都认为邵象华同志解放前是想"工业救国"的爱国知识分子，解放后在党的教育培养下，有了很大进步，认识到只有共产党才能真正救中国。几十年来，积极跟着共产党走，努力奋斗，出色地完成了党交给的各项任务；渴望加入中国共产党，为在中国实现共产主义、建设繁荣昌盛的祖国而努力。他们二人都认为邵象华同志已具备了预备党员的条件，愿意作为他的入党介绍人。

1981年10月5日，炼钢研究室党支部根据邵象华的申请，在广泛征求了党内外同志意见的基础上，召开了全体党员大会，热烈、认真地讨论了邵象华同志的入党申请。表决时参加大会的全体党员一致同意接受邵象华同志为中共预备党员，报请上级党委审批。

上级党委指派专人对邵象华入党进行了谈话，并对他入党提出意见：

（1）邵象华同志经党的长期培养教育，对党有较正确的认识，能够严格要求自己，工作积极主动、认真负责，群众关系好，能从技术上、生活上各方面关心群众、帮助同志。

（2）邵象华是国内外有名望的老科学家，技术上、业务上刻苦钻研，为我国的钢铁工业作出了重大贡献。

希望邵象华同志今后工作更大胆，并同意发展其入党。邵象华当即表示今后一定改正，用党员标准要求自己，为共产主义事业奋斗终身。

1981年11月20日上级党委召开了党委常委第14次会议，讨论、批准了邵象华同志为中共预备党员。

1982年11月30日炼钢研究室党支部大会讨论了邵象华同志入党转正问题，经大家认真讨论，出席大会的全体党员一致同意邵象华同志按期转正，通过了邵象华同志由预备党员转为正式党员的决议，报党委审批。1982年12月30日第41次常委会讨论了邵象华同志转正申请，批准他按时转正。邵象华同志正式成为一名光荣的共产党员，实现了他长达25年来的追求、理想、渴望。自己虽已68岁高龄，但决心将自己的有生之年献给党，献给祖国，献给人民❶。

---

❶ 邵象华．入党志愿书．中国钢研科技集团公司人力资源部，1981。

# 第十六章
## 治学严谨、育人爱才

# 治学严谨

邵象华自幼就养成了吃苦耐劳、认真踏实、勤奋好学、谦虚谨慎的优良品德。他用 9 年时间完成了从小学到高中毕业 12 年的学历，被称为天才少年，19 岁就以全优成绩大学毕业。70 多年前，他和丘玉池这两个生活俭朴、外表"土气"的中国青年在伦敦大学帝国理工学院勤学苦读的故事，至今仍在这所国际知名的高等学府里传为美谈。

邵象华有很强的事业心，无论在何时何地，他始终没有放弃过对自己挚爱的钢铁事业的执著追求，锲而不舍地作着艰苦的努力。他对工作一贯勤勤恳恳、兢兢业业、踏实细致、一丝不苟，始终坚持实事求是的科学态度。

他作为著名的冶金学家、冶金工程专家，在国内外享有盛誉，但他总是虚怀若谷、平易近人。他热爱学习，有强烈的求知欲。在学术上善于听取各方面不同的观点，没有门户之见，从不用院士头衔压人，从不把自己的学术观点强加于人，也不迷信任何学术权威，勇于创新，尊重科学。

治学严谨，绝不轻易下结论，每篇著作、每个论点，都要经过反复推敲、思考和验证。中国钢研科技集团有限公司总工程师刘浏回忆邵象华的严谨学风时说："我是邵先生的博士研究生，学习邵先生严谨的学风，确实使我终身受用。我跟他做博士生的时候，我大概 30 岁出头，他那时已经接近 70 岁了，我记得我的博士论文改了 6 遍，他改这个论文使我受到几个终身难忘的教育：第一就是不能随便地去引用别人的公式。原来我做学生的时候，只要是印到书上的或者是国外的就觉得肯定是正确的。但是邵先生就要问我为什么用，能不能用，条件合适不合适？第二他告诉我，不能轻易地去用别人的数据，每一个数据他要问你是什么样的应用条件，什么样的情况能用，合理不合理？第三我感觉终身难忘的，就是你不能轻易地修改你的实验数据。我记得当时我有些实验数据没有太多规律，我就把它删了，后来他就问我，你这个是什么条件做出来的，为什么删，能不能删？第四就是对于科技成果的要求非常严格。我记得当时我们获得某个成果，有专家要推荐在国际学术大会上发表，我把文章写好之后请邵先生看，邵先生说还不行，说这个工业实验的数据还太少，是不是再放一放。所有这些对我都是终身受益的。再一个就

2003 年与培养的博士刘浏合影

是谦虚精神，邵先生那么大岁数在国内德高望重，我有时问他一些问题，他当时可能答不出来，他总是要过几天查完资料之后，再把我找去把这些问题讲清楚，我们问一些问题，他都要这么认真地对待。"❶

# 重视理论与实际相结合

在第五届全国炼钢学术会议上邵象华作了《论钢铁科研与技术开发》的报告❷，他指出科学与技术有密切关系，但科学与技术是两个不同的概念。科学是通过观察和实验获得的、系统化并形成规律的知识。因此，自然科学的任务是阐明自然现象、特性或规律，提供智力和文化成果，而不一定直接联系当时实际生产。

技术是为了满足人的需要而进行生产所采用的方法、手段。与早期生产依靠经验不同，技术总是应用了科学知识而开发出来的。技术的目的是为了达到最佳生产，它是实际的改进、创造、发明活动。

在很多场合，人们为了开发某一技术，只靠已有的基础知识不行，而需要进行专门的研究，解决某些与该技术直接有关的自然科学问题。这类工作仍是为了阐明某些现象、特性、规律，属于科学研究的范畴，但课题是针对实际需要而确定的，研究成果有预定的应用范围。通常把这类工作称为应用理论研究或应用基础研究。他认为应用基础研究和技术开发工作的根本之点在于工程化、工业化。

---

❶　摘自刘浏在邵象华百岁华诞座谈会上的讲话，钢铁研究总院新材料大楼一层会议室，2012 年 2 月 21 日。

❷　邵象华. 论钢铁科研与技术开发. 第五届全国炼钢学术会议大会报告，1985。

研究课题必须针对实际需要，在全部工作中必须考虑到原料、投资、作业率、成本、市场等决定最后能否在生产建设中实现并取得经济效益的关键问题，决不能把不够格的研究成果推给别人去"转化为生产力"。

在解决实际生产中的问题时，他总是力图寻找科学依据，以理论来指导实践。第十届全国政协副主席徐匡迪院士回忆这方面事例时，他说："我第一次认识邵老是在1956年，邵老那时就已经是中国科学院第一批学部委员。当时的北京钢铁学院请了一批学部委员到学校里做学术报告。邵老讲了两个问题。第一个问题是要学习和掌握冶金热力学。他说搞钢铁冶金的人不能只做工匠，要学热力学、动力学，要通过热力学的计算来判断反应能否进行，能进行到什么程度，然后再来制定工艺，而不是只凭经验、做工匠。这给我们的教育很深。第二个他谈了真空冶金，这个在当时是非常先进的概念，不久国外就出现了钢包真空处理，以后又出现了RH、DH法等。

这是我第一次听邵老做报告，印象特别的深，第一个大的印象是我们去钢厂实习时，觉得钢铁冶金就是一个力气活，就往炉子里头加东西，你按照规程操作就行了，后来就知道要把热力学搞好，要把动力学搞好，要知道冶金过程是怎么回事。第二个大的印象是在上海开第一届冶金物理化学分会的年会，我也去参加，听邵先生讲选择氧化还原，选择性氧化当时也是一个先进的概念，给我们很大的启发。邵老他的工作我认为是始终跟着国际的前沿从基础理论做起。他曾说：钢铁冶金已经进入了新的时代，就是不但可以用理论来计算，而且可以用计算机的数学模型模拟，然后用模型控制来炼钢，这就是理论和实际相结合的一个过程。"❶

❶ 摘自徐匡迪在邵象华百岁华诞座谈会上的讲话，钢铁研究总院新材料大楼一层会议室，2012年2月21日。

# 育人爱才

从 20 世纪 40 年代在四川綦江电化冶炼厂炼钢厂的设计、建造和生产实践中，邵象华在自己得到很好锻炼的同时，也为中国培养了一批年轻的技术人员，他们后来都成了中国钢铁工业的骨干。50 年代在鞍山钢铁公司的重建和恢复生产过程中，邵象华用通俗的语言亲自向工人讲解生产技术和操作要领，给转业干部讲钢铁生产知识，指导年轻的技术人员迅速提高业务水平。

他把指导科研人员研究课题、指导研究生以及参加或主持答辩等看作是培养人才、树立良好学风的重要工作，一贯严肃认真对待。他作为博士生导师，先后培养了 3 名硕士和 4 名博士研究生。他是东北大学等多所高等院校的名誉教授、兼职教授和顾问。

邵象华对学生和同事要求严格，但从不简单地责怪，而是以理服人，帮助他们认识自己的优点、错误或不足，让其自己改进。他诲人不倦，对他人的请教，以及请审论文、报告等，总是有求必应，从不推辞，而且不论有求来自何方，总是认真处理，决不敷衍了事。他热心提携年轻一代，对他们悉心启发，循循善诱，寓教于平等讨论之中。他在组织翻译《氧气顶吹转炉炼钢》一书时，对百万余字的译稿逐字逐句作了校对修改，以帮助年轻同志提高英语水平，并以所得全部稿费买了该书，分送周围同事及其他年轻同志学习参考。他坚决主张破除论资排辈的陋习，不拘一格推荐年轻优秀人才，为他们架桥铺路，创造条件，提供机会，帮助他们进步，脱颖而出。

邵象华的学生，曾任中国国际经济咨询公司总经理的高筱苏回忆邵象华支持年轻科技人才成长的一段往事，她说："我也是邵老师的学生，第一次见他是在 1978 年，那个时候刚刚恢复了研究生的考试制度。我们一群来自全国各地、通过了当年初试和复试的一些考生等待着面试。轮到我面试的时候，前面一些老师都问了一些专业的问题，轮到邵先生发问了，他没有问我专业，说从你的年龄和学历来看，你没有学完高等数学，你也不可能上过物理化学的课，那你这些知识是从哪里来的呢？我就告诉他说我是自学的，那个时候我一下班就回去看书做习题。因为我们是在很边远的、少数民族的一个县城里，当时晚上 9 点钟就没有电了，发电机也是经常坏，所以就经常跑到镇上去一把一把地买蜡烛，学习到凌晨两三点、三四点。邵先生在听我讲话的过程中，慢慢地表情从严肃就变得非常的温和，眼神也变柔和了，包含着很多鼓励和欣慰，那种温暖带着长者的关怀。这种眼神对于我这样一个经历了 10 年浩劫的血雨腥风、看够了人情的残忍和冷淡，以至于慢慢失去了希望的一个年轻人，看到这样一种温暖的眼光，确实那一种震撼和感受，是让我刻骨铭心、终身难忘的。他在我的心里点燃了希望的火花，希望在我的心里一直燃烧，一直燃烧。"❶

中国科学院院士朱静回忆邵象华提携年轻人的往事，她说："邵老自己为人非常低调，但是很重视提携后人。我 1990 年申报国家自然科学奖，实际上是邵先生推荐的。我当时觉得自己做的那点科学研究工作太少了，跟国家的自然科学奖比起来差距很大，但是邵先生跟我说，实际上每个人的科学研究领域，都是整个自然科学中很小很小的一部分。但是每一个人把自己那一部分做好了，向前进展了，就是整个人类对于自然科学认识的提高。当时受到他的鼓励我申报了自然科学奖。1995 年年初的时候，邵先生又来鼓励我申报院士。邵先生说他可以推荐我，还帮我找了李文采先生，还有其他两

---

❶ 摘自高筱苏在邵象华百岁华诞座谈会上的讲话，钢铁研究总院新材料大楼一层会议室，2012 年 2 月 21 日。

位院士一起推荐。他就是这样提携后人，无私地指导我们。"❶

# 淡泊名利

邵象华胸襟宽阔，淡泊名利。在他领导和指导下开展科学技术研究工作所写的论文或申报的科研成果，凡是他认为自己实际工作做得不多的，从不轻易署名。他的同事燕德顺教授级高级工程师回忆他和同事们完成了"真空感应炉内液态镍铬合金中的碳氧反应"的研究工作，写成了论文要发表，请邵象华审阅时，他从作者名单中把自己的名字勾掉。该项研究工作邵象华确实起了重要的作用，但又要尊重他本人的意愿，作者只好在论文的最后写上"本工作由邵象华同志指导，特此致谢。"这样的情况还多次发生。❷

在 20 世纪 50~70 年代，我国炼钢的主力是平炉。在出现氧气顶吹转炉后，他提倡平炉吹氧强化冶炼。在 70 年代初，他受冶金部委托选点进行试验。在鞍钢和上钢三厂平炉上氧气顶吹炼钢获得了成功，平炉日利用系数比原来的提高一倍以上，其后相继在全国推广。该项目 1985 年获国家科技进步三等奖，证书上"主要完成者"可以列 5 名。主要钢厂上了 4 名，钢铁研究总院上 1 名。邵象华让他的同事王中一高级工程师上，而他自己在证书上无名。

邵象华热爱工作，又善于工作；热爱生活，又善于生活。他性格开朗，心胸宽广，机智风趣，平易近人，奉"宁可人负我，决不我负人"为信条，不计个人恩怨。他酷爱音乐，数十年来一直喜欢欣赏音乐，年事渐高后更把它视为解除疲劳和增进健康的灵丹妙药。

邵象华有一颗热爱祖国的赤子之心，全心全意投身祖国的钢铁事业。在处境艰难的时候，他想的不是个人的境遇和得失，想的依然是祖国和事业。在他进入耄耋之年，仍然阅读文献资料和参与各项活动，关注着我国和世界钢铁科学技术与生产的发展，继续奉献着他的才智和精神，直到生命的终点。邵象华以他卓越的学术成就和贡献在国内、国际冶金界享有很高声誉，他优秀的品格和作风赢得了广泛赞扬和尊敬。

# 第十七章
## 家庭生活点滴

# 綦江成家

　　四川綦江地区崇山峻岭，山高林密，千山万壑之间溪流纵横，激起的波涛汹涌澎湃，人迹稀少，野兽出没，是一块尚待开发的荒蛮之地。"綦"字在古汉语中是指青灰色，因此有"缟衣綦巾"一词，用来形容色泽清雅素淡的衣服和方巾。綦江发源于贵州桐梓县，江水呈青灰色，故取名为"綦江"。

　　1942 年 9 月，武汉大学历史系毕业生王晓云由乐山独自来到重庆与邵象华相会，经过简单隆重的婚礼结成连理，兑现了百年好合的许诺。之后，王晓云随夫君翻山越岭，夜宿昼行来到綦江电化冶炼厂，邵象华担任第四分厂（炼钢厂）的厂长。他安顿王晓云在职工宿舍住下，这是一间明亮洁净的房间，战乱时期能住这样的房间，邵象华和王晓云已经很知足了。邵象华很看重回国后得到的第一份直接为抗战服务的炼钢厂建设工作，因此，他没有缠绵在甜蜜的新婚之中，而是立即投入建设钢厂中，经常忙得很晚回家，甚至经常夜宿厂里的休息室。他常常对新婚妻子心怀歉意。王晓云是经历过风雨的，既有小女人的柔情温顺，又有"大丈夫"胸怀天下的气概。她尽

1940 年的王晓云

心侍奉着忙碌的丈夫，更是祝愿他工作顺利。

有一天，邵象华回到家，像往日一样一边洗漱一边兴致浓厚地讲他的工作。王晓云走到他身边轻轻地对他说自己怀孕了，邵象华高兴地合不拢嘴，然后温柔地叮咛说，一定要注意休息，加强营养，生一个健康可爱的小宝宝。

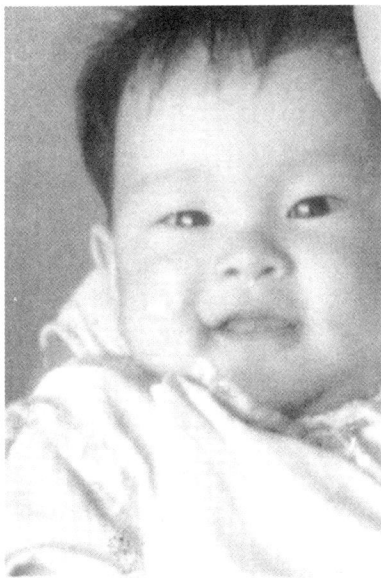

女儿邵贝羚 4 个月

1943 年 5 月 10 日，王晓云在电化冶炼厂职工宿舍的家中产下长女，取名邵贝羚。因为綦江县医院离冶炼厂很远，路途崎岖颠簸，临盆产妇不宜长途跋涉，正巧邵家邻居是一位爱尔兰人，他的夫人曾当过护士，有一定的接生和产后护理经验，因此，邵象华请这位爱尔兰护士来家中接生，他才安下心来。

天使一般的邵贝羚的出生，无疑为邵家这对新婚夫妻增添了难以形容的幸福和快乐，但同时又平添了许多忙乱。在这夜深人静的深山中，家属区的灯光已渐渐熄灭，唯有邵家的灯光依然格外耀眼，因为他俩正在忙着孩子的事情。

綦江电化冶炼厂职工宿舍建在山头上，与矿区之间没有严密的隔离墙或护栏相隔，职工的小孩们喜欢在宿舍前边的平地上玩耍，没有专人照管。邵贝羚回忆说："1945 年 6 月我两岁光景，和一群职工的孩子在平地上瞎玩。有一个年龄比我大几岁的男孩突然把我抱起来放到空的矿车上，他用手使劲一推，那矿车咕噜咕噜地往山下奔去，我害怕地大声哭了起来。在这千钧一发的时候，有一位工人师傅急忙奔跑过去，一把抓住矿车，将它拽了回来，我这才算是捡回了一条小命。因为山头下面有条小河，倘若掉了下去肯定活不成。

父母知道后立即带我向这位师傅表示感谢，从此以后，父母再也不许我出门与小朋友玩了。"

# 台町的生活

日本投降后不久，邵象华受资源委员会派遣到鞍山市参加接管鞍钢的工作。他与王晓云考虑到当时鞍山的形势尚未安定，于是商定把邵贝羚送到宜兴娘家暂住，请大姐照料，待鞍山社会稳定后再接回来。

1946年农历年底，邵象华一家三口来到宜兴娘家。王晓云的内侄女王亮君回忆说：我第一次见到小姑父是在抗战胜利后的1946年的农历年底，相见时姑父肩头扛着行李，姑妈怀里抱着表妹邵贝羚，家里大人们异常惊喜，特别是爷爷看到他最钟爱的小女儿带着做大学问的女婿回来，不禁激动地站起来，起身迎客。

王晓云大姐的儿子傅志方回忆说："抗战胜利后，姨夫、姨妈带着表妹邵贝羚从四川回到宜兴，我第一次见到姨夫，他给我的第一印象就是一位温文尔雅、和蔼可亲的知识分子，受到全家人的尊敬和爱戴。他在宜兴待了几天后，就到南京资源委员会报到，并受当时的资源委员会委派去东北鞍山，从日本人手中接收鞍山钢铁公司。我姨妈和表妹留在宜兴，我们一起生活。"

王晓云来宜兴前已经知道自己怀孕了，邵象华安排好女儿后，又委托大姐送王晓云去上海父亲家暂住，上海的医疗条件比宜兴要好些。1946年9月4日，儿子邵贝恩出生。王晓云在上海调养一段时间后，由大姐来上海将王晓云母子接回宜兴坐月子。邵贝羚与母

269

亲重逢，第一次见到可爱的弟弟，高兴地抱住弟弟，亲吻他的脸。此后，宜兴张渚镇王家真真切切地成为邵象华及其子女的第二个家。同时，王家因为邵家人的到来而倍感荣耀。邵家子女历来将张渚镇王家子女看作自己的亲兄弟姐妹。

　　1947年年中，挂念着丈夫的王晓云身体恢复后让孩子暂住娘家，独自返回鞍钢家中。她进家门，邵象华迎了上来，两人相拥而泣，有说不尽的思念、道不完的担心，可谓"一日三秋等君回"。王晓云心里牵挂两头：一头是分离多日的丈夫；一头是宜兴的一双儿女。如今丈夫平安回来，她思念儿女的感情越来越强烈。1948年年初王晓云随邵象华与其他5位协理由解放军先后转移到丹东、鸡西、哈尔滨学习。1948年11月初，邵象华等协理随解放军进入刚解放的沈阳市，几天后回到鞍钢家中。

　　鞍山有一个由日本人修建的日式高级小区叫作台町区，从前是日本高官居住，鞍山解放后台町区分配给鞍山市人民政府高级干部及鞍钢公司高层管理人员居住。台町区环境优雅、安静，设施比较完备。住房按级别分为三等：鞍山市及鞍钢党政主要领导住独栋二层小楼；留用高级技术干部住双拼二层小楼；其他级别的党政干部及技术干部住在双拼单层平房。所谓双拼二层小楼就是两户合拼住在一栋二层楼房，每家各住一半，70多平方米，每户单独大门，楼上楼下共4间，每间约10m²，其余30m²为楼梯、走廊、卫生间、厨房等。邵象华家和杨振古家合住一栋双拼小楼，相邻的一栋住着李松堂家和杨树棠家。

　　当时邵象华担任鞍钢总工程师兼炼钢厂生产技术副厂长，王晓云任鞍山市第一中学历史教员，生活和工作已安定。王晓云与邵象华商定入冬之前从宜兴接回一对儿女。

　　1948年初秋，王晓云亲自到宜兴接回贝羚和贝恩。解放初期鞍钢实行供给制，为解决父母工作太忙无暇顾及孩子们的安全，台町里的孩子都统一住在保育院，每周日回家和父母团聚，平时吃住在保育院。

保育院分大、小班，大班是上学的孩子，小班是学龄前孩子，大班孩子每天排队由保育院老师带领上下学，邵象华的女儿、儿子分别在大、小班。邵贝羚刚满 5 岁，已在宜兴读小学二年级，到鞍山后因年龄太小，被安排在鞍山市实验小学一年级上课，二年级后转入鞍山市胜利小学就读。

1948 年贝羚、贝恩姐弟于上海

对干部、学生、幼儿园等实行供给制是中华人民共和国成立初期政府采用的一种权宜之法，根据供给制规定，每个月按干部级别、学生年龄、男女性别、每户人口，由政府向他们免费供给基本的食物（包括粮食、油、盐等）和生活用品（包括毛巾、肥皂、卫生纸等）。

1949 年邵象华夫妇及女儿于鞍山

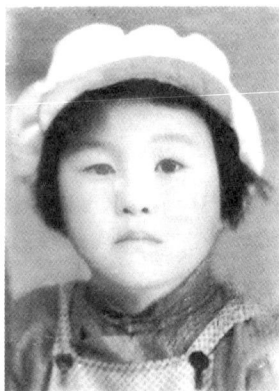

1951 年的邵贝羚

尽管当年鞍山市场物资十分匮乏，但与社会上其他居民的生活状况相比较，享受供给制的人员衣食基本上无忧。尽管每个人身着款式和颜色相同的棉布衣裳，但心安快乐；虽然碗里鲜有鸡鸭鱼肉，但安居乐业。

1952 年保育院停办，女儿邵贝羚、儿子邵贝恩被接回家中。

1953 年，鞍山局势已经稳定，物资供应渐见丰富，邵象华非常思念远在杭州孤独生活的父亲邵家驹。自从 1944 年母亲吴道芳去世（享年 55 岁）后，邵家驹由上海搬回杭州祖屋定居，孤单寂冷。邵象华担心父亲不习惯鞍山的气候和饮食，写信征求父亲的意见。邵家驹回信说全家团聚是他一直盼望的，生活习惯总是可以适应的。于是，64 岁的邵家驹来到鞍山，从此老少三代共同享受天伦之乐，父亲邵家驹安度晚年。

1956 年父亲邵家驹（邵象华摄）

1954 年王晓云任教鞍山一中

1956 年邵象华夫妇与儿女

同样，王晓云十分思念大姐一家人，她与邵象华商量后请大姐王蕴仙带儿子傅志方和侄女王亮君来到鞍山。一时间，由邵、王、傅三姓及老少三代组成了一个特殊的家庭，这个家庭兴旺热闹，洋溢着琴声、歌声、笑声。邵象华与王晓云平日里和善谦逊，以礼待人，因此家里常有客人登门拜访。

大姐（左）与王晓云一家

邵象华家后门外是一片空地，后来被开辟成为花园和菜地，种下各色花卉和西红柿、黄瓜、青菜，每到夏秋季节，繁花似锦，瓜菜丰收，常常是一盘盘西红柿、黄瓜招待来客或送邻居分享。

鞍山台町区位于市区东郊，地势较高，年轻人大多骑自行车上班，骑自行车是当时兴起的一种时尚。

邵象华住的双拼小楼前有一条由东向西下行的柏油马路，他买了一辆自行车，并当众宣布由他当教练，鼓动家中的年轻人借助门前这条得天独厚的柏油马路学骑自行车。青年后生们纷纷报名，热烈响应，不多时日，他们都学会了。王晓云看到青年后生骑车飘逸的英姿，洒脱风流，心里痒痒的，她虽信心满满，但仍然踌躇不决。1952 年，在邵象华的鼓动下 36 岁的王晓云开始学骑自行车，地点就在门前的下坡路。王晓云终于宣布决定练习骑自行车，屋内立刻响起全家人热烈的掌声。此刻，邵象华再三叮嘱妻子，骑自行车在下坡路上时一定要记住稳和慢，千万不能骑快车。王晓云点点头，便跨上自行车开始练车。不久，她便忘掉了丈夫的叮咛，自以为下坡路上骑自行车既省力又痛快，信心满满地调转头来朝邵象华回眸调皮一笑，心想："瞧着，我会给你一个惊喜的！"说时迟那时快，当邵象华看到自行车沿下坡一路飞奔即将失控时，他一边高声喊着"别慌！别慌！"一边飞跑过去，正当他打算伸手救助时，只看见前边不远处王晓云已人倒车翻，重重地摔倒在地上，痛苦地斜躺着。

邵象华等人急忙将她送到公司医院治疗，王晓云左腿骨折，邵象华愧疚地守护在旁边。他了解王晓云从不会服输的性格，一旦骨折痊愈，她仍然会练习骑自行车的，而且一定会成功。

这次意外失手不仅没有挫伤王晓云的锐气，反而更加激发了她练习骑自行车的兴趣。她躺在病床上反思这次练车失败的原因是自己过于自信，没有听从丈夫提醒的"稳和慢"和"不可骑快车"的话。她相信出院后，不需要多久自己一定能学会骑自行车的。

出院时，王晓云左腿骨折处愈合，几乎没有留下伤痕，医生说这是奇迹。回家休养几日后，她心里开始盘算着什么时候当众再次宣布练车的决定。一个星期天，天空蔚蓝，和风吹拂，让人感到十分惬意舒畅。王晓云又当众宣布从今日开始恢复练习骑自行车，随即将自行车推到门前下坡的柏油路上，在热烈的掌声鼓励中，她自如地跨上自行车，向邵象华摆摆手，投去挑战性的一笑。邵象华用信任的目光和热烈的掌声给予妻子支持。王晓云从上车、骑车、控速到停车、下车，每个环节都很轻松，顺利地完成了练车的首秀。当她稳稳地下车时，观看她练车的儿女们在邵象华的带领下向她跑过去，一边鼓掌，一边叫好，仿佛她在运动会上获得了冠军似的。

1952 年朋友探望王晓云

1960 年全家骑车游香山

1973 年全家于颐和园合影

走近大自然、享受大自然一直是邵象华、王晓云夫妇的爱好。从 50 年代的鞍山到 60 年代的北京，以至八九十年代以后的全国各地都留有他们出游的足迹。周末、假日骑自行车出游一直是邵象华家中的保留节目，持续数十年，游遍大小景点，参加人数不断增加，进入 80 年代，每次出游人数已增至近 20 人，北京的亲戚朋友也纷纷加入，每人一辆自行车，结队出行，浩浩荡荡，好不风光。当年自行车是北京人出行的主要工具，邵家也是每人一辆，颐和园、香山、八大处……所向披靡。几十年来，留下了不少与大自然亲密接触的影像，成为珍贵的回忆。

# 爱好摄影

摄影是指利用照相机拍摄实物影像，俗称照相。摄影与照相的区别在于，我们通常将摄影称为艺术，而照相是一种爱好。在杰出科学家的综合素养中，科学与艺术是相通的，科学为艺术家创造了一个个无限想象的现实空间，艺术家给科学家插上奔向美妙多维理想空间的翅膀。在爱因斯坦等杰出科学家的思维里存在着两个世界：科学是自然世界；艺术是人造世界；科学与艺术之间的通道便是哲学，因此哲学被称为"科学和艺术之母"。

邵象华作为卓越的科学家，有他的自然本色，那就是他热爱天然美。无论是綦江天造地设的高山激流，还是鞍山台町区双拼小楼前的小花园，在他眼中都有各自的天然美，同样使他陶醉。他将美景拍摄下来，留驻于相册。因此，在他的精神世界里摄影与幸福、

1936 年的英国（邵象华摄）

快乐和享受自然美、亲情美是不可分开的。在这类创造艺术中，他最喜欢弹奏乐器和摄影，在这两者中他更加偏爱摄影。

在英国留学期间，他买了人生中的第一部照相机，用它记录了在海外读书、生活的足迹及见闻趣事。遗憾的是，那时候他不知道这些弥足珍贵照片的历史价值而珍惜保护，因而其中大多数照片在回国后的各地奔波中遗失了。幸运的是，他努力使留下不多的照片勾画出他在国外生活的人生轨迹。

1938 年秋，邵象华回国后回到因逃避战乱客居在上海的父母家。走进家门后，见到父母亲孱弱的身体，以及屋子里只有几件简陋陈旧的家具，他内疚自责，断然决定将随身携带的那部照相机变卖兑现以补贴家用。

抗战时期的上海管制十分严格，照相机一类贵重的舶来品若想在上海市场变卖，需要有旁人作证该物品确是个人的私物。邵象华想到一位曾在大学期间同窗多年的同学，请他当证人。当他来到这位同学家门前时，他再三犹豫才敲门求见。进屋寒暄几句后他便转入正题，说明了这次拜访的原因。这位同学豪爽地愿意为他作证。照相机变现没有遇到麻烦，他把变卖所得（法币）全部交给母亲，再三叮嘱父母亲吃得好一些，注意营养，待他工作安定之后一定会每月寄钱回家。习惯于节俭生活的父母亲仍然舍不得用钱，留着万一急用。抗战胜利后，国民政府国库空虚，货币大幅度贬值，而且不允许老百姓家里储有黄金白银这类硬通货，甚至首饰之类的饰品也要交给国家，借机疯狂掠夺百姓财富。工商业大量倒闭，市场萧条，百姓度日如年。邵家驹断然想不到当年卖掉一部进口照相机所得的法币，如今只能够买根油条充饥了。

中华人民共和国成立初期，鞍钢复产热火朝天，邵象华忙于修复平炉，没有时间和精力顾及业余爱好。然而，拥有一部进口照相机的愿望，邵象华始终记挂在心中挥之不去。

1956 年下半年，邵象华随中国冶金工业考察团出访苏联、民主德国、捷克斯洛伐克三国，其间，他在民主德国购买了一部照相机及相关冲洗、放大的全套设备，实现了他长期以来的愿望。

回国后，邵象华旅途劳顿尚未消失，仆仆风尘尚未洗净，便急忙亲自动手将家中的卫生间改建为暗室。之后，他将后门外小花园中的树木、花丛、草地进行修剪或补栽。经他这么精巧的设计，小花园的风景果然如诗如画。他欣赏着自己创造的外景地，当听到王晓云和孩子们称赞不停的时候，邵象华才得意地笑了起来。

1957 年修剪花草

因为这番辛苦换回的是妻子和儿女们的赞美，他由衷地高兴！第一批照片冲洗出来，他欣赏许久后评价说，这架照相机质量不错，只是黑白两色显得单调，缺乏大自然的灵性美。他开始学习给黑白照片着色，没有多久，一张色彩鲜艳的照片便放在桌子上。这张彩照果然草青、树绿、花红、云白、天蓝、发黑、唇红、齿白、眼亮，是一幅令人爱不释手、看不够的艺术品。邵象华照相的时候非常专注，不许旁人打扰，俨如一位资深的摄影家，从远景、调光到摄影对象的衣着、姿态、表情等，他严格要求这张照片在色调上和谐融合。

1957 年夫人王晓云充当模特

邵象华在创作他的摄影作品时家人常被他拉去充当模特，他拍摄一张照片要求精益求精，费时很长，搞得"模特"们不耐烦，吐怨言，甚至罢照。这时候，他的态度会变得和蔼，讲话语调温和，让"模特"们又重新听他"摆布"，直到他满意为止。夫人王晓云成了他的最佳摄影模特，她已磨炼出足够的耐心助他完成每一幅摄影作品。

1959 年太湖边（邵象华摄）

改革开放后，邵象华多次更新换代照相机，他的照相机的功能也越来越多。这位有三四十年摄影资历的资深摄影爱好者，随着摆脱公务、闲暇时间增多，讲学、做报告、专家会商等机会增多，以及出国讲学及参加学术会议的次数增多了，他离家前总要嘱咐同行的夫人王晓云一定带着照相机，拍张珍贵的照片留作纪念。

1998 年身背相机于昆明湖上

岁月流逝，儿女们相继成家立业，组建自己的小家庭并生儿育女，各自忙着经营自己的幸福。儿女们正当年富力强，盼望着自己事业有成，像父辈那样为国家做出贡献，因此，回家的次数少了。此时，王晓云心甘情愿充当他的"御用模特"，用一张张弥足珍贵的照片来记录这对恩爱夫妻相互扶持、相互欣赏，几十年如一日的画面。邵象华不时回忆起那些曾经让全家欢乐、灵动、陶醉的家庭聚会。他也明白雄鹰总是要翱翔在蓝天，孩子长大要做自己的事业，想到这里他也就释怀了。

年届七八十岁的邵象华摄影的兴头仍然不减，但是国外进口的照相机越来越高级，功能也越来越复杂，他又不屑于使用"傻瓜"功能，每次都力求把相机的高级功能使用到极致。

邵象华晚年着迷于研究各种照相机的功能，颇有心得。然而，他的照片质量仍然难遂心愿。他迷惘不解，后来他明白了"无师自通可以成才，但极难做到杰出"。

1999 年国庆观礼

炼钢技术是这样，照相技术也不例外。数码相机问世后，邵象华将钻研照相技术的精力转移到学习计算机知识及其应用方面。他认为，只要掌握计算机图像处理技术，也就是图像计算机修改技术，就不难得到一张满意的照片。他开始用数码相机拍摄景物，然后经计算机图像处理，清除瑕疵，终于实现了他对照片要求精致完美的目标。他说：一张完美的照片就是多姿多彩的人生记录。

老子曾说："慎终如始，则无败事。"邵象华做事热情始终如初，不动摇、不后退，更无放弃的念头，而且持之以恒，心专志坚。因此说，邵象华能够成就功业，无论是炼钢和真空冶金技术，还是照

281

相技术，事无大小，他总是心无旁骛地直到成功为止。为了得到一张完美的照片，他竟然用了近半个多世纪的时间，从风华青年直到耄耋老者，无怨无悔，乐在其中。

# 琴瑟和鸣

科学与艺术是相通的，两者都是以丰富的想象力来认识自然、认识社会和认识人生。爱因斯坦曾说："想象力比知识更重要。"

邵象华和王晓云都热爱摄影，因为每一张照片都为他们记录了一个故事、一段人生，无论这段人生是沉是浮、是乐是苦、是福是祸，都是他们生命中的财富。

邵象华和王晓云都热爱音乐，因为每一首乐曲都能将他们带入由音符构成的天堂，令他们感动、陶醉和难忘。王晓云会弹钢琴，邵象华能拉小提琴，他们经常一起合奏，琴瑟和鸣，自得其乐。在鞍山，有段时间，每逢周末或节假日，邵象华和王晓云都忙着筹备

1956 年王晓云于家中弹琴

家庭音乐会，选曲目、练配合、调音色，直到满意为止。音乐会中琴声一起，晚辈们便翩翩起舞，飘逸沉醉，静静享受着美好的时光，忘记一星期中的烦恼。有时候王晓云一展歌喉，有时候大家合唱，自娱自乐，好不抒怀！

邵象华当时购买了一架小提琴，闲时就拉上一曲，为了培养子女的音乐修养，自任教师，让儿女学拉小提琴，无奈儿女了无兴趣，只好作罢，最后那把琴也不知被哪位爱好拉琴的亲戚顺走了。当时每逢周末小区内的东山宾馆都要组织舞会，跳交际舞，在台町内居住的人大多前往，邵象华及夫人也经常参加，他们夫妇的舞姿当时是最出众的。

1958 年 8 月，邵象华举家由鞍山迁至北京西郊的冶金工业部钢铁研究院。北京这座文化古城，为他们提供了丰富多彩、风格迥异的剧场音乐会。他们开始热衷于在剧场现场欣赏各种大型音乐会或歌剧、舞剧。国外著名的交响乐团、芭蕾舞剧团、歌剧团来北京演出，邵象华和王晓云几乎场场必到。直到演员谢幕结束，他们仍然舍不得离开。

进入 20 世纪 80 年代后，年逾古稀的邵象华不便常去剧场观看演出，便将对古典音乐的痴心转移到收藏欧美音乐大国著名交响乐团演奏名曲灌录的唱片和录音带上，如贝多芬、莫扎特、巴赫、门德尔松、施特劳斯、柴可夫斯基等音乐大师的作品。凡是同一名曲但由不同风格的指挥大师指挥灌制的唱片、光盘、录音带，他都购买。周日若无重要的事要做，他一定会骑着那辆伴随他多年的自行车来到北京图书馆（旧址），借阅各种乐谱，认真抄录，沉醉于那些如蝌蚪般跳动着的迷人音符之中。回家后，他认真比较同一曲目由不同乐团、不同指挥家演奏的乐谱，去理解不同指挥家们独特的风格。邵象华认为，倘若从不同风格去理解同一部音乐作品，而且得到同样美好的精神享受，才可以说自己进入了音乐家、乐团、指挥家共同创建的精神家园，倾听他们用音符而不是用文学语言或绘画表达的情感世界，徜徉在这浪漫、幸福、欢乐和爱的海洋里。

邵象华收集的莫扎特曲谱

王晓云为他订了一份广播电视报，取报后把它放在邵象华的写字台上。他看到这份报纸后便坐下来查找这个星期中电视台或电台将要播放的音乐作品，并做上记号。每当电视台或电台播放他喜爱的乐曲时，他已早早守候在旁，有时边听边录，陶醉其中，乐此不疲。

20多年来，邵象华用坏了几台录放机，自录、购买收藏的古典交响乐名曲的乐谱和光盘、录音带、唱片等及其相关的文字资料装满了两个书柜，他又将这些资料分门别类地编目成册，以方便使用和欣赏。如今，这一本本目录随着岁月的流逝、作者的千古而成为珍贵的遗物；这些遗物留下了他流年的足迹，留下了他永恒的指印，留下了他与音乐如影相随的快乐生活的回忆。

虽然随着岁月的流逝，邵象华的听力减弱，然而，他对古典音乐的钟爱始终执着如一。他是一位有多种才能的智慧型科学家：既有严格的逻辑思维和严密的研究方法，又有浪漫的艺术情趣；既有包容顺境和逆境的胸怀，又有大事和难事敢于担当的气度。一位杰出的科学家一定同时具有科学和艺术两种修养，它们好像鸟的两个翅膀，缺少一个翅膀便不能飞翔，折断了一个翅膀便不能飞得很高。邵象华便是这样的人。

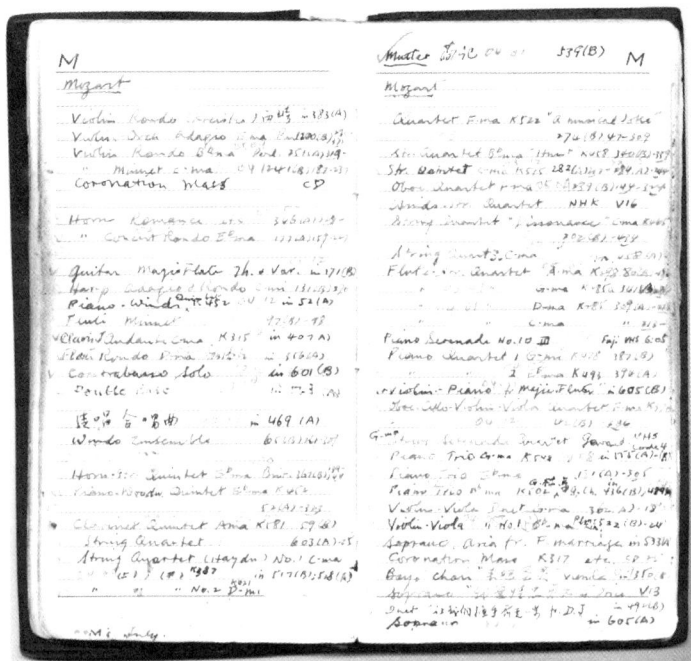

大师古典名曲手编目录册

# 礼义善贤

先祖邵雍以"仁"一字衍生"礼""义""善""贤"四字诀，将其写入《诫子孙》家规之中传承于后代，900余年邵家一直保持仁爱的高尚情操，同时用其约束行为。邵家将"礼"定为做人的根本，将"义"定为做事的标准，将"善"定为交友的态度，将"贤"定为人品的精髓。有仁爱心的人一定要有同情心、怜悯心、荣辱心，一定要有胸襟与气魄，否则仁爱之心极难坚守而不动摇。

```
SCHUBERT PIANO SONATAS

No.4 in E-minor                              40-43

No.6 in A-minor                              60-73
   Allegro ma non troppo                     60-64
   Allegretto quasi Andantino                65-67
   Allegro vivace                            68-73

No.10 in A-major                             134-145
   Allegro moderato                          134-137
   Andante                                   138-139
   Allegro                                   140-145

No.11 in D-major                             146-177
   Allegro vivace                            146-
   Un poco piu mosso
   con moto                                  156-161
   Scherzo                                   162-167
      Allegro vivace
      Trio
   Rondo                                     168-177
      Allegro moderato
      Un poco piu lento
No.13 in C-minor                             204-231
No.14 in A-major                             232-263
   Allegro                                   232-242
   Andantino                                 242-247
   Scherzo                                   248-249
      Allegro vivace
      Trio
   Rondo                                     250-263

No.15 in B-major                             264-293
   Molto moderato                            264-275
   Andante sostenuto                         275-279
   Scherzo                                   280-293
   Allegro vivace con delicatezza-
   Trio-Allegro ma non troppo-
```

舒伯特钢琴曲手写目录

1955 年王亮君（后中）

　　邵象华、王晓云两家亲属颇多。在人事沉浮、世态炎凉、世事多变的年月，当年宜兴张渚镇富甲一方的王家在近十余年的战乱中衰败了。当王家的大梁王晓云的父亲病故后，有着几十口人的王家已被逼到山穷水尽、贫困潦倒的境地。王晓云的内侄女王亮君回忆说：13岁那年，从小失去双亲的我是在祖父的照顾下长大的。祖父去世后我感到无依无靠。家里每天等米下锅，孩子们失学在家，我已感到前途迷茫。王亮君在她的回忆文章中写道："远在东北鞍山的小姑妈了解到家里窘境，和姑父商量后决定接大姑妈和我到鞍山去和他们共同生活。孤苦无依的我从此生活和长大在这个充满亲情温暖的家，从此改变了我的命运。我在小姑母家生活多年，姑父和姑母对我疼爱如同自己的孩子，我也认定这里就是我自己的家。曾记得高中有一门制图课，我总是画不好图。姑父买来绘图工具亲自为我示范。我也记得自己脚上穿的第一双皮鞋是姑父到北京出差时为我买的。后来姑父一家搬到北京，我在鞍山工作。姑父到鞍钢开会，为了看望我费了好多周折才找到我的家，离别前他嘱咐我一定要带孩子到北京去，他会到车站接我。后来我有机会来到北京，正赶上下大雨，出站后望见姑父打着雨伞在出站口等我，此时我很激动，禁不住流下眼泪。回到钢研院姑父家，有位邻居悄悄地对我说，邵老从未亲自到车站接过谁，今天接的原来是内侄女！是啊，姑父一诺千金的高尚品德和平易近人的作风，令我们敬佩。身教胜于言教，我们受益匪浅，永记一生。"❶

　　邵象华的侄女邵秀民（邵象伊的女儿）回忆道：自从四川北碚象华叔与我父亲分别后，20多年中他俩都在忙着自己的工作，没有机会相逢叙旧。直到20世纪50年代，兄弟俩重逢在人民大会堂。那时我父亲和叔叔分别是江苏省和辽宁省全国人大代表。兄弟俩谈到与叔叔同住的爷爷的近况，谈到各人的工作状况。父亲听得十分认真，但言谈不多；叔叔快言快语，豪放睿智，很珍惜这次难得的兄弟相聚。

---

❶　摘自内侄女王亮君回忆文章，2012年3月。

1961 年摄于北京天安门前（后排左起：邵象华、
邵家驹、王晓云、邵象伊、邵秀民）

　　1953 年，邵秀民考取了北京大学数学力学系，她几乎把时间和精力全部用在学业上，每逢星期日或节假日，她才感到孤独寂寞。1958 年大学毕业后，她被分配到中国科学院数学研究所工作，就在这一年的 8 月，邵象华调到冶金工业部钢铁研究院担任炼钢研究室主任，全家迁到北京钢铁研究院职工宿舍居住，从此邵秀民在北京有了家，节假日来叔叔家团聚，与堂妹贝羚相伴，从此不再孤单寂寞。邵秀民说：我和叔叔、婶婶一起度过了 50 多年愉快难忘的岁月。叔叔、婶婶对我们这些后辈（包括王家后代），就像对他们的亲生子女一样，甚至给予我们更多的关怀。我和丈夫武际可从交朋友、谈恋爱到结婚，每个周末必回叔叔家。结婚后有了子女，我们就带上孩子一起回去，我早已把叔叔、婶婶的家视为自己的娘家了。

2009 年邵秀民夫妇为叔叔婶婶献词

邵秀民回忆说：经常回叔叔、婶婶家过节假日的，还有我哥哥邵卓民一家。他当时在北京建筑科学院读研究生，毕业后留在北京工作，不久我嫂嫂调到北京。到叔叔家的除了邵家子女外，还有婶婶王家在京津地区上学和工作的侄儿、侄女、侄孙、外甥及他们的爱人、男友（或女友）。此外，我还遇到过堂妹或堂弟的同学和朋友，甚至叔叔在鞍山的同事好友的子女们。

在这个充满着温暖与快乐的和谐的家庭里，王晓云是活动的策划者。下围棋、唱歌、说笑、跳舞等丰富多彩的文化活动让大家开心欢乐，然而大家更难以忘怀的是周末集体骑车郊游，一路上大队人马浩浩荡荡，中午在目的地席地野餐，每家带来各自备好的食品，相互品尝评论，交流厨艺。这支郊游人马的足迹遍及北京各景点，留下了许多珍贵的照片，记载着三代人的情谊关怀。❶

289

❶ 摘自侄女邵秀民回忆文章，2012 年 3 月。

1992年邵、王两家亲戚的队伍不断壮大

# 行事有规

古人云："君子立身行己，自有法度，此有道之言也。"法度就是原则，每个人行事须依公共法度而为。

在鞍钢工作期间，邵象华一家住的是位于台町区的一栋双拼日式二层小楼，邵家占一门，楼上楼下共有四间房，除了一间做客厅外还有三间。起初一家四口人时住房是宽裕的。王晓云的大姐及内侄女王亮君来到鞍山之后，邵象华又将独居在杭州的父亲接到鞍山安度晚年，这套一门二层的小楼已难以安排老少三代、三男四女住下。王晓云让亮君、贝羚和大姐住一间，房内只能并排放得下两张单人床，还有一个人只能睡在日式"拉格"里。每逢星期日，若有在鞍山工作的亲戚登门探望，这一夜有人就只好睡地板了。王晓云曾希望邵象华跟公司有关部门要求换一套面积大一点的房子，邵象华听后默然无言，仍然做着自己的事，仿佛不曾听到。王晓云此时不再多言，她习惯了邵象华常用沉默来表示拒绝。邵象华的博爱有他的原则：不谋私利。

1953 年邵、王、傅三家八口合影

　　20 世纪 50 年代初，王晓云娘家小嫂的弟弟失业在家，一时找不到合适的工作。他原以为邵象华身居鞍钢高位，权力很大，在鞍钢给他安排一份工作易如反掌。于是，他未经姑姑事先同意，就贸然来到鞍钢。这件事情让王晓云很为难，既不便断然拒绝，伤害娘家人的情谊，又不便告诉丈夫，因为知道他是个坚守原则的人，是不会答应的。王晓云对小嫂的弟弟热情款待，又坦诚讲了邵象华做事的原则，终于让这位远房亲戚心悦诚服地回老家去了。

　　20 世纪 80 年代初，王亮君的丈夫到美国的一所大学做访问学者，需要一位国内著名学者当担保人。王亮君夫妇商量这位担保人的最佳人选是小姑夫邵象华。王亮君便与小姑夫商量此事，起初邵象华同意了，她很快把这个好消息告诉自己的丈夫。数天后王亮君收到邵象华的来信，信中说，经他再三思考认为自己当担保人是不合适的。理由有两条：一是亲属关系，二是专业不对口。邵象华是冶金学者，王亮君的丈夫是从事自动化研究的。王亮君与丈夫商量后认为小姑夫说得在理，坚持实事求是的原则，他们心悦诚服地接受了邵象华的决定。

王晓云娘家大姐的家是邵象华夫妇在抗战时期和中华人民共和国成立初期可靠的避风港湾。每当邵象华家遇到困难时，他们便把妻儿送到宜兴大姐家照管，或者把大姐接去鞍山或北京照料家庭琐事。邵象华与大姐傅家同胞之情血浓于水，难分难舍。大姐的儿子傅志方早年丧父，由母亲含辛茹苦地抚养长大。中华人民共和国成立后，由于傅志方聪慧好学，高中毕业便由当时的全国政协推荐到大连大学船舶制造专业学习。

傅志方由宜兴动身先到北京，再由北京来到鞍山，在小姨妈家住了一个多星期，有比较充裕的时间与他敬仰的小姨夫交谈，倾听教诲。邵象华热情地鼓励他努力学习，国家建设需要自己培养的知识分子。王晓云承诺由她负责提供傅志方大学期间的全部费用。热情的期望、真诚的承诺让傅志方感动不已。

那年月，大连的生活条件十分艰苦。从小生活在太湖畔鱼米之乡宜兴的傅志方对大连的饮食、气候、语言都感到难以忍受，多次打算放弃学业，回上海另谋出路。他把想法告诉母亲，王家大姐心疼从小娇生惯养的儿子在大连吃苦，对不起英年早逝的丈夫。于是，她给傅志方发出一份加急电报，电文写道："你父亲病危，速回。"傅志方收到电报，打开阅读报文，心里泛起一阵痛楚。他心想，母亲一生诚实勤劳，善良和蔼，从来不讲假话，如今为了儿子的事情竟然找到这么一条荒唐的理由，因为父亲在他8岁那年就已去世。

傅志方感到歉疚和惭愧。他知道母亲的谎言并非本意，而是便于自己向学校请假有充分的理由，此后他有了一时难解的心结。

某个假日，傅志方来到鞍钢，把退学的事原原本本地告诉了姨夫和姨妈，并征求他们的意见，他们听后连说荒唐，坚决而严肃地反对傅志方退学，并认真地对这位外甥说克服气候、地域、饮食不习惯是人生的一次锻炼，克服各种困难、完成大学学业是一个有为青年的必经过程。

傅志方回忆❶说："经过多次思考，反复回味姨夫的忠言，忆起姨夫种种艰苦奋斗的经历，我终于做出了正确的决定，回校继续学习。"这年寒假，傅志方回到鞍山姨夫家度假，邵象华与他进行了一次促膝长谈。邵象华回顾自己为了学知识、做事业从南到北、由西到东的艰苦创业经历。他说：现在中华人民共和国刚成立，国家正处在百废待兴的时候，生活困难是暂时的。国家工业恢复需要大批知识分子参加建设，我们这些知识分子一定会有前途的。你应该珍惜机会，好好学习，将来参加祖国建设。傅志方全神贯注地听着，深受感动。他回忆说："我目睹了姨夫忘我的工作，鞍钢天翻地覆的变化是与姨夫这一代科学家的爱国热情分不开的。姨夫就是我的榜样。从此以后我完全变样了。毕业时，我以优异的成绩继续在原学校攻读硕士学位，在苏联专家的指导下开展课题研究。"

1952年，教育部根据政务院教育改革的指示，决定进行全国高等学校院系调整。在这次全国院系调整中，大连大学造船系并入上海交通大学。于是，傅志方跟随造船系迁至上海交通大学，继续完成硕士学业。这是中华人民共和国培养的第一批硕士研究生，傅志方毕业后留校任教，直至退休。

自20世纪50年代至70年代，邵象华夫妇资助了王家10多名子侄和孙辈进入大学深造，不仅给予他们经济上的支持，还时刻关心着他们每一个人的成长。邵象华以他的言传身教为他们树立了榜样，

---

❶ 摘自外甥傅志方回忆文章，2012年4月5日。

让他们懂得做人的道理，他们都受益匪浅。

2004 年邵象华夫妇与家人在顺鑫森林公园

# 善待动物

当代人养宠物是一种时尚，也是一种个人的精神慰藉和生活伙伴。然而，在 20 世纪二三十年代，大多数中国人都在为生活奔波忙碌着，哪有养宠物的闲工夫和闲钱？那时城里人养猫多为捉鼠，农村养大狗是为了看家护院，不当作宠物对待。然而，喜爱小动物、善待小动物，却是人类的天性，怜悯之心同样需要给予小动物，它们的生命需要人类去尊重、体恤和关怀。

邵象华生活在鞍山台町时，家中养着一条狗和一只猫。俗话说"猫狗不相容"，聚到一起就会打架，至少会相互狂叫示强。他给小狗取名为"乌拉"，即俄语中的欢呼之意。令人惊讶的是，邵家的猫和狗友好相处，一个盆里吃饭、饮水，相互追逐玩耍逗趣，不是同类"亲兄弟"，却好似"一奶同胞"，它们形影不离，给邵家人带来很多乐趣。

台町区内有一家宾馆名为"东山宾馆"，住着苏联专家及其家属，宾馆门外的空地常常是中苏两国专家的小孩玩耍的地方。小狗"乌拉"与苏联专家的孩子一起玩得很开心。然而，天有不测风云，狗也有旦夕祸福。有一天，小狗"乌拉"安静地趴在自家门口休息，突然一块石头向小狗扔过来，小狗大叫，不料小狗"乌拉"的吠声吓得苏联小孩大哭起来。那位苏联专家到派出所告状，派出所警察把小狗"乌拉"强行拉走，尽管小狗不停地狂叫求救，但派出所警察声称为保护苏联专家孩子的安全，要将"乌拉"处以极刑。王晓云闻讯后立刻告诉了邵象华。得知此消息的邵象华立即放下手头的事情，赶往派出所据理力争，并承诺将小狗"乌拉"关在家中不许出门。最后，那条可爱的小狗"乌拉"还是被打死了，这件事在邵象华一家的心中留下了难以磨灭的阴影。

1958年，邵象华因工作调动要举家迁往北京，邵象华知道火车不允许携带小动物，便将小猫托付给邻居照管后一家人才安心赴京。在北京安顿好居住不久，他从来北京出差的鞍钢同事那里得知，自从他们搬走后，小猫一直在那栋空房子里孤独地等待主人回来，不吃不喝，不肯离去，而且对新主人不理不睬，最后饿死在那栋空房子里。邵象华一直对小狗"乌拉"和小猫的死亡深深愧疚。他认为爱护小动物应成为人类的共同责任。

20世纪80年代，邵象华年已古稀，从领导岗位退了下来，有较多的闲暇时间做一些自己喜欢的事情。有一天，外孙抱回一只小猫，邵象华为它取名为"刘黑"（外孙姓刘，白色小猫长了一条黑亮的尾巴），从此他与"刘黑"形影不离。他每天给"刘黑"做饭、洗澡，"刘黑"见他回来便跑过去依偎在他的身旁。后来《中华英才》杂志刊登了一篇专栏文章《邵象华的一天》，配发的就是一张邵象华正在为小猫"刘黑"做饭的照片。

1992 年为小猫"刘黑"做饭

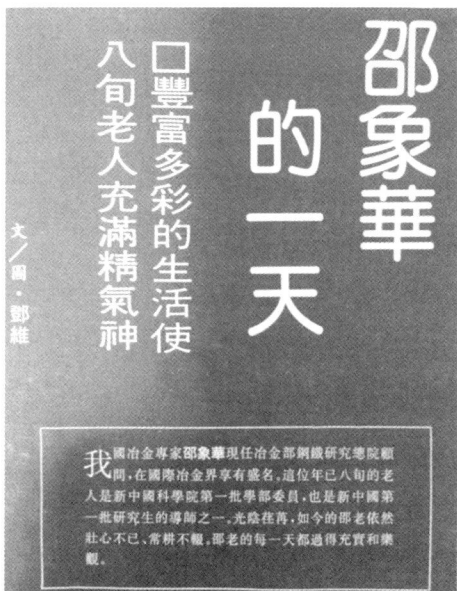

《中华英才》刊登的《邵象华的一天》

# 老而弥坚

晚年的邵象华已经卸去了社会任职的重担，开始过着逍遥自在的日子，他将自己退休后的生活安排得丰富、健康、快乐、多彩。常言道：天有不测风云，人有旦夕祸福。2002 年 1 月中旬，邵象华发现近来多日便血，邵贝羚与母亲商量后立刻陪父亲到北京大学第一医院就医并进行肠镜检查。医生告诉邵贝羚说邵象华患的是直肠癌，而且已是中期，必须立即住院切除治疗。正当邵贝羚既紧张又不知所措时，年近 90 岁的邵象华从检查室走出来，邵贝羚赶紧迎上去，搀扶着父亲，并宽慰他说："医生说您的直肠上长了一个小东西，尽早切掉就没事了。"父亲听后淡然地点点头。邵贝羚猜想父亲早已心中有数了，无须瞒着他了。

邵象华知道女儿的一番话是为了安抚自己，他并不介意，他告诉女儿说，医生做肠镜时，他看到显示屏上的图像，也听到了医生之间议论说病灶部位像烂菜花一样，可能是直肠癌。他随后对女儿说，没有关系的，快去联系住院做手术吧！邵贝羚回忆说，父亲心里什么事都明白，此后父亲的事都与他本人商量，不用担心他的情绪波动。

2002年1月，邵象华在北京大学第一医院做了直肠癌切除手术，他由于年高体弱，术后恢复较慢。住院期间，他忍受着病痛的折磨，但从不叫苦；医生和护士来到身边，他总是以微笑相迎，真心感激，积极配合，良好积极的情绪使他康复得很顺利。

手术后一个月，即2002年2月20日，邵象华亲手起草了一封感谢信，并在邵贝羚打印的信上郑重地签上名字，寄给北京大学第一医院的院方。信上写道："正是他们（指医护人员）对我精心、细心、耐心的治疗和护理，使我顺利度过了高龄病人术后的各种险关，很快得到康复，使我今后的生活更加健康和有效。他们的高尚医德和精湛医术是医务工作者的榜样和典范。"这是一位科学家发自肺腑的感谢。

癌症手术后的患者通常需要进行后续的化疗，按照医治的一般程序，主治医生前来征求家属意见，是否进行术后的化疗。为此，邵贝羚等广泛咨询各方专家的建议，而后一家人围坐在邵象华身边，把专家建议及其利弊分析统统告诉他，和他共同讨论化疗的利弊，权衡后果，最后一致同意放弃化疗。讨论中邵象华轻松坦然，甚至谈笑风生，似乎是在讨论别人的事而不是关乎自己生死的治疗方案。他的这种淡然而乐观的心态融化了亲属们内心的纠结和紧张，使他们的心情渐渐宽舒。

直肠癌手术后有些患者须留下一个"造口"，需要随时清理，一般是留在左下腹位置，但邵象华的"造口"留在了上腹中间的位置，每次清理起来都很困难。而且为了防止"造口"泄漏，睡觉时他必须保持仰卧姿势而不能翻身，自 2002 年 1 月术后至 2012 年，10 年间他睡觉坚持仰卧从不翻身。每次起床后邵象华都会腰酸背痛甚至抽筋，通常他会自己揉揉背、捏捏腿以缓解酸痛，倘若子女在家，他会让他们去做，看到子女心酸的表情，他会乐呵呵地说："没关系的，活动活动就好了！"

直肠癌的术后"造口"，每天都需要清理，邵象华一直坚持自己清理。他说自己的事情，只要能够做都要自己做，他不愿意给别人添麻烦，即便是自己的子女或保姆。他是一个极爱干净的人，他清理的造瘘袋内外容不得残留污物。为了尽可能地使造瘘袋多次使用，他每次都将造瘘袋冲洗得干干净净，完整如初。由于"造口"位置偏上，清理造瘘袋时需要弯腰低头操作，长年累月、日复一日的清理工作，对于一位 90 多岁的高龄老人来说谈何容易，然而他从无怨言，乐意去做，清理"造口"的事情到后来已成为他日常生活的一部分了。邵贝羚回忆说：父亲数年内每天都坚持自己做清理"造口"的事情，而且一直保持着乐观的心态。有趣的是，他告诉我们，他把清理"造口"当作一个研究课题。而且他开始关心并收集国内外有关"造口"技术、设施方面的信息，他将通过订阅刊物、上网查询、与病友交谈等多种渠道获得的各种信息和技术方法，自己择优试行，分析总结，给予评价，乐此不疲。父亲以他坚强、乐观、自信、豁达的态度对待疾病，创造了晚年的生活乐趣。我们全家人都以父亲为榜样，永远地向父亲学习。

人活到老，奋斗一生，理想实现了，一生过得很有价值，那么疾病、死亡对他来说只能说是一种休息，而不是悲哀的事。诗云：树坚不怕风吹动，节操棱棱还自持。尽管重病在身，但邵象华仍然把自己的晚年生活过得五光十色、丰富多彩，并轻松愉快地过着每一天。

2010 年徐匡迪（左）、干勇（中）到医院探望邵象华

　　2002 年 11 月初，受时任上海市市长徐匡迪的盛情邀请，邵象华与夫人王晓云出席了上海国际音乐节开幕式及晚宴。随后，邵象华夫妇两人同游古镇周庄，小桥流水人家的古朴风情让从小生活在江南水乡的邵象华夫妇感到格外亲切，流连忘返。

2002 年 11 月与时任上海市市长徐匡迪（中）合影留念

2002 年邵象华与夫人同游古镇周庄

2002 年 5 月，邵象华在家中生平第一次拿起理发推子想试试身手。他环顾四周，一眼看见年届 60 岁的儿子邵贝恩的头发需要修剪，拉过来就要上手。儿子对老父亲的手艺报以极大的不信任，但看到父亲心情高兴，也只好同意了。

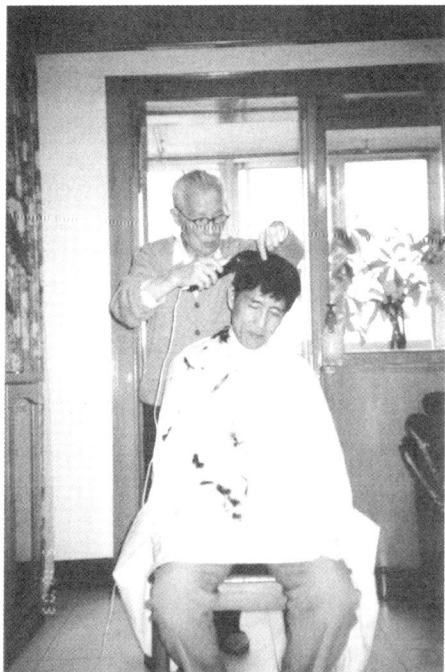

2002 年生平第一次给人理发

2004 年春节，尽管天寒地冻，邵象华仍率领全家再游颐和园，在寒冬中再过一个快乐幸福的节日。

2005 年 1 月 8 日，外孙女刘峻结婚，婚礼在中国大饭店举行。自出生起一直生活在外公身边的外孙女要出嫁了，邵象华高兴之余，又十分不舍。外孙女问外公能不能在婚礼上出任证婚人，邵象华立刻满口答应。女儿邵贝羚担心他年事已高、记忆力衰退，上台会忘词，给他准备了一份讲稿，并用大号字打印在红纸上，提醒他上台后照着念就行了，他虽不以为然，也答应了。在婚礼进行中，当婚庆主持人宣布请证婚人上台时，只见邵象华手里拿着那张红纸讲稿，自己健步走上了舞台，面向一对新人和台下的亲朋好友，他看了看手中的那张红纸不慌不忙地说："我女儿让我照着这张纸念，太小看我了。"台下立刻一片笑声和掌声。接着，邵象华开始了他的证婚人即兴演讲，言语中表述了他对外孙女出嫁的兴奋、激动和不舍心情，以及对新人的祝福和希望，同时还穿插着和外孙女一起生活的各种趣事，他幽默风趣的话语不时引发台下阵阵笑声和掌声。很快半个小时过去了，站在旁边的主持人不断向他示意抓紧时间结束演讲，他看都不看主持人一眼。无奈之下，主持人趁他言语停歇时拿走他手中的麦克风，试图中断他的演讲，只见他立马从主持人手中夺回麦克风，反应之快、动作之灵敏让主持人大吃一惊，还没回过神来，麦克风已回到邵象华

2005 年 1 月出任外孙女婚礼的证婚人

手中。他说:"我还没讲完你干吗拿走我的麦克风?"如此戏剧化的场景把婚礼推上了又一个高潮。就这样,邵象华既精彩又充满喜剧效果的证婚人演讲,使婚礼现场的气氛愈加欢快和活跃。最后,邵象华宣读了一对新人的结婚证书,宣布吕京、刘峻结为合法夫妻,在全场的欢笑声和掌声中走下舞台。邵象华是婚礼上年事最高的长者,他的才思敏捷、风趣幽默使在场的晚辈后生们大大折服。

2005年5月,邵象华偕夫人王晓云参加资深院士在北京植物园的联谊活动,与多年一起奋斗、如今大都颐养天年的难得一见的老朋友们相聚,有数不清的问候、说不完的回忆,十分开心。

2006年7月率全家同游顺义湿地公园,93岁的邵象华在游船上奋力划桨,老当益壮。

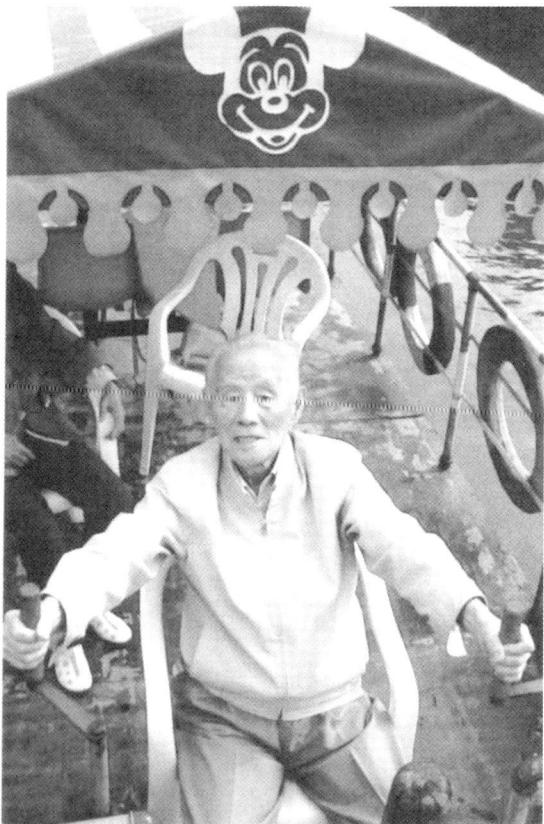

2006年在顺义湿地公园游船上

2007 年 10 月 26 日，重孙女邵知秋出生。

2009 年 2 月，全家亲朋好友 40 余人在北京竹园宾馆为邵象华庆祝 96 岁生日。北京竹园宾馆坐落于鼓楼西侧的一条幽静的小巷里，是一座中国古典庭院式建筑，原是清朝末年邮政大臣盛宣怀的私邸，又传说曾是大太监安德海的花园。自清末以来，王荫泰、马汉三、董必武、康生等诸多历史名人相继在此居住。园内楼阁相续、长廊曲折、竹林荫翳、假山喷泉；春季百花争艳、竞吐芳菲，夏秋彩灯垂檐、翠竹摇风，冬日苍松傲雪、独具英姿；嘉宾宴饮、赏心悦目。园中多处悬有名家书画，有着浓郁的中国文化氛围，使人流连忘返。

2009 年邵象华 96 岁寿辰

2009 年 2 月众晚辈及亲友共庆邵象华 96 岁寿辰

2010 年 7 月 12 日，重外孙吕璟瑞出生，第四代队伍的壮大，使四世同堂的邵家愈加兴旺。

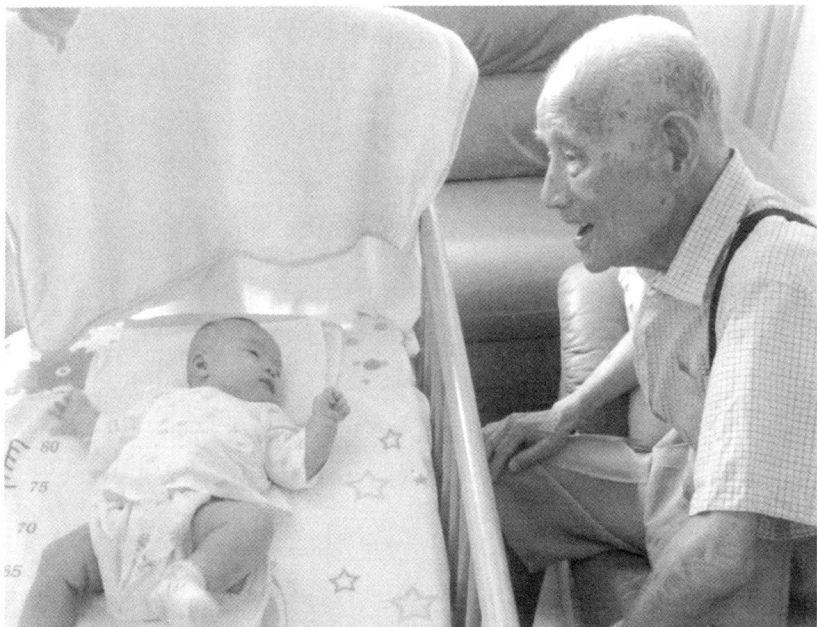

2010 年 8 月重外孙满月

2011 年 1 月中国科学院院士工作局发来 2011 年中国科学院院士新春团拜会的邀请函，那时邵象华因病住院刚刚出院，他不顾家人的劝阻，坚持去参加。他说："我还是要去会会老朋友，很多老朋友平时很难见到，这是个很好的机会，不能错过。" 于是，在家人的陪同下，他前往人民大会堂参加了春节院士团拜会。见到师昌绪院士，两人兴奋地握手相拥。同时，对很多熟悉的老朋友的缺席唏嘘不已。

邵象华热爱工作，又善于工作；热爱生活，又善于生活。他性格开朗，心胸宽广，机智风趣，平易近人，奉 "宁可人负我，绝不我负人" 为信条，不计个人恩怨。他酷爱音乐，数十年来一直喜欢欣赏音乐，年事渐高后更把它视为解除疲劳和保持健康的灵丹妙药。邵象华不仅以他卓越的学术成就和贡献在国内外冶金界享有很高的

2011 年在春节院士团拜会上与师昌绪

声誉，而且以他优秀的品格和作风赢得了赞扬与尊敬。

2012 年 3 月 21 日 18 时 30 分，邵象华在北京逝世，终年 99 岁。

# 附　录

# 附录一　晚辈的记忆与思念

## 永久的思念
### ——忆父亲邵象华点滴事

父亲邵象华离开我们快 9 年了，但他的音容笑貌至今仍在我心中萦绕，无法忘怀。在此撰写此文，以表达对父亲无尽的思念。

1943 年是抗日战争最艰苦的第六个年头，此时，在大后方重庆，父亲正全身心地投入中国第一座现代化平炉的设计与建造。这一年的 5 月，我在綦江电化冶炼厂职工宿舍降生。我的到来让父亲兴奋不已，但突然增加的家务也让他无法全力以赴投入工作。无奈之下，出生不久我就被送到江苏宜兴的外婆家，请我姨妈帮助照看。三年后，弟弟邵贝恩在上海出生，也同样被送到了姨妈家。

1948 年年底，沈阳解放，鞍钢终于回到了人民的怀抱，作为人民政府委派的鞍钢接收大员之一，父亲立即投身到鞍钢复建投产工作之中。待鞍山的生活稳定下来之后，母亲才将我们姐弟接到鞍山，回到了父亲身边。与大部分孩子不同，我对父亲的记忆是从 6 岁开始的。

解放初期的鞍钢，百废待兴，父亲把全部精力都投入到鞍钢的重建之中，每天工作十分繁忙，虽然我们回到了父亲身边，依然没有太多的时间能和父亲在一起，聆听他的教诲。然而，他对工作认真负责、刻苦钻研、一丝不苟的作风，对周围同事和朋友温文尔雅、礼貌谦虚的举止，一点一滴地注入了我们的心田，影响着我们，熏陶着我们，伴随着我们成长。

我在宜兴老家已经是二年级小学生了，到鞍山后因为年龄小，学校还是安排我从一年级读起。那时回到家里，看见父亲总是在看书、写字。桌子上摞着厚厚的书，书架上是一排排的书，他的房间里到处都是书！父亲能看那么多的书？我很好奇，也很崇拜，虽然不知那些书里面都说了些什么，但似乎也得到了启示：大概只有多读书，读大书、厚书，才能成为像父亲那样有本事的人。

后来，我每天放学回来，做完作业，就去拿一本父亲的大书摊在桌上，一本正经地翻看，什么也看不懂，就在里面找自己认识的字，每找到一个都会高兴一阵儿，觉得自己好了不起。那个年代没有多少儿童读物，读父亲的书就成了我的课余爱好。并且坚持了好久，这无疑是我读书习惯的最早启蒙。

1952年年初的一天，我放学回家看到父亲书房的桌子上、地板上、沙发上到处摆满了大大小小的纸卡片，我好好奇，正要进去看个究竟，父亲拦住了我："不要进来，别动这些卡片，千万别弄乱了！"我问父亲这些是什么玩意儿，他说，因为要翻译一本俄文书，现在必须开始学习俄语，卡片上都是写下的俄语单词、句子、语法等，要每天读，学会一批再换一批，争取尽快掌握俄语，尽早完成俄文书的翻译。看着父亲严肃的面孔，我和弟弟都向父亲保证，决不动父亲的这些"宝贝"。

以后几个月的时间里，父亲一下班回来就扎进那些卡片堆里，每天睡得都很晚。半年后，父亲开始着手翻译，当年8月底父亲翻译的俄文专著《钢冶金学》就正式出版了。父亲从学习俄文单词开始到完成俄文巨著的翻译，用了不到一年时间。虽然我还不能完全理解这本书问世的意义，但父亲的刻苦和勤奋给我留下了深刻的印象，潜意识中父亲已经成为我学习的榜样。

随着工作渐渐走上正轨，父亲开始有点业余时间了，能多和父亲在一起，聆听父亲的教诲是我们求之不得的，但他对我和弟弟的学习过问不多，却对培养我们的业余爱好颇感兴趣，一有空就带我们出去"游山玩水"，抑或在家里"唱歌跳舞"。父亲特意给我买了一把小提琴，意在培养我的音乐细胞。他给我拉曲子，让我感受音乐的魅力，进而教我运弓和指法，希望我坚持练习，但终因我缺少音乐细胞没能坚持下来。

父亲教给弟弟的是围棋，他首先给弟弟讲述的是围棋的博大精深，下棋能陶冶情操。他从"眼"和"气"这些最基础的知识给弟弟讲起，不厌其烦。弟弟终于喜欢上围棋了，加上弟弟的悟性极佳，不久父子就能对弈了。从此父亲多了一种休闲方式，弟弟则对围棋更为痴迷，棋力突飞猛进，成了业余围棋高手。退休后，仍然不间断地参加各种围棋活动，活跃在全国各地的业余围棋赛场上。

父亲从来不把工作中的烦恼带回家里，带给我们的永远是快乐，让我们心中充满阳光。

1957 年 6 月，父亲根据国外钢铁工业发展的经验，在第一届全国人民代表大会第四次会议上作了题为《钢铁工业应大型化》的大会发言，没想到这个发言竟惹来了麻烦，甚至遭到批判。

当时我还在中学读书，对类似的国家大事并不了解，对父亲的发言以及产生的后果也一无所知，对父亲被调离鞍钢的真正原因更不清楚，还为举家迁往北京而兴奋不已呢！谁知父亲是承受着巨大的精神压力离开鞍钢的。可父亲在我们面前从未做过任何解释，为的是不让我们受到一点负面影响。再大的压力他都一个人扛着。

随着我国钢铁工业的发展，事实证明父亲当年在人大会上讲话的观点是完全正确的，不少人为他鸣不平，说他是当年敢于在全国人民代表大会上说真话的第一人，说他做了一件伟大的事，媒体也纷纷前来采访。可父亲依然从容淡定："我那次的发言被同行们称赞为'正直、敢言'，其实我当时并没想那么多，只不过是以技术人员的视角，本着尊重科学的态度，以数字为论据作了不同观点的发言。"他认为:"自己不过是实事求是地说了真话,在当时不认为自己有什么错,现在也不觉得自己有多么伟大。"

父亲始终坚守着逆境不畏缩、顺境不张扬、勤勤恳恳做事、老老实实做人的信念不动摇。

"大炼钢铁"开始之后,父亲对"大炼钢铁"不科学的态度是有抵触情绪的,但是也不能不参与。他曾陪同冶金部领导视察过许多地方的小钢铁厂,帮助他们解决技术上的问题。当时我在北京女十中读书,全民大炼钢铁,我们中学生也不甘落后,在操场上挖个洞,上面用砖砌个烟囱,把从各处收来的铁锅铁勺砸碎放进去烧,烧成一坨后便夹出来拿到学校对面小工厂的砂轮上去打,别人告诉我们打出来的火花是白亮的就是钢了,于是一见火花白亮,立刻夹着它去报喜……父亲是炼钢专家,我一回家就向他汇报我们的"辉煌战绩",父亲只是用慈祥的眼神看着我,一言不发。一次,我拉他去我们学校指导炼钢。同学们看到炼钢专家来了,纷纷围了上来,七嘴八舌地提问,虽然问的都是小儿科的"炼钢"问题,父亲还是耐心地听着,然后用通俗的语言给大家讲解什么是钢,什么是铁,炼钢是怎么回事,接着又"指导"我们:炉膛要挖得大些,免得火花爆出来伤人;砖该怎样砌炉子才不会烧塌;烧出来的金属块即使黑了也不能用手抓,因为它还会有几百度的温度;打砂轮的时候要戴眼镜、帽子,避免火花伤眼烧头发……父亲赞扬了我们的热情,但更多的是提醒我们注意安全,千万别出事故。

1958年,父亲从鞍钢总工程师的职位调离,到北京钢铁研究院任研究室主任,工作性质也由工程技术变为科学研究,他很快适应了角色的转变,立即投身于各项科研之中,和研究室的同事们一起,在真空冶炼物理化学应用、铁水提铌新工艺等诸多项目上获得了多项重大科研成果,带出了一支支能打硬仗的青年科研队伍。他似乎比以前更忙了。

"文化大革命"开始后,父亲"毫无悬念"地被戴上了"资产阶级反动学术权威"的帽子，遭批斗、住牛棚……那时我临近大学毕业，大多时间逍遥在家。一天晚上，父亲回到家里显得格外疲惫，躺在床上不说一句话。我走过去问他怎么了，他轻描淡写地说了说自己的"遭遇"，这是有生以来父亲第一次跟我说起他在外面经历的事，可当看到我满脸的心疼时，父亲反而安慰起我来："没什么，一切都会过去的，我又没犯什么错误。"又说："我现在只担心会影响到你们的未来。"接下来，父亲沉默不语了……似乎想跟我说什么，却欲言又止。良久，父亲终于艰难地说出了令我今生难忘的一句话："现在形势越来越严峻，以后还不知会发生什么事，一旦到了那个地步，你和小弟（我弟弟邵贝恩）可以提出跟我断绝关系，大义灭亲，我不会怪你们。"父亲的话让我顿时崩溃了，眼泪唰唰地流了下来："我们决不会跟你断绝关系，没有什么大义灭亲，你不是坏人，你是我们的好爸爸。"我捂着脸跑出了房间，失声痛哭……我无法想象没有父亲的日子。

不管承受了多少磨难，首先想到的是他人，而不是自己，这就是我们的父亲！

随着"文革"的不断升级，斗争方向转变了。父亲这批"反动学术权威"被放回了家，成了逍遥派。没书可看（家里的书早已上交被拉走），没工作可做，这对父亲来说是最难以忍受的。他去书店买来一堆衣服裁剪纸样和相关书籍，开始研究起裁剪了。接着买来布料，照着这些裁剪图样开始给家人做起了衣服，同样是那么认真、投入。随着裁剪水平的不断提高，不断有街坊、邻居慕名而来。

改革开放以后，虽然父亲年事已高，仍愉快地回到了自己的工作岗位，又开始全身心地投入到他的事业之中。

父亲的一生经历过多次的磨难，年轻时几次工业救国梦想的破灭，使他陷于报国无门的困境；1957年一次不合时宜的发言，让他经受批判，调离降职；"文化大革命"中再经磨难；晚年身患绝症……但这一切都不能将他打倒，他还是那样乐观向上地生活着。

正如漫画家方成先生所说："我的一个长寿秘诀就是'尽人事听天命'。我最倒霉的时候，我心里一点不着急，每一个人，生活里面一定会遇到很多想象不到的事情，人生就是这样，每个人都一样，所以碰到多倒霉的事我心里都不难受。"父亲有方成先生同样的心态，一生豁达乐观，又不失幽默风趣。

父亲是一个心底敞亮、意志坚定、达观大度、严于律己、宽以待人的人。他以无私、无欲、无求铸就了自己完美的一生；用自己的一言一行潜移默化地浸润着我们，抚育着我们成长。父亲虽然离开了我们，但是给我们留下了受用一生的精神财富。我们永远怀念他！

**邵贝羚**（邵象华之女）

# 记象华叔叔——侄女邵秀民

我是邵象华的侄女。父亲邵象伊和象华叔叔是亲兄弟。

我 21 岁那年才见到了象华叔叔。此前，在我幼年时期，正值日寇入侵，抗日战争爆发，父亲带着全家随江苏医学院迁到四川重庆北碚，而叔叔则在大西南各地为建立中国的第一个钢铁企业而奔波，并在武汉大学担任冶金学教授，为中国培养第一批钢铁人才。抗日战争胜利后，江苏医学院迁回江苏镇江，父亲继续担任教授，而叔叔则参加了从日伪手里接收鞍钢的工作，在解放后担任鞍钢的总工程师，为新中国钢铁事业的发展做出了贡献。在 20 余年中他们兄弟二人始终没有能碰到一起。直到 20 世纪 50 年代末，两人同被选为全国人大代表，他们才在北京见了面。由于父亲在家里比较沉默寡言，加之我在家时年龄比较小，除了叔叔的一般经历外，父亲并没有给我讲过很多关于叔叔的具体情况，他只谈到过他赴德国留学是由于得到了象华叔叔的资助。当时叔叔考取了庚子赔款公费留学资格，经费比较宽裕，就拿出一部分钱来帮助我父亲出国留学。父亲原来是学临床医学的，后来他认识到公共卫生和防疫的重要性，而且当时国内公共卫生事业急需人才，父亲决定留学德国转而攻读卫生学。由于叔叔的资助，父亲的理想能够实现，后来回国在我国公共卫生事业上有所建树。父亲简单谈到的叔叔的这些情况，使我在见到叔叔以前，心中已经有了他的高大形象。

1958 年我从北京大学数学力学系毕业，分配到中国科学院数学研究所工作。就在这一年，叔叔也调到了北京钢铁研究院工作，全家迁到了北京。从此，我在北京又有了一个家。我和叔叔婶婶一起度过了五十几年愉快而又难忘的岁月。叔叔、婶婶对待我们这些后辈，就像亲生子女一样。从我和男友武际可谈恋爱一直到后来结婚，周末都要"回家"去。我们有子女后，就带着孩子一起回去，以叔叔、婶婶的家为家。不仅是我们，我哥哥那时在建筑科学院读研究生，他也是常常回去的。后来他留在北京工作，我嫂嫂调来北京，他们和他们的孩子们也自然成了叔叔、婶婶家的固定成员。

经常回叔叔、婶婶家的除邵家子女外，还有婶婶王家在京、津地区上学的侄儿、侄女、侄孙、外甥以及他们的爱人、男友或女友们。还有我堂妹、堂弟的同学和朋友们，甚至有叔叔、婶婶在鞍钢的同事的子女们……有时，叔叔和我哥哥在假日下围棋，我们在一旁观战。更多的时候是叔叔、婶婶和我们这些兄弟姐妹们一起说说笑笑，十分开心。而最使我们难以忘怀的是叔叔、婶婶经常在周末带领我们骑自行车去郊区游玩，大队人马浩浩荡荡，中午就在外面野餐，吃自己事先准备好的食品。我们的足迹遍及北京的各个景点，也留下了许多珍贵的照片，其中最令人印象深刻的一张就是在颐和园拍的"十八罗汉图"，那一次参加活动居然有 18 人之多。

叔叔、婶婶在几十年中一直给予我们呵护、关爱和照顾。这样的事情举不胜举。我和武际可在北京的婚礼，就是婶婶和叔叔帮忙操办的，那时我们双方的父母都不在北京。1962 年正值经济困难时期，吃饭要粮票，买衣服要布票，现时年轻人结婚必不可少的新房、婚宴，那时都谈不上。同一集体宿舍的其他同事挤到其他宿舍去，把房子腾出来，然后把两张单人床拼起来，把我们原来的铺盖搬来就是新房了。熟人和朋友们给我们凑了一些布票，婶婶领着我们到城里跑了几家商店，买了一条漂亮的双人床单和一些日用品，朋友再借给我们两条绸被面把旧被子包起来，就把"新房"布置得漂漂亮亮了。在婚礼上穿的衣服没有布票买，叔叔、婶婶就翻箱倒柜挑出两件最好的衣服给我们穿上。婚礼是在北大数力系的会议室举行的，系主任段学复教授和王仁教授代表男方领导，叔叔、婶婶和数学所的吴新谋教授分别代表了家长和女方领导，婚礼虽简单倒也热热闹闹。

叔叔对我业务上的成长也是很关心的。这里要特别提到叔叔帮助我学英文的事。改革开放以后，由于工作需要，我需要在国际会议上用英语作学术报告，出国学术访问时要用到英语作演讲，但那时我的英文水平是很低的，只有中学的一点基础（大学时我学的是俄文），再加上跟着电视英语教学节目学的一点简单的口语。我写的英文稿只是用语法的框架把一些单词堆砌起来，虽然没有大错，但外国人说话不是这么说的，他们听起来觉得很别扭。开头两年，我写好的讲稿就拿去给叔叔看。叔叔的英语极好，他讲的不是那种生硬的中式英语，而是道道地地的英语，写出来漂亮而流畅，即使长期生活在国外的人也不一定能够达到这种水平，这需要能够融入国外社会，并有相当的悟性才行。叔叔每次都仔仔细细地帮我修改讲稿，一边修改一边告诉我，为什么是这样而不是那样。叔叔的这些手迹，我都作为珍贵的英语教材而保留起来了，每天早上我学英语时，常常拿出来朗读或背诵，对我帮助极大，因为这是结合我的工作而千金难买的活教材。我的英语水平有所提高，和叔叔的帮助是分不开的，有高人指点，事半而功倍。以上仅仅是叔叔、婶婶给予我们关爱的大量事例中的点点滴滴。叔叔、婶婶这样做，不仅是由于他们性格开朗、热情好客，主要还是由于他们有大爱之心。这种爱心不仅给予了我们这些身边的亲属和熟人，对所有的亲属，他们都很关心，并给予力所能及的帮助。由于他们的品德和性格魅力，自然而然地成为了大家庭的核心和精神领袖。每逢他们大寿，远在天津、宜兴、杭州甚至国外的亲属都要聚集到北京来，再加上子孙辈的"亲家"们，一般的都有几十人之多。

我对象华叔叔最敬佩的一点就是他的正直和睿智，在这方面，最令人感到震撼的一件事就是他1957年在第一届全国人大第四次会议上的发言。那时，大跃进之势已经排山倒海而来，而大炼钢铁又是大跃进的核心内容。1957年，党中央就已提出15年内钢产量赶上英国的口号，到1958年时，更提出"全民炼钢""发展中国的钢铁工业主要靠小、土、群"等。后来全国各行各业的人大都参与其中，有的还将自家的锅拿出来去"大炼钢铁"。现在看起来，这样搞工业是何等的幼稚和疯狂。但当时，这是中央的号召，是不可违抗的。就在这时，叔叔作为钢铁战线上一位最重要的专家，当着全体人大代表的面，在大会上作了一个发言，主要内容是根据钢铁工业的特点，应该搞大规模生产，即大、洋、全，才能提高效率、节省资源、降低成本。还列举了很多数据来说明这一论点。这在当时，简直是和中央对着干，是大逆不道的。作这样的发言，是要有极大的勇气的。但叔叔心里想的是钢铁工业发展的客观规律，是一个真正专家的良知，他丝毫没有考虑这样讲的后果和个人安危。这也是当时我们能够听到的唯一与大跃进"不协调"的声音。果然，不久对他的批判就开始了。就这样，叔叔的发言就成了反面教材，关于他发言的报道就成了一篇批判稿。即使这样，叔叔还是不计个人得失，和冶金部的领导一起跑遍了全国，在有条件的地方搞起了小、洋、群，帮助解决其中的技术问题，这部分纠正了大跃进中瞎指挥的错误，挽回了一些经济损失。这件事最集中地反映了叔叔的大智大慧和坚持真理的品格。一方面，他在很多复杂的情况下都能保持清醒的头脑，对事物做出正确的分析判断，平时我们和他交谈中，就觉得受益匪浅。另一方面，他又能坚持自己的正确意见，绝不为了自己的私利而趋炎附势。他是一个真正忧国忧民的爱国者，一个正直的知识分子。

叔叔的另一个令我十分敬仰的特点就是他豁达大度。叔叔并不总是一帆风顺的，但在任何逆境中他都保持着乐观和积极的态度。叔叔在人大会上作了那个"大逆不道"的发言后虽然他很多炫目的头衔仍被保留了，他仍有很高的社会地位，但根据我几十年的社会经验，他的工作肯定是会要调整的，对他的使用肯定是会受到限制的，但叔叔却从来不对我们提及这类事情。他以极大的热情又投入到新的研究工作中去，解决了冶金工业中的很多重大问题。"文化大革命"中他受到了极不公正的对待，被关进了"牛棚"。住房被收走了，家里其他人挤在一间极小的屋中。后来叔叔和婶婶一起被下放到"五七干校"劳动，那时他们已经是60多岁的老人了。他们的女儿和儿子虽然都是名牌大学的尖子学生，但女儿被分配到山西当油漆工，儿子被派到抚顺钢厂当工人。直到"文革"后期，叔叔、婶婶才回到了北京，但那时他们连那一小间屋子都没有了，许多珍贵的藏书被送往废品收购站。他们只好在我家住了一段时间，叔叔、婶婶、我和我的儿子一起挤住在一间 16m² 的房子里。直到"四人帮"被打倒，"文革"结束后，他们才恢复了正常的待遇和工作。女儿和儿子也考取了研究生，回到北京来，后来都到研究单位和高校工作，成为他们所在单位的重要骨干。对于"文革"中所受的"委屈"，叔叔从来没有提及过。照理说，像他这样对国家做过巨大贡献的人却有这样的境遇，即使发发牢骚闹闹情绪，也是正常的，可以理解的。但他却没有那样，仍然像以前一样乐观开朗、风趣幽默，精神饱满地投入到他所热爱的钢铁事业中去。

叔叔的一生是辉煌的一生，他的整个生命都是和中国的钢铁事业紧紧地联系在一起的。2005 年纪念抗战胜利 60 周年的时候，中央电视台黄金时段的节目数次介绍他如何在抗日艰苦的条件下创建了中国的钢铁工业，建成了中国第一座现代化的平炉，用中国人自己的平炉炼出了第一炉钢，写出了中国第一本炼钢学的专著，并且培养了中国第一批炼钢人才，节目中称他为"中国钢铁工业的奠基人"。解放后，他在担任鞍钢总工程师期间，对恢复鞍钢的生产起到了重要作用；他制定了生产流程、技术规范，保证了生产的正常进行；鞍钢培养的人才被派到全国各地去建厂，使钢铁工业在全国遍地开花。几十年中他跑遍了各地的钢厂，解决生产中的技术难题。中国现在的钢产量居世界第一位，叔叔是功不可没的。"文化大革命"后叔叔已进入晚年，仍然不停地在全国奔波，他还到国外去考察和作报告，参加与外国企业的艰难谈判，对中国的钢铁工业吸取外国的先进经验，建立与国外联系发挥了重要作用。

叔叔是全家人的骄傲，他的崇高品德是全家人学习的榜样。

听说现在正在组织人力搜集材料，为叔叔写传记。在我心目中，叔叔是为数不多的值得树碑立传的人之一。我想以这篇短文为叔叔的"传"添一点墨，为他的"碑"添几块砖。愿叔叔的业绩和精神永存。

*邵秀民*（邵象华侄女）

# 记我的姑父——内侄女王亮君

我出生在一个四世同堂的大家庭中，有四个叔叔，两个姑妈，王晓云是我的小姑妈，小姑父就是邵象华。

小姑妈从小在外念书，对她的认识只限于大姑妈讲述她小时候的故事。她自幼能歌善舞且能言善辩，口才极好。一次小姑妈说第二天要登台演讲，大姑妈没有在意没有给她准备服装。演讲那天她穿了一件没有洗过的皱皱巴巴的衣服在台上滔滔不绝，最后得了第一名。因为她聪明伶俐，长得又漂亮，每到阴历七月十五家乡办庙会，她常扮演观音娘娘身边的女童，由乡亲们抬着和菩萨一起在街上游走，受到人们的赞赏，在镇上很有名气。

我第一次见到小姑父是在抗日战争胜利后的 1946 年大年夜。姑父扛着行李，姑妈抱着一个小女孩（就是我的表妹邵贝羚）来到家中。姑妈少小离家已经十几年，我们一群小孩不知"客从何处来"，大人们则惊喜异常。特别是爷爷，看到最钟爱的小女儿带着做大学问的女婿回来，更是喜不自禁。那时我尚小，对姑父的印象不深。没有料到几年后我会走进他的家，在他的亲自栽培下长大成人。

我自幼丧父母，靠祖父抚养。更不幸的是我 13 岁那年为家操劳一生的祖父又病故。有几十口人的家到了山穷水尽的地步，每天等米下锅，孩子们都失学在家。我也感到前途茫茫。远在东北鞍山的小姑妈了解到了家里的窘境，和姑父商量决定接大姑妈和一名女孩到鞍山和他们同住，大姑妈怜我孤苦无依就带着我来到了姑父这个充满亲情温暖的家，从此改变了我的命运。

我在他们身边生活多年，姑父母对我如同自己的孩子，我也把这里当作了我自己的家。曾记得高中有制图课，我总是画不好，姑父买来制图工具亲自为我示范；曾记得我穿的第一双皮鞋是姑父到北京出差时为我买的；我还记得打倒"四人帮"后姑父到鞍钢开会，为了看看我费了很多周折才找到我家，亲切地嘱咐我一定要带着孩子到北京去，他会到车站接我。后来我来到北京，正赶上下大雨，我看到姑父打着雨伞在出口处等我。到家后邻居看见了说，邵老从未到车站接过谁，今天接的原来是你啊。是呀，他能在百忙中去接一个小人物，都源于姑父一诺千金的高尚品德和平易近人的博大胸怀，令我十分感动，也是他对我的身教，让我一生受益匪浅。

我在他们身边的时候他们关心帮助我，我工作离开后他们仍然记挂着我。当我遇到高兴的事时我会第一时间告诉他们，遇到不愉快的事总是想回家听他们对我的开导和安慰。我的孩子有病，他们为我着急，怕我经济上困难多次接济我，亲切地告诉我我就是他们的女儿不要推辞。听到这些我心里暖融融的，在我的心里他们虽然不是我的父母但胜似父母。滴水之恩当涌泉相报，他们给我的不是滴水，而是涌泉一样的大恩。我很惭愧，对这样的大恩我无以回报，只有一颗赤诚的心。

姑父母工作繁忙，无暇顾及家事，把家里的一切都托付给大姑妈照料。他们对子女的教育身教即是言教，用自己的人格魅力来教育影响下一代。解放初期的鞍钢百废待兴，为了实现钢铁救国梦，姑父用极大的热忱全身心投入到鞍钢的重建工作中。那时鞍钢早上7点钟上班，他为了给工程技术人员和老干部们讲课，不跟同住一个家属区的领导们坐小汽车，天天提前一个小时骑着自行车去上班。晚上总是很晚才回家。真是披星戴月一心扑在工作上。大姑妈有一个规定，晚饭必须等姑父回来才能吃，于是大家都饿着肚子等着他。吃过晚饭，姑父母从来不闲聊马上又投入工作。一张书桌分坐两边。姑妈虽然讲课极好，仍然孜孜不倦地备课。姑父给技术人员和老干部上课没有现成的教材，白天工作极忙，只能晚上编写讲义。这些讲义修改整理后就是1950年出版的我国第一部《钢铁冶金学》专著。为了推动冶金工业迅速发展学习外国的先进经验，姑父晚上又自学了俄语，很快翻译了苏联的《钢冶金学》。同时又翻译了多部外国的著作，常常工作到深夜。因为他在鞍钢重建中贡献巨大，50年代初和孟泰、王崇伦一起被评为全国劳动模范。

姑父在工作上是我们学习的榜样，在人品上也是我们小辈学习的楷模。他为人心胸坦荡，无论在工作上还是生活上都坚持原则，外柔内刚，铁面无私。

在鞍钢工作时，我们住的是台町日式的二层小楼，房间非常狭小。此时家里有7口人，后来姑父的老父亲又从上海搬来，这么多人根本住不下，我和表弟妹住的一间房只能并排放下两张单人床，其中一人就只能睡在日本式的拉格内。到了星期日，在鞍钢工作的堂兄和姑父的亲戚也到家里住，他们只能睡地板了。为此大姑妈希望姑父跟有关部门要求换大一点的房子，姑父是从不以个人的事情去找领导的，便以沉默表示拒绝。

50 年代初我小婶婶的弟弟失业在家，他们以为姑父在鞍钢很有地位，为他介绍一个工作应该不难，于是不经同意贸然来到鞍山。我姑妈很为难，以姑父的为人，这种事情断然不肯。最后这个人知道姑父的为人后也就回去了。

还有一件事是我亲身经历，80 年代初我爱人考取到美国做访问学者，需要有一个专家做担保人，我们认为姑父是最好的人选，就和姑父商量，开始他同意了。但过了几天给我们写了一封信，经他再三考虑婉言拒绝了。理由是专业不对口，姑父是冶金专家，我爱人是搞自动控制的，他作担保人不合适。我们认为他说得有理，坚持实事求是。

姑父母对亲戚十分关心和爱护，在经济上更是大力帮助，曾资助了多个王家的人，但自己的生活却很节俭。那个时代每逢过春节都讲究给孩子们做新衣服，但姑父母从不给表弟妹做，平时穿什么，过节也一样。也没有压岁钱。姑父自己除了出国访问或者开重要会议有几套西服以外，平时穿着也很朴素。他的一件 70 年代做的涤卡夹袄，里子和贴边开线处拖到衣服外边，他有事外出又找不到合适的衣服，情急之下想出妙招，剪了一条橡皮膏贴在开线处，我见了真是哭笑不得，赶快为他缝好。不久上街在大商场门外的摊位上买了一件廉价的夹克衫，当时没有检查，回家一穿拉锁是坏的，他自己动手修好了。姑父衣着朴素，可是特别有派。年轻时如此，即使到耄耋之年也是既神气又帅气。在每次家庭聚会的照片中，依然是姑妈最漂亮，姑父最儒雅。这种漂亮和儒雅不仅是外表的，更是学识人品的外在表现。姑父母自己如此，对子女也是如此。50 年代初，一位德国专家也是姑父的朋友来鞍钢访问，姑父要带小表弟去陪德国专家游千山。见重要的客人总要穿得像样一点，刚好前几天用旧西装为小表弟改了一件上衣，可是怎么也找不出与此相配的裤子，找来找去每条裤子上都有补丁，无奈只好穿条补过的裤子去见尊贵的客人了。在他们的教育下，表弟妹从小知道节俭。一直到现在他们经济条件都很好，但依旧衣着朴素大方，为人诚恳热情。

姑父的一生是不平凡的一生。为圆钢铁救国梦，姑父贡献了毕生的心血。他为人低调，荣辱不惊。他的高尚品格我们由衷钦佩。我们自己要向他学习，也要教育我们的后代以他为楷模。

**王亮君**（邵象华内侄女）

2012 年 3 月

## 沉痛悼念敬爱慈祥的姨夫邵象华——外甥傅志方

我最尊敬的、慈祥可亲的姨夫，新中国钢铁事业的先驱者、奠基人，知识分子的楷模邵象华与我们永别了。他享年99岁。按中国的年历，他已度过了100个春秋，已是一位百岁老人了。他虽已是一位长寿、有福气的老人，但对我们小辈来说，失去这样一位我们心目中最尊敬的、关爱我们的、慈祥的长辈十分悲痛。

我从16岁起就受到姨夫、姨妈的关爱和教育。我记得抗日战争胜利后，姨夫、姨妈带着表妹邵贝羚从四川回到宜兴。我第一次见到姨夫，他给我的第一印象就是一位温文尔雅、和蔼可亲的知识分子，受到大家的尊敬与爱戴。他在宜兴待了几天后，就到南京资源委员会报到，并受当时资源委员会的委派去东北鞍山，从日本人手里接收鞍山钢铁公司。我姨妈和表妹留在宜兴，和我们一起生活。我姨妈当时已怀上表弟邵贝恩。不久我表弟出生。后来我姨妈去鞍山，并将表弟、表妹留下由我妈妈照顾，与我们一起生活。鞍山解放前后，关内外信息隔断，无法联系。直到上海解放，姨妈才从鞍山回到宜兴，将表弟、表妹接到鞍山。我亦从宜兴去了北京，由当时的政协介绍去大连大学学习。我由北京先到鞍山，在鞍山姨夫姨妈家住了一个多星期，然后再去大连。在鞍山期间，姨夫、姨妈对我十分关爱，鼓励我好好学习，将来成为国家需要的知识分子，并负责供应我上学的全部费用，使我顺利完成了5年的大学学习。由于他们的培养，我才能成为今天的一位知识分子、大学的资深教授。我能有今天完全靠姨夫、姨妈的栽培。我的感恩之心将永生不忘。

有一件事使我终生难忘。我1949年去大连大学学习。当时大连的生活条件十分艰苦。我从小就娇生惯养，吃不起苦。我从上海大城市初到大连，生活很不习惯，自我感觉艰苦难忍。我不想在大连继续读书，想回上海。我母亲亦怕我受苦，亦多次要我回去。她给我发来加急电报。电报中说"你父亲病危，速回。"其实我父亲在我8岁时就早已去世。我母亲发此电报谎说我父亲病危是便于我向学校请假回家。我当时一心想回去。我向姨夫、姨妈征求意见。他们坚决反对，不同意我回去，要我克服困难，坚持学习。我经过反复思想斗争，艰苦地做出了正确的决定，留在大连继续学习。我寒假回鞍山，姨夫对我说，现在刚解放，国家尚处于百废待兴之时，生活困难是暂时的，国家需要大批知识分子参加建设，我们知识分子大有前途，你应该好好学习，将来参加祖国建设。我亦亲眼目睹他忘我工作，艰苦奋斗的工作热情，使我十分感动。后来我努力学习，刻苦奋进。在我毕业时，以优异的成绩，被分配留校当研究生，在苏联专家指导下继续深造。后来大连工学院造船系并入上海交通大学，全系教职工、学生、研究生及苏联专家全部调往上海交大。我便在上海交通大学完成研究生学习，成为新中国培养的第一批研究生。毕业后留在交大任教，成为一名资深教授，直至退休，为国家的教学、科研做出应有的贡献。如果当时没有姨夫、姨妈的教导和规劝，我中途逃学，就不可能有今天的我。姨夫、姨妈对我的恩德，我将永世不忘。

我对姨夫不仅有感恩之心，更主要的是他是我心中的学习楷模和崇敬的先师。他的学习、奉献、奋进的精神,值得我们学习。他聪明、勤奋,19岁就大学毕业,21岁考取中英庚子赔款留学英国,25岁就当上教授。这样年轻有为者,在我国知识分子中,是极其少有的。他是我国钢铁事业的先驱者、奠基人,是我国科学院和工程院的两院资深院士。他为我国钢铁工业的发展,贡献了毕生的精力。他不仅在学习、工作中的奋进、奉献精神是我们学习的榜样,而且在为人人品方面亦是我们学习的榜样和楷模。姨夫为人正直,坚持真理,对原则问题从不含糊,对违背科学的言行总是反对。他对"大跃进"、大炼钢铁运动十分反感,认为这是反科学、浪费、浮夸的行为。他在人大会上公开发言认为钢铁生产必须依靠科学、技术,必须要有一定规模,不能搞"小、土、群"。这种观点与当时的大跃进思潮针锋相对,受到极力批评,以致在"文化大革命"中把他作为"反动学术权威"进一步批斗,被关入"牛棚",发配到"五七干校"劳动、改造。这些惩罚并不能改变他的观点,他坦然相待。对生活上受到的痛苦,他亦并不在乎,依然保持乐观态度。他这种坚持真理、乐观处事的精神,值得我们小辈学习。他还是一位诚恳、和善的人。在家里我们从未看到他发火骂人,对我们小辈更是关爱备至,从未看到他对小辈无理训斥、蛮横施压,而总是以身作则,身教重于言教。甚至我们的下一代小辈们总是对这位公公、爷爷热情相随,甚至调皮捣蛋,但他总是亲热相伴,欢笑对待。他还是一位幽默风趣的人,在家里总是谈笑风生。在关键时刻,他的一句幽默话语总是引起大家哄堂大笑。和他在一起生活从不感到拘束,总是心情宽松、愉快。

姨夫不仅是优秀的科学家、工程师,而且还是一位艺术爱好者。他年轻时喜爱小提琴,参加学校的交响乐队。他还是一位音乐鉴赏家。他对国内外的经典乐曲特别感兴趣,不仅反复欣赏,而且有专门研究。他收集了大量国内外的名曲,制成大量磁带和唱片,并编成唱片集,对每个乐曲进行编号并对其特点进行解说,编写成册。

对外国经典乐曲还用英文说明。我们最近整理他遗物时，发现他有两大柜子的录音带及唱片，约数百盒之多，并有一本用中英文写的说明书。我们外行看亦看得懂。他虽是一位工程科学家，但对艺术，特别是音乐有很深的造诣，是一位才艺双全的多面手。

我的长辈、先师、楷模，我敬爱慈祥的姨夫离开我们了。我将永远怀念他，学习他。

亲爱的姨夫，您一路走好，安息吧！

傅志方（邵象华外甥）

2012 年 4 月 5 日

# 附录二　邵象华年表(1913～2012 年)

### 1913～1918 年　1～5 岁

邵象华，1913 年 2 月 22 日生于浙江省杭州市，宋朝理学家邵雍（康节公）之三十二世孙。

### 1919～1921 年　6～8 岁

进入衢州中学附属小学初小部读书，学习两年完成初小部学业。

### 1922～1923 年　9～10 岁

转入杭州木业小学高小部读书，跳级一次，两年学完高小三年课程。

### 1924～1925 年　11～12 岁

1924 年进入杭州宗文中学初中部学习，再跳级一次，两年完成初中部三年学业。

### 1926～1927 年　13～14 岁

1926 年考入浙江省公立"甲种工业学校"预科（后改为浙江大

学预科），学习两年（相当三年的高中学业）。

## 1928~1931年　15~18岁

1928年考入国立浙江大学工学院化学工程专业，学制四年。

## 1932年　19岁

国立浙江大学化学工程专业毕业，获化学工程学士学位，由学校推荐到上海一家造纸厂工作。同年接受上海交通大学聘请，任该校化学系助教。

## 1934年　21岁

考取第二届中英庚子赔款公费留学。同期录取有26人，与丘玉池两人进入英国伦敦大学帝国理工学院冶金系学习。

## 1936年　23岁

8月英国伦敦大学帝国理工学院冶金系本科毕业，与丘玉池分别以第一、二名的优异成绩获得一级冶金荣誉学士学位。继续攻读硕士学位，在导师卡本特（H. C. H. Corpenter）爵士指导下，从事钢表面渗氮硬化机理的研究。

## 1937年　24岁

7月获冶金工程硕士学位，同时荣获马瑟科学奖金（Mathey Prize），并被授予英国皇家矿学院会员（A. R. S. M）学衔和帝国理工学院奖状（D. I. C）。导师卡本特（H. C. H. Corpenter）爵士向中国中英庚子赔款董事会写推荐信，建议其批准邵象华继续留读博士学位，获得批准。

8月，中国资源委员会委员长翁文灏先生借参加英国新国王乔治五世登基加冕仪式来到伦敦召见中国留学生，翁文灏先生亲自动员邵象华回国参加中央钢铁厂的筹建工作，素有工业救国思想的他当即决定放弃攻读博士，接受回国工作邀请。随后几个月他在翁文灏先生的安排下先后考察了英国、法国、比利时、卢森堡等几个欧洲主要钢铁工业发达国家的钢铁工厂。

在《中国工程师学会会刊》上发表题为《十五年来德国钢铁工业技术上之演进》。

# 1938 年　25 岁

1月与已在德国商谈中央钢厂技术设计的王之玺、毛鹤年等人以及来德学习的靳树梁、杨树棠、李松堂、张匡夏、谭振雄、吴之风、史通、王原泰、刘刚一行9人会合，组成实习团队到德国克虏伯钢铁厂进修实习。

几个月后，国内的局势发生了重大的变化。日本帝国主义侵占了我国大片领土，位于湘潭的中央钢铁厂的土木工程也受到影响，资源委员会决定中央钢铁厂停建，对这批人做了相应的另外安排。

11月在瑞士的两家机械制造企业作短期考察后回到了中国，被分配至资源委员会在建中的昆明中央机器厂，负责建立该厂的理化实验室和耐火材料厂。

1938 年在中英庚子赔款董事会出版的《英国钢铁学会论文集》（英文）上发表《钢渗氮硬化机理研究》。

## 1939~1940 年　26~27 岁

8 月，应武汉大学校长王星拱先生邀请到武汉大学（校址在四川乐山）任冶金学教授，并筹建武汉大学矿冶系试验室。同年结识在武汉大学历史系就读的学生王晓云。

1940 年在重庆中英庚子赔款董事会出版的《中英庚子赔款董事会纪念论文》（英文）上发表了《金属研究的物理方法》。

## 1941 年　28 岁

受资源委员会派遣到四川綦江电化冶炼厂筹建炼钢厂并任第四厂厂长。

在任四川綦江电化冶炼厂第四厂（炼钢厂）厂长期间（1941~1944 年）亲自主持设计和建造了一座新型炼钢平炉。

他在设计平炉时，应用国外当时已发展起来的冶金炉热工和空气动力学原理，做出了有科学依据的设计。这座容量只有 15t，但已是除沦陷区外的全国最大平炉。

## 1942 年　29 岁

9 月 2 日与王晓云在重庆结为夫妻，邀请刁伦然、周慕兰、靳树梁、毛鹤年、戴礼智、丘玉池等几位朋友小聚，并合影。

## 1943 年　30 岁

5 月 10 日女儿邵贝羚出生在四川綦江电化冶炼厂宿舍家中，由邻居德国专家的夫人（曾为护士）来家接生。

## 1944 年　31 岁

亲自主持设计和建造的新型炼钢平炉于 1944 年年末投入生产。

通过十分困难条件下的建设与生产实践，他和他所领导的一批年轻技术人员得到极大锻炼，为发展我国钢铁事业培养了一批优秀的技术人员。

这座平炉的设计和投产，受到当时的领导和冶金界同行的称赞。抗日战争胜利后，炼钢厂停产。

在《资源委员会季刊》上发表了《炼钢平炉之设计》。

3 月 12 日母亲吴道芳因病在上海去世，终年 55 岁。

## 1945 年　32 岁

8 月 15 日本投降，受资源委员会派遣赴东北接收原日伪钢铁企业。女儿邵贝羚被送回江苏宜兴由夫人王晓云的大姐抚养。

## 1946 年　33 岁

资源委员会任命邵象华为鞍山钢铁有限公司协理兼制钢所所长，主持炼钢厂和耐火材料厂的恢复工作。

9 月 4 日儿子邵贝恩在上海出生，出生后送回江苏宜兴抚养。

## 1947 年　34 岁

日本帝国主义投降前后，鞍钢遭到彻底的破坏，使鞍钢成为一片废墟。时任鞍山钢铁有限公司协理兼制钢所所长的邵象华和老工人们一起，在废墟上修复了炼钢炉和相关设备，炼出了日本投降后的第一炉钢。

夫人王晓云由江苏宜兴返回鞍山。

## 1948 年　35 岁

2 月 19 日鞍山解放，同其他 5 名原协理和 30 余名技术人员一起留在鞍山，被解放军安全转移至丹东市参加政治学习。

10 月奉命到北满，在鸡西一家小炼铁厂协助工作，几天后到哈尔滨东北重工业部报到。

11 月 2 日解放沈阳当天，随人民解放军进入沈阳。随后参加接管鞍山钢铁有限公司工作，在新诞生的鞍山钢铁公司中，担任总工程师，并先后兼任炼钢厂生产技术副厂长和公司技术处处长。他全身心地投入炼钢厂的生产恢复工作。

夫人王晓云任鞍山一中历史课教员。

同年秋，女儿邵贝羚、儿子邵贝恩被接回鞍山，分别送至供给制保育院的大班和小班。

## 1949 年　36 岁

主持了以大型预备精炼炉和平炉为中心的设备修复及投产工作。他亲自制订炼钢工艺和操作技术，置身现场，与操作人员共同解决了开工初期不断发生的煤气爆炸、炉料冻结、炉顶烧化和倒塌、炉底出坑和穿漏等一系列技术难题和事故，终于掌握了一整套大型平炉的操作运行经验，使操作水平不断提高。

利用该厂原有的预备精炼炉生产当时国家铁路运输急需的冷铸车轮的特殊铸铁。

4 月 2 日 1 号平炉出钢。

4月25日2号平炉出钢。

5月1日炼钢厂宣布恢复全面投产，党中央派贺龙同志出席了一炼钢厂的复工典礼，向鞍钢工人表示祝贺和慰问。接着陈云同志也来到鞍钢，对鞍钢修复工作给予热情的鼓励。

7月9日，鞍钢隆重举行"鞍钢开工典礼庆祝大会"。东北人民政府副主席李富春、林枫等领导到会祝贺。中共中央、中央军委为开工典礼送来了"为工业中国而斗争"的锦旗。大会庄严宣布：新中国第一个大型钢铁联合企业正式投产了。

8月15日，因对恢复生产所做的贡献，被鞍钢公司授予二等功臣称号。

1949年起任《鞍钢》（技术刊物）主编。

## 1950 年　37 岁

在一年的时间里，炼钢厂1座混铁炉、6座大型平炉、3座预备精炼炉及附属设备全部得以修复和投产，各项技术经济指标大多达到日本侵占时的水平，如硅砖炉顶平均寿命很快达到日本侵占时期90~100炉的水平。

恢复生产初期，鞍钢各项消耗指标均比较落后，产品质量也有许多问题，针对这种状况，他以很大精力推动鞍钢的技术改进和研究开发工作。5月，作为技术处处长在苏联专家协助下，率领一批技术干部深入调查研究，查阅文献，部分内容还通过实验验证，制订出一套鞍钢技术操作规程和产品检验标准。这些技术操作规程也为后来国内其他钢铁企业制订规程提供了样本。当时鞍钢颁发的钢坯、型材、板材和钢绳等产品检验标准也为后来制订部颁标准和国家标准打下了基础。

在技术期刊《鞍钢》上发表了《鞍钢平炉烧炼炉底总结》《炼钢厂一九五〇年上半年生产技术的研讨》《论平炉炉顶》《沸腾钢》

等许多针对工作需要的技术文章。

## 1951 年 38 岁

鞍钢的钢产量迅速增长，1951 年达年产 58.7 万吨。

鞍钢炼铁厂冶炼低硅铁成功后，炼钢厂原有的预炼二重操作法失去存在的意义，采纳并支持刘嘉禾、张春铭等提出的建议，将原来的预炼炉改造为平炉直接炼钢。在这年进行了设计和施工，于后两年将 3 座预炼炉全部改造为 150t 倾动式平炉，钢产量提高了 50%。

撰写的我国第一部《钢铁冶金学》专著 1951 年 3 月由东北工业出版社出版，这是新中国最早出版的一部钢铁中级技术专著。

与苏联专家 М. С. Каменичный 在《鞍钢》上共同发表《平炉铬镁砖炉顶》，与苏联专家 Я. Н. Зайцеъ 在《鞍钢》上共同发表《平炉砌砖》（上）和《平炉砌砖》（下）。

主持翻译并由东北工业出版社出版了国际上主要的炼钢专著、美国出版的《碱性平炉炼钢》。

## 1952 年 39 岁

1952 年鞍钢平炉炉顶寿命及其他主要技术经济指标都达到或超过该厂历史上的最高水平。钢产量达年产 78.9 万吨，超过年产 58 万吨的原设计能力和 58.7 万吨的历史最高水平。

供给制保育院停办，女儿邵贝羚和儿子邵贝恩被接回家中，夫人王晓云守寡多年的大姐王蕴仙来鞍山帮助管家，同行有她的儿子傅志方和侄女王亮君，前来上学。

## 1953 年 40 岁

国庆节被邀请到北京参加国庆观礼，从天安门城楼两边观礼台上，第一次亲眼看到毛主席和其他领导人。

译著《钢冶金学》由冶金工业出版社出版，该书在炼钢科技人员中广为流传和使用，并被用作当时冶金高校的教材。

独居多年的父亲邵昂士（解放后一直以"字"为名）由杭州来鞍山与儿子全家团聚。夫人王晓云的侄子王秉涛由老家来鞍山上学。

## 1954 年　41 岁

9 月，与鞍钢的孟泰、张明山、胡兆森、沈策一起当选为第一届全国人民代表大会代表。9 月 15 日召开第一届全国人民代表大会第一次会议，毛泽东主席致开幕词。参加了在中南海怀仁堂召开的大会主席团扩大会议，毛主席主持会议，近距离地看到毛主席、周总理等国家领导人。

在第一届全国人民代表大会第一次会议上的发言由新华社以《邵象华代表的发言》为题发布新闻稿。

在《重工业通讯》上发表《鞍钢生产中的新技术》。

11 月 1 日出席中国金属学会筹备工作组座谈会，16 日选举产生筹备会常务委员 18 人，邵象华名列其中。

## 1955 年　42 岁

当选为中国科学院首批学部委员（1993 年改称院士）。

7 月 5~30 日出席第一届全国人大第二次会议。

20 世纪 50 年代，鞍钢大量生产的是沸腾钢，它比镇静钢成本低、钢坯切头少，但存在成分偏析。他主持并参与了在钢锭凝固期间喷吹小量压缩空气（或氧气），从根本上减轻沸腾钢偏析的新工艺开发，取得了显著减少偏析及由它造成的缺陷的效果，该项创新成果发表后，英国国营钢铁公司立即来信要求提供详细资料。

提出并组织试制、试用铬镁砖炉顶，第一次试用时炉顶寿命即达 344 炉。但中国铬矿资源贫乏，铬镁砖炉顶难以大量使用，他组织公司有关部门，与中国科学院金属研究所协作，开始了以国产镁石和高铝矾土为原料的平炉铝镁砖炉顶的研究、试制和试用工作。

## 1956 年　43 岁

上半年，参加国务院科学规划委员会制定《1956~1967 年科学技术发展远景规划纲要》并参加起草钢铁部分的工作。

6 月 15~30 日出席第一届全国人民代表大会第三次会议。

随冶金工业考察团赴苏联、民主德国和捷克斯洛伐克考察，回国后在全国炼钢会议及其他场合介绍出访考察收获。

从 1956 年起，先后担任国家科委钢铁组成员、冶金学科组副组长。12 月 1 日在中国金属学会第一届全国代表大会上被选为常务理事。

在《钢铁》（技术刊物）上刊登《快速炼钢应该注意哪些问题——鞍钢技术处处长邵象华在鞍钢快速炼钢大会上的发言》。

1956~1963 年任《金属学报》编委；1963~1983 年任编辑部副主任编委。

## 1957 年　44 岁

6 月 26 日~7 月 15 日出席第一届全国人民代表大会第四次会议，并在会议上做了《钢铁工业应大型化》的大会发言。发言前第一次与毛主席握手。

与中国科学院金属所合作开展的平炉铝镁砖炉顶研究获得了成功，当年在鞍钢 180t 大平炉上首次试用，平炉寿命达到 520 炉，超过了当时国际上铬镁砖砌炉顶的寿命水平。截至 1959 年，鞍钢全部平炉改用铝镁砖砌炉顶，他组织了鞍钢耐火材料厂、中央试验室、炼钢厂和中国科学院金属所有关人员一道奋战，取得良好成绩。

在参加起草国家《1956～1967年科学技术发展远景规划纲要》时，呼吁大力创造条件发展氧气顶吹转炉炼钢。

译著《平炉钢冶金学》由重工业出版社出版。

1957年起担任《钢铁》编委、副主任编委。

## 1958年 45岁

2月1～11日出席第一届全国人民代表大会第五次会议。

5月，参观考察马鞍山钢铁公司。

8月，调冶金部钢铁研究院（1979年更名为钢铁研究总院）工作，担任炼钢研究室主任，携全家迁往北京。

陪同冶金部领导视察许多地方小钢铁厂，从技术上积极帮助他们解决生产建设中的问题。

11月，与王之玺等赴西昌考察黎溪小土群炼铜。

在《金属学报》上先后发表《重轨钢罐内脱氧对钢质的影响》《减轻沸腾钢偏析的研究—Ⅰ．在钢锭模内用氧气（空气）处理》《减轻沸腾钢偏析的研究—Ⅱ．钢3巨型钢锭的吹氧、吹空气和加钢板冷却处理》和《沸腾钢3中板分层现象》。

## 1959年 46岁

4月，当选第二届全国人民代表大会代表，4月18～28日出席第一次会议。

7月，赴新安江水电站、富春江水电站调查建筑钢材的性能要求。

在《钢铁》上发表《一定要使转炉炼钢厂的化铁炉过技术关》

《上钢六厂转炉炉龄领先》《十年来我国平炉炼钢》《铁矿石直接还原》（综合性评述）《铁矿石直接还原（续)》（综合性评述）。

## 1960 年　47 岁

3 月 30 日~4 月 10 日出席第二届全国人民代表大会第二次会议。

为适应国家发展国防尖端材料的需要，向有关领导建议，将炼钢研究室改组为冶金物理化学研究室，从事冶炼钢及新型合金的有关基础研究与技术开发。结合当时军工任务，带领年轻科研人员进行了真空条件下冶金反应过程的研究。同时开始主持建设特种熔炼技术研发平台，从国外购买一批 10~200kg 真空感应炉。

在《钢铁》上发表《发展热风转炉，为转炉炼钢的全面更大跃进而奋斗》。

## 1961 年　48 岁

率专家工作组赴上钢一厂、三厂，帮助其新建的转炉车间提高化铁炉操作水平及提高侧吹转炉炉龄，收到良好效果。其后冶金部在上钢一厂召开了全国性现场会议，以推广他们创造的经验。

继续开展真空条件下冶金反应过程的基础研究，内容涉及真空熔炼炉内铁基、镍基熔池中的碳脱氧、氧脱碳反应，合金元素及微量杂质元素的挥发，坩埚耐火材料对熔池的供氧作用等。

## 1962 年　49 岁

3 月 27 日~4 月 16 日出席第二届全国人民代表大会第三次会议。

针对包钢铁矿资源，带领工作组与包钢合作，成功地研制了我国最早的锰铌低合金钢，并根据时任钢铁研究院院长陆达的建议，进行从平炉钢渣中提铌的试验，并取得成功。该生产流程在包钢一直沿用到 20 世纪 80 年代后期。

为解决从大高炉铁水中回收铌和锰的问题，创造性地提出了包钢铁水雾化连续提铌和锰的试验方案，并开始试验室研究。

8 月，携夫人王晓云参加冶金部组织的北戴河休假。

9 月 2 日与夫人王晓云在北京中国照相馆合影，纪念结婚 30 周年。

## 1963 年　50 岁

11 月 17 日～12 月 3 日出席第二届全国人民代表大会第四次会议。

继续开展真空条件下冶金反应过程的基础研究。进行包钢铁水提铌的小型试验。

## 1964 年　51 岁

12 月，当选为第三届全国人民代表大会代表，1964 年 12 月 21 日～1965 年 1 月 4 日出席第三届全国人民代表大会第一次会议。本届代表任期历时 11 年，仅召开了一次会议。

国家开发核能迫切需要超低碳不锈钢，当时国内没有特殊的工艺和设备来生产。他作为冶炼的负责人分析了该钢种的特点和理论计算，认为实行高温脱碳，并及时加铬以冷却熔池、防止炉体损伤等特殊的操作措施，用普通电弧炉也可以生产出所需的超低碳不锈钢。他带领工作组到抚顺钢厂与重庆特殊钢厂试炼，都做到一次成功。其后两厂为国家提供了成批的超低碳不锈钢钢材。为此冶金部通报表彰了他们的事迹。

4 月参加 100 坦克炮稀土无镍 701 钢第二阶段研制工作。其技术难点是控制钢液纯净度和稀土加入方法，使各成分分布达到均匀，解决钢的断面收缩率不合格和淬火裂纹问题。该钢种于 1969 年 6 月通过了有关部门的全部验收标准，被列入国家重要储备钢种。

真空条件下冶金物理化学的应用基础理论研究获得一批研究成果，并对国内外真空熔炼物理化学方面的研究成果进行系统的整理评述，发表了《真空熔炼的物理化学》等重要论文。这些为当时中国正在成长起来的特种冶炼科技队伍提供了部分理论基础。

在《金属学报》上发表《真空熔炼的物理化学》和《真空感应炉氧化镁坩埚熔炼纯铁的研究》。在《钢铁》上发表《真空感应炉熔炼纯镍时氧化镁坩埚供氧问题》。

由科学出版社出版了专著《真空熔炼的物理化学》。

## 1965 年　52 岁

从国外引进了 200kW 电子束熔炼炉，院内自行设计和制造了 200kg 真空自耗炉、电渣重熔炉等，使特种熔炼技术研发平台的设备配置完备、先进，为新材料的研制及特种冶炼技术的研究创造了条件。

在《金属学报》上发表《间歇式真空感应炉中坩埚供氧的一个来源》。在《钢铁研究院学术报告》上发表《超低碳不锈钢的电炉冶炼》。在《钢铁研究院论文集Ⅱ》上发表《精密轴承用钢的真空熔炼》。

在《光明日报》上发表《用毛泽东思想指导科研工作的体会》。

## 1966 年　53 岁

负责和主持包钢铁水铌资源化的小型试验进展顺利。8 月，"文化大革命"席卷全国，猛烈地冲击着钢铁研究院，厄运也开始降临到他身上。在困难的处境下，仍然想着所负责的研究项目。于 11 月和室里 6 位同事赴包钢，启动包钢铁水提铌现场扩大试验的各项准备工作。

在《钢铁》上发表《关于钢铁产品革命的几点意见——在钢铁产品革命科学技术讨论会上的发言》和《超低碳不锈钢的冶炼工艺》。在《金属学报》上发表《真空感应炉内液态镍和镍铬合金中的碳氧反应》。

## 1967 年　54 岁

被赋予"反动学术权威"之名关进"牛棚"集中改造，工资停发，每月生活费 25 元，不准回家。减缩住房，与刘嘉禾（同为"反动学术权威"）家合住一个单元（每家两间），家中的藏书和资料进行处理。

与研究室同事一起继续和包钢设计院、钢研所等合作，在包钢开展铁水提铌扩大试验。要从大高炉铁水中回收铌和锰，需要开发一种设备简单但生产能力很大的"气-液"反应器，在反应器中用压缩空气将铁水喷成雾滴，与此同时，空气在很大的反应界面上将铁水中易氧化的元素硅、铌、锰氧化成渣。让渣与铁在反应器底部分别流出，前者作为炼铁合金的原料送出；后者回到原来的炼钢大流程中去。

## 1968 年　55 岁

从"牛棚"毕业，与家人团聚。

继续在包钢进行铁水提铌和锰的扩大试验。设计、制造反应器，建在包钢炼钢厂的混铁炉前。

## 1969 年　56 岁

在包钢继续进行工业生产规模的铁水提铌试验。结果是：铁水通过量为每小时 60t 时，铁水中 77% 的铌和约 81% 的锰进入熔渣；通过量增至每小时 180t 时，铌锰氧化率仍超过 69%。而 180t/h 的通过量已接近包钢炼钢厂正常生产的铁水总用量，实现了目标。遗憾的是此方法未能在生产上使用。但在包钢试验期间，向专程来访的攀钢提钒研究组介绍了雾化处理的基本概念和雾化提铌试验情况，后来经过攀钢大量研究与试验，成功地在生产上实现了雾化提钒。

下半年家中住房减为一间。年底被送往河南淮阳钢研院"五七干校"接受劳动改造。

## 1970 年　57 岁

7 月 11 日外孙刘巍在北京出生。8 月夫人王晓云上交住房，离开北京，赴河南淮阳钢研院"五七干校"接受再教育，与邵象华同在干校但在不同连队。

## 1971 年　58 岁

他提倡的平炉熔池顶吹氧气强化操作在国外迅速发展。受冶金工业部委托，1971 年开始，钢铁研究院与鞍钢、东北工学院等单位合作，在鞍钢二炼钢厂 300t 倾动式平炉上进行熔池顶吹氧气炼钢试验获得成功。

11 月 6 日父亲邵昂士在长春市其长孙邵卓民（长兄邵象伊之子）家中病逝，在干校请假携儿邵贝恩前往料理后事。

## 1972 年　59 岁

5 月，从河南淮阳钢研院干校"毕业"返回钢铁研究院，夫人王晓云随后也回到北京，安家在筒子楼一间单身宿舍。

7月，夫妇俩人与武汉大学及汤池训练班老同学潘琪（交通部原部长）、赵隆瓖（北大资深教授）聚会。

购买服装裁剪书籍和缝纫机，学习裁剪、缝制衣服，很快就具有相当水平，在左邻右舍中小有名气。

# 1973年　60岁

与上钢三厂合作，在100t固定式平炉上熔池顶吹氧气炼钢试验获得成功，之后相继在全国平炉上推广。1985年该项目获国家科技进步奖三等奖。

1~2月，携夫人王晓云率全家南下，回到邵象华的老家浙江杭州和王晓云的老家江苏宜兴，拜见诸位亲戚朋友，报个平安。闲暇之余畅赏苏杭秀美风景，尝遍家乡风味小吃。

6月，率全家老少及亲戚朋友一行16人游颐和园，在6年前同一地点（颐和园门前铜狮）以同一姿势合影（尽管人员组成已有变化）。

# 1974年　61岁

提出用氧气转炉冶炼中、低碳锰铁的新工艺，来代替双电炉法。首先对锰铁吹氧脱碳的热力学关系进行计算，来确定新工艺的可能性及所需温度条件。先后在上海和遵义铁合金厂进行氧气转炉吹炼的工业性试验。炼中碳锰铁时锰的损失为0.5%，0.1%低碳时，锰损失为2.5%，开辟了耗电少、成本低的新途径。

指导上海铁合金厂采用氧气转炉生产中、低碳铬铁的新工艺。用最新的热力学参数制出不同温度下与$Cr_2O_3$平衡的铬碳温度关系图，求出铬铁吹氧脱碳的温度及铬碳浓度；进行工业性试验，取得预期效果。

## 1975年　62岁

在《铁合金》上发表《关于锰铁吹氧脱碳的热力学基础》。

用笔名"毕铭",在《铁合金》上发表《铬铁吹氧脱碳平衡关系》。

10月,将父亲的墓地由长春迁往杭州,回到邵家老辈亲人身边。

## 1976年　63岁

用"毕铭"作为笔名,在《钢铁》上发表《炼钢脱磷理论和实践》。

为了能更好地了解日本钢铁工业的发展,参加室里业余日文班,学习认真、刻苦,收效显著。

10月,"四人帮"被打倒,"文化大革命"结束,拨乱反正。他的生活待遇和工作逐渐走向正常。

## 1977年　64岁

在《金属学报》上发表《锰铁吹氧脱碳的热力学探讨》。

## 1978年　65岁

6月被冶金工业部任命为钢铁研究院副总工程师。

11月作为中国金属学会代表团成员参加在法国凡尔赛举行的第七届国际炼钢物理化学会议。这是交往中断多年后,我国钢铁界人士第一次在西方大型国际学术会议上露面。在分组会上发言介绍中国钢铁科技,包括冶金物理化学方面的研究工作的特点与成就,与会者震惊，反响热烈。

会议期间应法国钢铁研究院 K. S. Goto 教授邀请参观了法国钢铁研究所及下属工厂车间，与研究所同行进行了交流。K. S. Goto 教授还陪同中国代表团专家游览巴黎铁塔、凯旋门、香榭丽舍大街、凡尔赛宫、巴黎公社墙等名胜。

12 月在中国金属学会第三次会员代表大会上，当选为常务理事，并作了《关于连续炼钢的理论和实验》的专题报告。该报告在《中国金属学会第三届年会学术报告论文集》上发表。

在《钢铁》上发表论文《美国和日本的炼钢技术动向》。

# 1979 年　66 岁

5 月炼钢学会在上海衡山饭店举行成立会议，推举邵象华、林宗彩、余景生、张春铭、靳汉为首届学术委员会主要负责人。炼钢学会于 1979～1984 年共举办三届炼钢年会，为 1985 年成立第一届炼钢分会做了充分准备。

5 月 8 日～6 月 11 日随中国冶金代表团"文革"后首次访问美国，代表团领队叶志强，副领队胡兆森、付君昭，成员刘克刚、邵象华、师昌绪、肖纪美、李华天、黄寄春等一行 15 人，先后访问了 15 个冶金企业、9 所大学等共 41 个单位。中国金属学会与美国矿冶工程师协会冶金分会及美国金属学会签订了科技交流和合作的协议。

在《钢铁》上发表《第七届钢铁冶炼物理化学国际会议》。

在《河北冶金》上发表《炼钢工艺的发展动向》。

在《河北冶金》上发表《关于连续炼钢的理论和实践》。

# 1980 年　67 岁

针对我国锰矿资源中含锰较低或含磷偏高的矿占很大部分的状况，指导研究生汪大洲探索锰铁脱磷途径，即用高炉直接从低质高磷锰矿炼制锰铁，然后通过炉外处理铁水，达到低磷成分。试验发现了脱磷效果好的物质及条件，还从热力学的观点，对试验结果作了解释。

当选为中国真空学会名誉理事。

3月3~5日，参加在北京召开的中国金属学会第二次常务理事会和各学术委员会主任委员会议。会议主要通过了《中国金属学会国内学术会议暂行办法草案》《中国金属学会参加国际学术会议暂行办法草案》等。

4月，随中国金属学会代表团访日，参加日本铁钢协会春季讲演大会。会后参观访问了日本住友中央技术研究所、日本大同特钢厂、神户制铁、川崎千叶厂、日本钢管、新日铁、名古屋大学、早稻田大学、东京大学等，与日本同行朋友进行了广泛的交流和讨论。

6月12~17日出席中国金属学会连续铸钢、铸锭专题学术会议，作大会发言。

6月，出席唐山钢铁公司学术会议，作大会发言。

11月，参加《中国大百科全书·矿冶卷》冶金部分编审会。

译著《氧气顶吹转炉炼钢》上册（佩尔克著）由冶金工业出版社出版。

在《中国金属学会炼钢论文集》上发表《用热丝显微镜测定熔点的方法及其改进》。

## 1981 年　68 岁

光荣地加入了中国共产党。

应邀参加了由国务院17个部委召开的、有220多位专家参加的宝钢工程论证会，他从技术和经济上提出宝钢工程不能停止建设的理由。会议对宝钢工程作出"延长工期，分期建设"的建议。8月国务院批准了这个建议。

9月6~15日出席在中国召开的第一次中日双边炼钢学术会议，宣读《包钢铁水提铌的工艺研究》论文，该文发表在会议文集（英文）及《钢铁研究学报》上。

11月25日参加首届全国青年冶金学术交流会并与全体代表合影。

在《第一次中美冶金学术会议特约报告论文集（英文)》上发表《中国钢铁冶炼工艺的发展》。

## 1982年　69岁

担任钢铁研究总院第一届学位评定委员会副主席，主席是李文采院士。审批研究生学位及导师资格授予事项。

4月27~28日出席在北京召开的中国金属学会第三届第四次常务理事会。

出席第一届中日炼钢会议（北京)。日本铁钢协会会长、秘书长及日本同行专家等出席会议。

译著《氧气顶吹转炉炼钢》下册（佩尔克著）由冶金工业出版社出版。

在《钢铁》上发表《包钢铁水提铌工艺研究》。

与汪大洲共同在《钢铁研究总院学报》上发表《锰铁脱磷的研究及其同生铁脱磷的比较》。

发表《谈谈炼钢技术》（科学普及出版社出版的《科学家谈科学》丛书)。

## 1983年　70岁

1983年起，任国家发明奖励委员会冶金组评审委员。

4月任钢铁研究总院顾问。退居二线后，参与各种咨询性工作的比重增加，不论来自何方的要求，他都认真地对待，甚至进行必要的调查研究，以期提供尽可能符合实际并有科学依据的意见。不少同行反映他在上述活动中提出的意见具有实事求是和坦率的特点。

11月，赴日参加第二届中日炼钢学术会议（东京）。

12月20日参加中国大百科全书冶金编辑委员会工作会议（河北承德）。任《中国大百科全书·矿冶卷》钢铁冶炼分支主编、《中国冶金百科全书》总编委会委员。

在冶金工业出版社出版的《全国氧气转炉炼钢会议文集》上发表《氧气转炉炼钢的计算机控制》。

汪大洲、邵象华在《钢铁》上发表《锰铁脱磷的实验研究》。

## 1984年　71岁

为了能在转炉内大幅度增加热源，以使炼钢多用废钢或冷生铁，并适应铁水预处理热量紧张的状况，指导博士研究生刘浏和同事进行氧气转炉煤氧复合吹炼的研究开发。

担任钢铁研究总院第二届学位评定委员会主席。

80年代初，从国外吹来一股所谓的"后工业时代"风，鼓吹传统工业已经过时，包括冶金工业在内的"烟囱工业"，尤其应该消亡等等，这些说法对我国知识界也产生一定影响。他尽量收集资料，通读了美欧这一学派几位作家的原作，分析了最发达国家的有关情况及其主张。他在报刊上和学术会议中多次发表自己的意见，指出冶金等传统工业在发达国家长期内不会消亡，对我国来说更是极端必要的"朝阳工业"。

11月27日在《冶金报》上发表《钢铁工业——夕阳工业还是朝阳工业》，12月《人民日报》转登。

在冶金工业出版社出版的《冶金新技术简介》丛书中发表《冶金学和冶金过程物理化学的新发展》（作者邵象华、魏寿昆）。

## 1985年　72岁

4月，出席在洛阳召开的第三届中日钢铁学术会议。

4月16日出席中国金属学会第三届第二次理事会（四川成都）。

6月，赴武汉钢铁公司参观考察。

出任"七五"薄板坯连铸攻关组顾问。

继续氧气转炉底吹煤和氧的试验。

在《东北工学院学报》上发表《钢铁工业在技术进步中高速发展》。该文被《工程师论坛》采用在创刊号上发表。

作为国务院学位委员会第一届学科评议组成员，获国务院学位委员会颁发的第一届学科评议组工作纪念章。

# 1986年　73岁

与新扶钢厂合作，在其10t氧气转炉上进行煤氧复合吹炼的工业性试验，共冶炼了51炉钢，取得显著效果。使炉料的废钢比从原来的5%，平均提高到19%，最高达到30%，而且喷煤粉不增加熔池碳负荷，不延长冶炼时间。该项研究成果获得专利。

7月翻译德国柏林工业大学欧特斯教授等发表的《用煤还原铁矿石的物料转化和热量转化》科研报告，该报告是熔融还原炼铁方法的理论基础，并将预还原和终还原之间的相互关系作了剖析，对于开展熔融还原研究是有帮助的。译文在钢铁研究总院科技情报资料（86-8）上发表。

10月7～8日，在中韩两国建交之前，与付君昭、周荣章一行三人应联合国一个亚洲组织之邀参加在韩国浦项召开的第二届钢铁技术与新材料国际会议（韩国铁钢协会、大韩金属学会主办），在大会上作了特邀讲演，由此开始了中韩两国钢铁界的友好交往与联系。

10月9～12日参观访问"21世纪"钢铁厂——浦项制铁及浦项制铁东国民学校。

在《钢铁技术及新材料第二届国际会议特约报告集（英文）》上

发表《钢铁工艺的发展》。

10 月 22~25 日参加中国金属学会 30 周年庆暨第四次会员代表大会，连任常务理事。

## 1987 年　74 岁

1987 年起，任第二届国家自然科学奖励委员会委员。

6 月，出席该委员会会议，国务委员及国家科委主任宋健接见并合影。

7 月，重返鞍钢，同行有陆达、魏寿昆、刘嘉禾、张春铭等。参观鞍钢钢研所及其附属车间，与技术人员及老工人交流。

在奥地利林茨出版的《国际氧气转炉炼钢会议论文集（英文)》上发表《中国氧气炼钢的发展》。

在《钢铁》上发表《我国钢铁工艺发展概况和前景》。

由冶金专利事务所代理发表专利两项：《转炉用煤氧喷枪及其保护工艺》（刘浏、郭征、李正、邵象华）；《氧气转炉煤氧复合吹炼工艺》（邵象华、刘浏、邓开文、郭征、杜挺、李正等）获批准。

## 1988 年　75 岁

5 月 7 日接待前来钢铁研究总院访问的日本著名冶金学家不破祐院士，双方进行了相关的讨论和交流。

在《钢铁研究》上发表《论钢铁科研与技术开发》。

## 1989 年　76 岁

10 月，参加中国科学院技术科学部委员扩大会议，国务委员宋健出席、接见并合影。

11月，获得中国科学院授予的荣誉章。

12月，出席第五届中日钢铁学术会议（宝钢）。

12月，出席中国金属学会常务理事会议。

在《钢铁》上刘浏、邵象华、补明哲等发表《煤氧复合吹炼工艺的实验开发》。

在《钢铁研究学报》上发表《煤粉对底吹氧枪的保护作用》，作者为刘浏、邵象华、李正、杜挺。

在《化工冶金》上发表《从钢铁发展论科学研究与技术开发》。

80年代起开始利用空闲时间收集各个国际顶尖乐团演奏的著名古典乐曲，每到广播电台、电视台播放这些曲目，就守在旁边，边听边录；去北京图书馆轮流借回这些曲目的曲谱，仔细研究；每天空闲时戴着耳机听收集的录音带、光盘，比较各个乐团的演奏技巧，记录下自己的体会和感受。

# 1990 年　77 岁

1月中国金属学会学术交流工作委员会工作会议在北京召开。出席的委员有王润、邵象华、魏寿昆、童光煦、陶少杰、康文德等。

5月接待来访钢铁研究总院的日本神户制钢研究所稻叶晋一和大谷正康教授。5月15日钢铁研究总院副院长翁宇庆代表钢铁研究总院与日本神户制钢研究所签订科技合作协议。

8月赴吉林炭素厂参观考察。参加在吉林召开的中国金属学会第四届第六次常务理事会，会上被授予首批荣誉会员。

担任钢铁研究总院第三届学位评定委员会主席。

9月，参观包头447厂；参观包钢钢研所，与钢研所技术人员交流讨论。

与陆达等人在《光明日报》上共同发表《加速新工艺开发促进钢铁业崛起》。

和冶金部陆达副部长、中国科学院化工冶金所许志宏所长及钢铁研究总院杜挺教授联名向国家科委提出《采用九十年代新技术加速发展我国钢铁工业——建议国家在"八五"期间立项进行"以煤代焦熔融还原炼铁新工艺开发"》的报告。该报告在《冶金管理》上发表。

1985年起连续三届担任炼钢分会理事长，即第一届（1985～1990年）、第二届（1990～1995年）、第三届（1995～2000年），长达15年。

指导博士研究生王来华完成《薄板坯连铸结晶器内钢液流动及传动研究》。对薄板坯结晶器内钢液流动规律进行比较系统的物理模拟和数值计算，并对钢液的温度分布进行了理论分析。其实验结果为薄板坯连铸用漏斗型结晶器、浸入式水口设计提供了有益的参数和依据，也对薄板坯连铸热态试验具有指导意义。

## 1991 年　78 岁

5月，作为中国金属学会炼钢分会理事，参观湘潭钢铁公司。

6月14日，受聘参加全国自然科学名词审定委员会下属的"冶金名词审定委员会"筹备组成员。

## 1992 年　79 岁

和魏寿昆、李文采院士及杜挺、杨天钧、肖泽强、王大光教授联名向国家科委提出"熔融还原技术基础"作为国家科委工程与技术科学研究攀登项目的建议书。三位当时年届80的院士自告奋勇，出任顾问。之后获批准立项。

4月，被日本铁钢学会推选为名誉会员，携夫人王晓云赴日接受名誉会员章和证书，并应邀在汤川纪念讲演上作了《为生产更多更好质量的钢而努力——中国开放政策前后对比》的讲演。报告全文（英文）在 ISIJ International 上发表。

9 月 2 日在家中举办结婚 50 周年（金婚）庆典，众亲朋好友前来祝贺。

10 月 10 日出席中国金属学会第七届炼钢会议。

中秋节携夫人王晓云登天安门城楼，参加中国科学院学部委员天安门城楼中秋赏月晚会。

## 1993 年　80 岁

中国科学院学部应国家计委的委托，以学字 ［1993］005 号文的通知，由他担任组长，与其他 3 位学部委员和专家对"八五"期间国家重点科技项目"薄板坯及带坯连铸连轧技术"进行中期评估。并对后两年的工作提出了具体的建议。

2 月 22 日钢铁研究总院举办庆寿座谈会，庆贺邵象华 80 岁生日。

9 月，携夫人王晓云同游新疆吐鲁番。

9 月 15～18 日，参加在北京召开的第一届发展中国家连铸会议。这次会议是将国际会议、专题研讨和展览会合为一体的大型学术活动。会议期间，冶金工业部多位新老部长莅临指导。

11 月，被中国金属学会聘请担任《钢铁》编辑委员会副主任。

刘浏、邵象华等在《钢铁》上发表《煤粉保护底吹氧枪机理的实验研究》。

## 1994 年　81 岁

被东北大学聘为东北大学 211 工程项目可行性评估组成员。

由中国科学技术协会编、中国科学技术出版社出版的《中国科学技术专家传略·工程技术编·冶金卷1》列入了邵象华传略。

## 1995 年　82 岁

被中国工程院评为中国工程院院士。

2月被中国铁路物资总公司聘请为"加拿大、西班牙钢轨质量索赔案"专家。1994~1996年从西班牙进口3.5万吨和从加拿大进口5万吨合金钢轨。切轨时多次发生"爆裂"。经检验，钢轨有明显的成分偏析和条状典型马氏体，引起脆性，不能使用。只能对钢轨进行消除马氏体后才能使用。经多次谈判，对方狡辩抵赖，拒不索赔。

7月，参加中国工程院化工、冶金与材料工程学部院士会议。

## 1996 年　83 岁

1月，中方对"加拿大、西班牙钢轨质量索赔案"提起国际仲裁。参与国际仲裁，据理驳斥被告方的狡辩。

4月，与师昌绪、李恒德、殷瑞钰等工程院院士一行前往各地参观考察。

## 1997 年　84 岁

1月，"加拿大、西班牙钢轨质量索赔案"国际仲裁判决书下发，中方胜诉。得到索赔金额500万美元。此后在国内、国际钢轨标准中都加入了"钢轨内不得有马氏体组织"的条款，这是对钢轨事业的发展做出的重要贡献。指导了对不合格进口钢轨进行热处理，次年1月完工。进口钢轨"风波"，曾惊动国务院高层领导并上了中央电视台焦点访谈，至此，索赔案完美结束。

2月，被中国金属学会聘为炼铁专业委员会第四届名誉委员。

7月18日参加中国工程院化工、冶金与材料工程学部院士会议并合影。

## 1998 年　85 岁

1月，《钢铁研究》编辑部聘其为《钢铁研究》第四届编委会总顾问。

6月3日参加中国工程院第四次院士大会。

6月6日在我国科学院和工程院院士大会上获中国工程科学技术最高荣誉——中国工程科学技术奖。

8月7日携夫人王晓云赴牡丹江镜泊湖，参加国家人事部组织的专家休假团。

## 1999 年　86 岁

7月，被中国金属学会聘为《钢铁》杂志编委会顾问。

8月，被《中外产业科技》杂志社聘为《跨世纪的中国冶金产业》编委会顾问。

10月1日应邀参加国庆50周年观礼。

10月18~24日接待日本不破祐院士来访钢铁研究总院。

## 2000 年　87 岁

1月，被浙江大学校友会聘为首届校友总会理事。

3月，被《炼钢》编辑部聘为《炼钢》杂志第六届编委会副主任委员。

5月，携夫人王晓云赴云南旅游，畅游于昆明滇池水边、玉龙雪山前。

# 2001 年 88 岁

获得中国新闻出版社《中流砥柱》荣誉证书。

9 月，赴西安参加中国工程院化工、冶金及材料学部第三届学术会，新材料发展现状及 21 世纪发展趋势研讨会。

9 月，被西安高新区新材料产业园管委会聘为西安高新区新材料产业园顾问。

9 月，携夫人王晓云参观革命圣地延安，在杨家岭毛主席旧居前、宝塔山下合影。

11 月，被《钢铁研究》编辑部聘为《钢铁研究》第五届编委会总顾问。

# 2002 年 89 岁

1 月，成功施行直肠癌切除手术。

9 月 2 日庆贺结婚 60 周年钻石婚。

10 月，参加钢铁研究总院建院 50 周年大庆。

10 月 31 日~11 月 1 日参加冶金基础研究战略研讨会（在上海大学）。

11 月，携夫人王晓云应时任上海市市长徐匡迪邀请出席上海国际音乐节晚宴。

11 月，携夫人畅游周庄。

# 2003 年 90 岁

2 月 22 日钢铁研究总院举办邵象华 90 寿辰庆典。

12 月，河南大学聘其为河南省高温功能材料重点实验室学术委员会顾问。

## 2004 年　91 岁

11 月，获得中国真空学会颁发的中国真空学会荣誉会员。

## 2005 年　92 岁

1 月，《炼钢》编辑部聘其为《炼钢》杂志第七届编委会名誉主任。

5 月，携夫人王晓云参加资深院士北京植物园联谊活动会。

6 月 3 日党和国家领导人会见"走中国特色自主创新之路——中国科学院学部成立 50 周年座谈会"代表，合影于人民大会堂，邵象华座位于前排紧邻国家领导人。

## 2006 年　93 岁

10 月作为对冶金科学技术和学会有重大贡献的著名学者、专家，获得中国金属学会冶金科学技术终身成就奖。

## 2007 年　94 岁

1 月 18 日偕夫人王晓云参加在人民大会堂举行的由中国科学院、中国工程院联办的院士春节团拜会。

4 月 21 日偕夫人王晓云参加浙江大学 110 周年校庆，地点人民大会堂。

9 月 16 日偕夫人王晓云参加魏寿昆百年华诞庆典，地点人民大会堂。

10 月 26 日重孙女邵知秋在北京出生，喜庆"四世同堂"。

## 2008 年　95 岁

2 月 23 日亲朋好友 20 余人会聚北京市海淀区白家大院饭店，庆贺邵象华 95 岁寿辰。

5 月，携夫人子女游保定总督府、白洋淀。

打麻将是邵象华晚年生活中的娱乐之一，95 岁的他在麻将桌上仍然是头脑灵活、思维敏捷。

## 2009 年　96 岁

2 月，《炼钢》编辑部聘其为《炼钢》杂志第七届编委会名誉主任。

8 月，携夫人王晓云亲临鸟巢，体验 2008 奥运的场景。

为庆祝其 96 岁华诞，中国钢研科技集团有限公司组织编纂《邵象华院士文集》，由冶金工业出版社出版。

## 2010 年　97 岁

仍然坚持在电脑前工作，在书房查阅资料。

## 2011 年　98 岁

1 月，参加春节院士团拜会，地点人民大会堂。

## 2012 年　99 岁

2 月 21 日，中国钢研科技集团有限公司举行了祝贺邵象华百岁活动，师昌绪院士、徐匡迪院士、李静海院士、干勇院士、翁宇庆院士、王崇愚院士、朱静院士、王海舟院士、刘浏、高筱苏等出席并畅谈了邵象华先生在钢铁冶金领域的卓越成就和为人的杰出高尚品格。

2012 年 3 月 21 日 18 点 30 分，中国共产党优秀党员、著名冶金学家和冶金工程专家、中国科学院和中国工程院资深院士、中国钢研科技集团有限公司教授、技术顾问邵象华同志因病医治无效，在北京逝世，享年 99 岁。3 月 31 日 9 时 30 分在八宝山革命公墓举行遗体告别仪式。刘淇、徐匡迪等领导及生前好友、同事等 300 余人参加。

# 附录三 邵象华主要论著目录

## 一、学术著作

［1］Physical Chemistry of Steelmaking Committee，A. I. M. E. 碱性平炉炼钢．邵象华等译．沈阳：东北工业出版社，1951.

［2］邵象华．钢铁冶金学．沈阳：东北工业出版社，1951.

［3］特鲁宾（К. Г. Трубин），奥依克斯（Г. Н. Ойкс）．钢冶金学．邵象华译．北京：冶金工业出版社，1953.

［4］邵象华．真空熔炼的物理化学．北京：科学出版社，1964.

［5］佩尔克．氧气顶吹转炉炼钢（上册）．邵象华等译．北京：冶金工业出版社，1980.

［6］佩尔克．氧气顶吹转炉炼钢（下册）．邵象华等译．北京：冶金工业出版社，1982.

［7］《邵象华院士文集》编委会．邵象华院士文集——庆祝邵象华院士九十六华诞．北京：冶金工业出版社，2009.

## 二、学术论文

［1］邵象华．十五年来德国钢铁工业技术上之演进．工程（中国工程学会会刊），1937.

［2］邵象华．钢渗氮硬化机理研究．英国钢铁学会论文集（英文），1938.

［3］邵象华．英国钢铁工业鸟瞰．科学世界，1939，8（4）.

［4］邵象华．英国钢铁工业鸟瞰（续）．科学世界，1939，8（4）．

［5］邵象华．炼钢平炉之设计．资源委员会季刊，1944，4（4）：31～51.

［6］邵象华，胡光沛．鞍钢平炉烧炼炉底总结．鞍钢，1950.

［7］邵象华．炼钢厂一九五〇年上半年生产技术的研讨．鞍钢，1950.

［8］邵象华．论平炉炉顶．鞍钢，1950（1）：4～12；（2）：6～10.

［9］邵象华．沸腾钢．鞍钢，1952.

［10］Каменичный М С．平炉铬镁砖炉顶．邵象华译．鞍钢，1952.

［11］ЗАИЦЕВ Я Н．平炉砌砖．邵象华译．鞍钢，1952.

［12］陈亮，张春铭，邵象华．重轨钢缶内脱氧对钢质的影响．金属学报，1958，3（1）：13～16.

［13］邵象华，潘月珠．减轻沸腾钢偏析的研究—Ⅰ．在钢锭模内用氧气（空气）处理．金属学报，1958，3（2）：85～93.

［14］邵象华，胡文淦，潘月珠．减轻沸腾钢偏析的研究—Ⅱ．钢3巨型钢锭的吹氧、吹空气和加钢板冷却处理．金属学报，1958，3（4）：276～285.

［15］邵象华．沸腾钢3中板分层现象．金属学报，1958，4（1）：16～21.

［16］邵象华．铁矿石直接还原（综合性评述）．钢铁，1959（22）：1076～1083.

［17］邵象华．铁矿石直接还原（综合性评述）（续）．钢铁，1959（23）：1130～1138.

［18］邵象华．真空熔炼的物理化学．金属学报，1964，7（1）：85～102.

［19］吴超万，李伟立，邵象华．真空感应炉氧化镁坩埚熔炼纯铁的研究．金属学报，1964，7（2）：145～155.

［20］知水，曲培迅，高步信，等（邵象华指导）．真空感应炉熔炼纯镍时 MgO 坩埚的供氧问题．钢铁，1964（9）：22～24.

［21］知水，赵仁川，曲培迅（邵象华指导）．间歇式真空感应炉中坩埚供氧的一个来源．金属学报，1965，8（3）：392～394.

［22］唐仲和，燕德顺，钟挹秀，等（邵象华指导）．真空感应炉内液态镍和镍铬合金中的碳氧反应．金属学报，1966（2）：117～125.

［23］抚顺钢厂，钢铁研究院．超低碳不锈钢的冶炼工艺．钢铁，1965（12）：9～14.

［24］毕铭（邵象华笔名）．铬铁吹氧脱碳平衡关系．钢铁，1974（2）：86～88.

［25］邵象华．关于锰铁吹氧脱碳的热力学基础．铁合金，1975（3）：19～26.

［26］毕铭（邵象华笔名）．炼钢脱磷理论和实践．钢铁，1976（2）：34～41.

［27］邵象华．锰铁吹氧脱碳的热力学探讨．金属学报，1977，13（3）：182～186.

［28］邵象华．美国和日本的炼钢技术动向．钢铁，1978（2）：66～78.

［29］邵象华．关于连续炼钢的理论和实验．河北冶金，1979（1）：9～21.

［30］邵象华，冀春霖．第七届钢铁冶炼物理化学国际会议．钢铁，1979（3）：78～87.

［31］邵象华，姚锡仁．用热丝显微镜测定熔点的方法及其改进．中国金属学会编．炼钢论文集，1980.

［32］邵象华．包钢铁水提铌工艺研究．第一次中日炼钢学术讨

论会文集（英文），1981：183~202.

［33］邵象华．中国钢铁冶炼工艺的发展．第一次中美冶金学术会议论文集（英文），1981：11~15.

［34］汪大洲，邵象华．锰铁脱磷的研究及其与生铁脱磷的比较．钢铁研究总院学报，1982.

［35］邵象华．包钢铁水提铌工艺研究．钢铁，1982，17（2）：23~30.

［36］汪大洲，邵象华．锰铁脱磷的实验研究．钢铁，1983，18（4）：14~21.

［37］邵象华．氧气转炉炼钢的计算机控制．全国氧气转炉炼钢会议文集，1983.

［38］刘浏，邵象华，补明哲，等．煤氧复合吹炼工艺的实验开发．钢铁，1989，24（3）：14~20.

［39］刘浏，邵象华，李正，等．煤粉对底吹氧枪的保护作用．钢铁研究学报，1989（4）：1~9.

［40］刘浏，邵象华，郭征，等．煤粉保护底吹氧枪机理的实验研究．钢铁，1993，28（12）：17~23.

## 三、综述性论著

［1］邵象华．鞍钢生产中的新技术．重工业通讯，1954（13）：33~35.

［2］邵象华．快速炼钢应该注意那些问题．钢铁，1956.

［3］邵象华．上钢六厂转炉炉龄领先．钢铁，1959（11）：441.

［4］邵象华．一定要使转炉炼钢厂的化铁炉过技术关．钢铁，1959（7）：235~241.

［5］邵象华．十年来我国平炉炼钢．钢铁，1959（18）：805~812.

［6］邵象华．发展热风转炉为转炉炼钢的全面更大跃进而奋斗．钢铁，1960（9）：508~513.

［7］邵象华．关于钢铁产品革命的几点意见——在钢铁产品革命科学技术讨论会上的发言．钢铁，1966，9（1）：12~14.

［8］邵象华．钢铁工业——夕阳工业还是朝阳工业．冶金报，1984-11-27.

［9］邵象华，魏寿昆．冶金学和冶金过程物理化学的新发展．冶金新技术简介，1984.

［10］邵象华．钢铁工业在技术进步中高速发展．东北工学院学报，1985（4）：107~114.

［11］邵象华．钢铁工艺发展的一些概况和前景．钢铁技术及新材料第二届国际会议特约报告集（英文），1987.

［12］邵象华，等．中国氧气炼钢的发展．国际氧气转炉炼钢会议论文集（英文），1987，5：94~114.

［13］邵象华．我国钢铁工艺发展概况和前景．钢铁，1987，22（4）：1~4.

［14］邵象华．论钢铁科研与技术开发．钢铁研究，1988（1）：3~6.

［15］邵象华．从钢铁发展论科学研究与技术开发．化工冶金，1989，10（1）：61~65.

［16］陆达，邵象华，许志宏，等．采用九十年代新技术加速发展我国钢铁工业——建议国家在"八五"期间立项进行"以煤代焦熔融还原炼铁新工艺开发"．冶金管理，1990（6）：12~13.

［17］邵象华．为生产更多高质量钢而努力．日本铁钢协会汤川纪念演讲（英文）．ISIJ International，1992.

# 附录四　邵象华院士访谈录节选

受访人：邵象华、王晓云
采访人：姜曦
访谈地点：北京市钢铁研究总院邵象华院士家中
访谈时间：2007 年 1 月 19 日

**姜曦**（简称姜）：您作为国民政府接收大员，1946 年接收鞍钢并复产，当时的情况如何？

**邵象华**（简称邵）：第一次复产是 1946 年，我参加了接收东北的钢铁厂的工作，最主要的工作是鞍山的鞍钢，复工主要内容是炼钢。日本统治时期的第一炼钢厂是从德国克房伯等厂引进设备和技术，已经生产好几年了，最高产量达到年产几十万吨。后来日本人仿照第一炼钢厂，建立了第二炼钢厂。日本投降后，苏军进驻鞍钢，把鞍钢比较好的和比较新的技术设备都拆走了，炼钢厂就剩下原来的第一炼钢厂，原来的第二炼钢厂只剩下空厂房，主要设备全部都被运到苏联去了。中华人民共和国成立后国家组织我们一批专家去苏联考察，虽然苏联厂方没有给我们看那些设备，但是苏联钢厂里的工人告诉过我们，那些设备就在他们那里。鞍钢的炼铁和轧钢设备也都同样面临被拆走的情况。新设备全部被苏军拆走，只将日本人的老设备留了下来。国民党进厂后，成立了钢铁公司，总经理是邵逸周。他原来是抗战时期武汉大学迁到四川乐山时的工学院院长，我在那里当过一年多的教授，那时就认识他。接收东北的时候，邵

365

逸周是钢铁方面的领导。我是参加接收的，自然就留在了鞍钢，担任炼钢负责人。当时我的任务是让第一炼钢厂复工。第一炼钢厂在日本投降后，整个钢厂停工没人管，炼钢炉子里的钢水凝在炉中。凡是能开工的炉子，钢水全都凝在炉中。我们进驻以后发现，厂里较乱，不能开工。有的老工人为了保护设备，把一些能拆的零部件拿回家保存起来；外面的人也拿走一些能拆的如马达等设备。后来为了要复工，我们发动群众收回这些设备。

**姜**：当时鞍钢厂里的工人和复产情况如何？

**邵**：当时有一批老工人，但是没有炼钢工人，炼钢厂的情况很困难。

一个日本工程师还在，但正准备回国。这个日本工程师看到厂里的情况，怀疑的同时也瞧不起中国人的能力，他认为整个鞍钢没有设备，再也不可能复工了。国民党政府希望留下一批日本技术人员帮助我们复工，但是这些日本人对此没有兴趣。他们公开说，"鞍钢今后只能种田了，只能种粮食，不会再炼钢"。没多久，这些日本人都被遣送回国。所以正式复工的时候，鞍钢已经没有日本工人和日本工程师了。我们自己想办法让全厂复工。第一炼钢厂原本有6座炼钢炉，根据当时情况只能对一座炉子进行复工处理，首先要把炉子里面凝住的钢块想办法弄出来。一炉钢有100多吨，没法整块熔化掉，平炉钢比较薄，用氧气切割钢块就可以拿出来，也可以采用爆炸方法把炉顶掀开，在边缘上先切一块，将钢弯成一个弧形，焊在凝住的钢块上就可以用上面的吊车吊起来。我们在想这些办法时耗费了很多时间，最后才把炉子修好。整套设备还包括煤气发生炉，用高炉煤气加上焦炉煤气。当时日本人所用的发生炉还在，但是炼钢、炼焦煤气系统都被破坏了，只能用煤气发生炉炼钢。我们依靠中国人自己的力量就把炉子修起来了。我们没有熟练的炼钢工人，因为炼钢厂原来只有5名中国工人，他们是在炉上浇铸的浇铸工，仅看过炼钢，但都没有实际操作过。我们就训练他们，当然出了很多事故，例如钢在炉中凝结或把炉子烧化，但最后这个平炉终于出了钢，总共出了几千吨。

**姜**：当时，除了总经理邵逸周，每个协理的职责怎么分工？

**邵**：协理都是资源委员会任命的。靳树梁是我们几个协理中资格最老的，虽然待的时间很短，但位置最高。他的工作是总体管理和常务性工作，同时也负责炼铁。我负责炼钢，李松堂负责轧钢，杨树棠负责铸造，王之玺负责计划，毛鹤年负责动力和能源。那时候协理的工作和现代钢铁企业的各个分厂厂长的业务关系是一样的。

**姜**：复产的经费当时是哪里拨付的？

**邵**：当时的国民政府资源委员会成立了鞍山钢铁公司，公司有独立的会计制度。它是有收入的，卖出钢就有收入。日本人留下的钢铁产品我们可以卖钱。

**姜**：当时鞍钢主要销售什么钢铁产品？销路怎么样？

**邵**：国民党接收的时候，厂里堆放着日本人留下的好多钢铁成品，比如钢板、钢条和很多建筑材料，所以，国民党部队的军官私拿和偷走的情况都有。资源委员会鞍山钢铁有限公司成立后，公司自己寻找出路，销售日本人统治时期存留下的成品和半成品。鞍钢作为当时最大的一家钢铁厂，有正式的产品。我和邵逸周还到北京开会，和其他国民党接收的工矿企业洽谈。已经开始营业的厂矿都需要钢材，我们出去洽谈卖钢材成品和半成品，公司还有管营业的专门部门也在推销。当时，如开滦煤矿需要大量鞍钢生产的钢，为此鞍钢还做了生产计划，制订了鞍钢发展计划报给资源委员会。关于炼钢的计划我是参与做的，包括当年要出多少钢和第二年以及五年的出钢计划。后来由于战争的原因没有实现。总的来说，我花最多的时间是如何把钢炼出来，以及制订公司恢复生产计划。

**姜**：当时资源委员会等部门和人员是如何支持你们的？

**邵**：资源委员会隶属于经济部。经济部负责人是孙越崎，他也是负责东北工业接收的特派员。我们当时做的鞍钢计划，就是去向资源委员会汇报。钢铁厂这一部分都是由他主管和领导的。其实国民党那时候也没有想到会兵败如山倒，也没有想到只有一两年时间，所以规划得都很长。资源委员会从日本人手中接收鞍钢后，就想恢复生产，也想做比较长远的计划。

**王晓云**（简称王）：这些技术人员主要负责恢复生产，邵象华的主要工作是负责炼钢。怎样把鞍钢的生产恢复起来，有个炼钢炉能够生产，是这一阶段的最主要内容。其他的工矿区恢复生产需要钢材，那时候只有鞍钢有，别的地方都没有，因为旧中国没有像样的钢铁工业，因此鞍钢是有收益的。

**邵**：有一部分营销对象是复工的企业，但正常的营业时间很短。随着解放战争的发展，国民党越来越慌了，待不住了，鞍山的情况也越来越乱了。在混乱中，一切正常的生产、运输和营业也基本上被迫停止。那时候国民党的军队，一方面打仗需要用钢材，另一方面为了逃跑，需要修建飞机场。在这种局势下，国民党军队不顾一切地把厂里能用的东西都抢光了。抢劫以后，生产也只能停止了。有些人就把厂里能够变卖的东西拿回家去，也有很多是为了保护设备而拿回家的，鞍山解放后搞献交器材活动他们就陆续交回来了。

**王**：总而言之，国民党时期恢复生产是恢复了一点，有一个炉子恢复了，也生产了产品，加上原来积累的产品和存货，所谓正常的营业运行也就是开头几个月比较正常，我估计还不到半年。

**姜**：当时生产受到的主要干扰是什么？

**邵**：我们这些技术人员在那里复工，但是国民党的军队也不是全力在打仗，他们也有偷东西、抢东西发财的，堆在那里的钢材成品不断地丢失。军队的设防和备战是需要钢材的，但经常是损失的钢材比生产的还要多。国民党军队是来保护我们这一批技术人员的，所以厂外面人员来抢东西的场面，我们没有亲眼看见，只知道有这样的情况。

**王**：国民党逃跑前是鞍山和鞍钢最乱的时候，军队也没有纪律了，抢的事情都发生在那个时候。不仅不能生产、不能营业，我们连家里都不敢住了，家属区也都有军队，说不定什么时候他们会到家里来的。他们把厂里的钢材都搬空了，说要建飞机场用，他们走的时候破坏了很多。

**姜**：有些老工人的回忆录称，鞍山解放前国民党接收和复产不成功的主要原因是邵逸周出卖产品挥霍造成的，有些协理和老专家的回忆却鲜见这样的内容，当时的实际情况是这样的吗？

**王**：这种挥霍现象，协理们是不清楚的。邵逸周是总经理，财权在他手里。普通工人一般的想法和感觉是可以理解的。有可能是因为邵逸周逃掉了，工厂停产了，工人工资发不出来，靠国民党投的钱也解决不了问题。中华人民共和国成立前夕邵逸周就逃到关内，后来去了台湾。工人认为总经理都跑了，是不是他把钱卷走了。当时他把有些东西和钢材卖出去换回钱，维持工厂的生产，邵逸周怎么支付又怎么使用别人都不知道，到底这些钱是不是被邵逸周挥霍的，工人其实也是说不清楚的。工人的感受是可以理解的，鞍钢恢复生产，工人希望生活安定，也希望拿的工资多点，突然一下子停产了，他们生活陷于困境，容易与邵逸周卷款逃掉相联系。主要原因还是跟他是总经理并且跑掉有关。

**邵**：实际的市场买卖行为当然有，钢铁厂卖产品给矿山和用户，也是很正常的关系。邵逸周原来是武汉大学工学院院长，抗战时武汉大学迁到后方四川乐山去一路非常辛苦，他一路上都在找各种办法搞运输。他在西迁过程中立了很大的功劳，吃了很多的苦，做了很多工作，这一点是很有名的。

**王**：邵逸周以前在武汉大学的时候，我也在武汉大学上学，那时候邵逸周是个受人尊敬的学者。中华人民共和国成立前跟着国民党走了，大家自然就认为他也是个大官僚，不过他并不是那种政治色彩浓烈的国民党党棍，至少不能说邵逸周是贪官污吏。欺压百姓和贪污那样的人是大有人在的，但是到台湾去的人也不都是这样，走错了路的人、对政治看不清楚的人也大有人在。资源委员会的几个领导都没有走，翁文灏、钱昌照、孙越崎都没有走。尤其是孙越崎的功劳特别大，工矿企业能够完整无缺地被新中国接收和得到保护，是与他的功劳有关的。他在受到蒋介石威胁的情况下，敷衍蒋介石，后来逃到香港。他对共产党和新中国很有功劳，国民党的工矿企业都在资源委员会手里，最初，孙越崎担任日本战后接收工矿企业的负责人，中华人民共和国成立前这些工矿都在他手里掌管，孙越崎老早就动员技术人员留下，叫他们不要走，还把各个工厂都原封不动地保存完好。

姜：当时复产事故频发的主要原因是什么？

王：我们没有技术工人，也没有技术员，国民党只是在綦江的时候训练了一批，就那么几个人，专业人员是极度缺乏的。

邵：主要设备本身不整齐，许多设备被苏军拆走了。当时除了我们几个主要的技术人员，工人们几乎都不懂炼钢，技术人员队伍也没有建立起来。国民党这一段时间的复工就是这样子，总算把一个破烂的炉子修起来炼了一些钢。后来到1949年2月鞍山解放了，解放军一打进来国民党就败退了。

姜：第一次复产失败后，听说您在当时的大会上还流下了眼泪？

邵：炼钢炉花了好大气力修好复工了，可是很快钢厂干不下去了，总经理邵逸周召开大会宣布停工。我在那个会上哭了，好不容易才复工，我很难过，想着就哭了。

王：那时候他辛辛苦苦地工作就是为了把钢炼出来，好不容易炼出来了，又要停工。所谓复产也就是炼钢炉生产钢，中心就是炼钢，由这个中心带动其他工厂的生产，炼钢就是当时恢复工作的重点。第一步就是开炼钢炉，炉也只开了一座，所以他对炼钢有更深切的感情。他的贡献比较多的是在中华人民共和国成立后共产党建设鞍钢的时期，而中华人民共和国成立前这一段时间，他的贡献时间很短，主要有两个方面：一个是在綦江开了一个小厂，建了中国第一座真正以科学理论为基础的平炉炼钢炉，过去都是土法和简单化的，而这个钢厂是采用国际先进冶金理论的、现代化的，他独自设计、独自组织，算是一个开端；第二个开端就是培养了第一批的炼钢技术人员，是在生产过程中边学习、边培养的，像张春铭等后来都是钢铁企业的骨干。从中央钢厂没有办成，到綦江的电化冶炼厂总算搞得小有成功，终于等到鞍钢要恢复生产。好不容易一下子这么一个大的钢铁企业让他们接收恢复生产，以前培养的一批人积极性就很高了。鞍钢的设备和设计都来自德国克虏伯，他在克虏伯实习的就是为了这次实用，因此，他觉得鞍钢设备比较熟悉，自己有把握用自己的技术恢复生产，想大展宏图把鞍钢这个大钢铁厂恢复起来。为了搞钢铁工业就出国留学专门学习，学成回来以后又搞成了一点，觉得打了点基础。过去几次的"钢铁梦"都没有完成，他想在这里完成他的"钢铁梦"，所以拼了命地要把平炉恢复，而且居然在很短时间炼出了钢，当然是想继续发展下去。这个梦破灭了，他很容易在感情上有波动。停工大会就觉得特别伤心，觉得一切都完了。

姜：那时候你们为什么不提早离开鞍钢？

王：也不能说他和我就有多高的境界，那时候全国只有鞍钢能生产钢，想恢复钢铁工业就只有在鞍钢有工作，我们也只能在那里，在交通还没有中断之前，是可以逃到关内的，后来交通断了，逃也逃不出去了。能逃走的早就逃走或者入关了。另外，鞍山解放也没有给人害怕的感觉，再加上共产党对他们6个协理很优待，很重视他们。其实，逃走的人也基本都回来了。原来关内还有华中钢厂和上海钢厂，后来都垮掉了。那时候能把一个炉子恢复开工太困难了，都是拼命干的，好不容易复产了又要停产，有一种失落感。技术人员的脑子比较简单，就是想炼钢。出国学冶金为了什么？就是想把中国钢铁工业搞上去，老一代的知识分子受到洋人瞧不起的事情太多了，你再好洋人也瞧不起你。

**姜：** 鞍山解放时的情况是怎样的？

**邵：** 解放军进来的时候，我住在炼钢厂，王晓云也在。1949年2月19日解放军把家眷都集中在鞍钢，把十几名技术人员转移离开鞍山，到附近农村镇里面住了几天。我们也弄不清楚究竟是怎么回事，要去哪里。解放军告诉我们要安心，鞍钢还要恢复，政府还要用我们。后来才明白因为当时时局很乱，很不稳定，叫我们暂时离开鞍钢到农村，是为了保护我们。因为还不知道国民党会不会打回来，等鞍钢平静一些就接我们回来。

**王：** 解放军把我们都集中在轧钢厂，把所有男的技术人员都带走了，就留下了家属。因为我以前参加过抗日，周围进步同学和朋友大都是共产党员，我就不害怕，我自告奋勇去找军代表和他们讲，说我们这些人是盼望解放的。解放军对我们很友好，我们大家也不害怕，他们很客气地照顾我们的吃住。

**邵：** 我们回来后先在剧场坐着等了一夜，第二天早上，解放军委派鞍山市市长对我们讲话，接待我们，让我们大家安心，对我们态度非常好。他说，共产党认为鞍钢很重要，毛主席有指示要保护鞍钢，工厂要保护，技术人员要好好对待和重用。而且有命令，要重视我们这些专家，让我们好好工作。后来，市长把我们几个负责的协理送到小旅馆住下，还请我们吃了饺子。几天后，把我们和技术人员用卡车送到了安东（现丹东）。安东是局势比较稳定的解放区，给我们找好地方住下，设立了一个学习班，宣传和学习共产党的政策。我们学习了很多材料和文件，家属也一起参加了学习。我们在安东住了几个月，完全是供给制，给我们发衣服、生活用品。组织我们开讨论会。安东那时候已经是稳定的解放区，有些人去当地学校做老师教技工技术，有些人陆续要求离开解放区，返回南方的家里，党组织也充分考虑了他们的实际困难，允许他们回去。留下的人有些就在当地工作了，暂时没有工作安排的就接着学习。

# 附录五 "我心中的邵象华" 访谈节选

时间：2012 年 11 月 5 日星期一

地点：钢铁研究总院工艺研究所会议室

**王海舟（工程院院士）：**

有一天江苏省考古队在一次古墓挖掘中发现了铝饰品，一位姓华的先生来到钢铁研究总院找到邵象华请求明辨真伪，判断年代。邵象华陪同华先生来找到我时说，如果古代能炼出铝，它的技术真了不得啊！我认为是不可能的，但无法证明我的看法。你能不能帮我证明一下是哪个年代出的这个铝制品？我顺口回答说："没有问题，用质谱仪就可以了。""太好啦！"邵象华高兴地说。随后我找来元素周期表，铝没有同位素，只得很遗憾地说："邵先生，铝没有同位素，用质谱仪测定年代做不了。"邵先生不解地问道："王工，请你解释一下可以吗？"我说："因为不同年代测定的同位素比例是不同的，因此质谱仪是利用测定铝元素同位素比例关系来推出铝的年代。""能不能用一种间接方法来证明呢？"邵象华平静地问道。我思索片刻地说："可以用氧化铝，因为氧有同位素，不同年代的氧生成氧化铝有微小差别。"邵象华满意地点点头。不久，我将测定结果递给邵象华，上面写着"氧的比例是现代氧的比例。"邵象华用怀疑的语气问道："你怎样证明铝的氧化是现代氧化的，而不是古代氧化的？"我一时语塞。稍平静后坦诚地说："邵先生，我真的不知道是什么年代氧化的。""你看看铝氧化膜不同的厚度处是不是有差别?"邵象华启发说。我如梦初醒,恍然大悟:"好办法!"我做了不同阶段的氧化膜比例,发现从里到外都是一个比例。邵象华说:尽管用质谱仪标定结果是现代产的铝制品,我还是认为实验数据不够,还须用其他数据来共同证明。科学结论要用数据来说话,要靠实验结果来证明。王海舟说:"这是邵先生的科学精神——结论要用实验数据来证明。"

**唐仲和(教授):**

邵先生是我们这些后辈们的良师益友,他为人谦虚,重视大家的观点,知识全面,实际经验丰富,因此研究工作由他出主意,我们去做。大家很信服他,佩服他的智慧和经验。他是炼钢专家,又有大学教授的经验,这样一结合,他讲的主意使别人深信不疑,而且确实解决问题。

曾经有些钢铁冶金专家认为邵象华特别喜欢大平炉,而对转炉技术在我国的推广不够热情,我认为这种说法其实是对邵先生的误解,邵先生早期在鞍钢,鞍钢都用大平炉炼钢,也对大平炉有深厚的感情,表明他对炼钢事业有深厚的感情,这有什么不好?

邵先生是积极热情支持、大力倡导我国发展转炉炼钢和连铸工艺技术的。然而转炉和连铸工艺的发展与一个国家的整体科学技术水平,特别是机械制造自动化水平有重要的关系。新技术的推广都有其自身的规律。所以,在我国广泛推广和应用氧气转炉炼钢技术之前,决不能把平炉都拆了,只能逐步减少,同时要改进平炉炼钢技术。我国用转炉炼钢替代平炉炼钢虽然时间较长,但是很顺利,没有影响钢产量。

**姚锡仁(炼钢专家):**

谈到当年翻译工作时仍很激动,我有幸被邵先生选中参加了

《氧气顶吹转炉炼钢》英文版原著的翻译工作。

其实邵先生为翻译出版这部书所费的精力和时间比我们这些翻译人员多出 10 倍多。我为什么这样说呢？那时候我们这些年轻技术人员的英文很差，很多人在大学主修的外语课是俄语，因此英语只有入门水平。我们把翻译初稿交给邵先生修改。经他修改的译稿还给我们，然后我们再从他修改后的稿子的字里行间了解到怎样用中文词汇表达英文的含义并写成正确的译文。这部专著的翻译出版名义上是我们这些晚辈做的工作，实际上邵先生是试图通过这次翻译工作让我们既能系统地学习专业知识，又能提高英文阅读和英文资料的翻译能力，一举两得。由此可见邵先生的古道热肠和深谋远虑，邵先生当年这番好意和期望，我们是永远不会忘却的。

我认为邵先生亲自担任主编是期望用他在钢铁界的声望让读者放心地去购买和阅读，相信由他主编的译著是值得去读的。这部百万字的译著用了两年多时间，终于在 1982 年 5 月由冶金工业出版社出版发行，受到好评。

### 朱果灵（教授）：

我的父亲是朱觉，与邵象华年岁相近，邵先生比我父亲年长一岁，父亲是北京钢铁学院电冶金教研室主任，专长是电炉炼钢。两位老先生感情很好，常有机会会面交谈。我是 1964 年从北京钢铁学院冶金物理化学专业毕业分配到钢铁研究院炼钢研究室的，主任是邵象华。父亲多次对我讲邵老是位大专家，教导我一定要向他好好学习。

我参加了邵象华先生负责的包头钢铁公司平炉渣提铌资源综合利用课题，从实验室到小型试验再到包钢现场扩大试验，直到成功地实现工业化投产整个过程，自己都参加了，我记得那时候写过一篇文章，因为刚毕业缺少经验，就请邵老提点意见，把把关。邵老看后不满意，说我这篇文章写得不够细致，不够严谨，他将唐仲和写的一篇文章递给我，要我学一学文章应该怎样写。邵老没有滔滔不绝地讲大道理，而是让我跟同事学习。

邵老是位很谦虚实在的长辈，他会的就说会，不会的就说不会。这里讲一个邵老学计算机的故事。这件事发生在 1985～1986 年之间，我们从法国引进一个计算机程序，叫做"BILAFO"，这个程序主要用来计算转炉中渣和钢水里磷元素的平衡，炼钢学中称为"渣-钢平衡"。20 世纪 80 年代中后期，电子计算机工程控制这门学科在我国刚起步，大多数年长的专家对此还很陌生，也很好奇，但由于年岁已大，记忆力衰退，他们不想再耗费精力深研、学习，然而也不甘心成为"计算机盲"。因工作需要，还是会潜心努力学习的。"BILAFO"程序应用由姚锡仁负责，邵先生是课题指导。我们去总工办与邵老商量课题研究问题。他说："计算机我是不懂的，但是我可以向你们学习的。我懂的我可以指导，我不懂的事我不能指导，不然的话是要误人子弟的。"但他仍很关注我们的计算机在室内的应用，也非常看好炼钢过程的计算机自动控制。

**高峰（高级工程师）：**

我被分到炼钢研究室电炉车间，负责电炉炼钢。电炉车间大多生产低合金钢、10 号碳钢、20 号碳钢这类技术成熟的老钢种。后来因国家建设的需要，我与车间同事试炼中碳钢、高合金钢等技术含量较高的钢种。试炼的产品出了问题：一是钢种杂质含量比较高；二是钢锭表皮气泡比较多，产生白点。初出茅庐、缺经验的我想请邵象华主任来车间出点主意，然而是不是能请到呢？我心里忐忑不安，没有把握，但还是想试试。我硬着头皮来到邵象华主任的办公室，邵老抬头看见我便面带笑容地说："高峰，你先坐下，有什么事坐下来讲。"这是我们第二次见面，第一次是我分配到炼钢研究室时谈过一次话。我表明来意后，邵象华和蔼地说："你们下次炼钢时我去看看，帮你们出点主意。"

过了一个星期，电炉炼钢时邵象华如约来了。他穿着工作服，看了看车间情况，而后坐在炉旁观察我们炼钢情况，一炉炼完后，他让大家坐下休息。邵象华说："今天大家都累了，我不多讲。明天我给大家讲讲问题出在哪。"第二天，邵象华早早来到电炉车间，坐在大家中间，好像他是电炉车间主任，跟大家唠家常似地平和亲切。邵象华说："我昨天看了你们炼了一炉钢，回去思考了一番。我认为你们在炼钢中存在两个主要问题：第一个是原材料没有经过烘烤，含有水分，石灰、铁合金都含有水分，需要烘烤，需要建一套烘烤设备。"话音未落，大家立刻热烈地鼓起掌来了。邵象华严肃地指出，第二个问题是你们的技术不过关。炼钢人有句行话叫做"炼钢就是炼渣，渣炼好以后，钢就能炼好"，你们必须把渣炼好，造好渣，钢就能炼好。在邵象华主任的支持下，电炉车间建起了原料烘烤装置，以后再也没有发生过夹杂物含量过高、钢锭表面有气泡的现象，而且可以炼硅钢片用钢之类难炼钢。

### 张德铭（高级工程师）：

为了攻克701钢发生的缺陷，邵象华被聘为技术指导，邵老当时已经51岁了，年过半百之人了，担任技术指导，深感到责任重大。有一天有位领导对他说，上级非常关心701钢的质量，曾经一天内要求我们三次汇报研究进展。邵象华听后深深感到此任务的担子很重，不敢有丝毫怠慢或松懈。

邵象华认为701钢的关键是稀土加入问题，加入量、加入时间和加入方法是研究的主要内容。然而，他一再强调研究的技术难点是控制钢液的纯净度和何时加入。他进而解释说，只有在钢水化学性能非常活跃时期加入且少量，才能充分发挥稀土的作用，并使钢水成分达到均匀。

邵老的指导非常具体，研究工作每一步他都给我们提出具体建议和要求，并与大家讨论实施方案。他在炼钢炉平台上一待就是七八个小时，边观察炉况，边与我们讨论可能出现的问题，以及应对的办法。大家觉得只要邵老在，我们心里就踏实，因为他是掌舵人。

试验先经 0.5 吨电炉探索试验，然后在 5 吨与 18 吨平炉上进行扩大试验，共冶炼了 48 炉。钢锭经锻造和热处理，再经机械加工，送现场试用，证明了其技术指标都达到任务规定的要求，受到了用户的肯定与欢迎。邵象华指导的攻克 701 钢缺陷的攻关组受到了上级的嘉奖。

### 刘天良（研究生部主任）：

1978 年钢铁研究总院被教育部列入第一批具有研究生学位授予资格单位，院里任命副总工程师邵象华主管。研究生部设立钢铁研究总院学位评委会，邵象华任第一届副主席、第二届主席。邵象华亲自起草了硕士生、博士生导师资质规定，博士论文学位答辩制，获得学位评定委员的认同。邵象华先生以治学严谨而闻名全院，同时又以友爱、热心而使受恩惠的年轻学子难以忘怀。

钢铁研究总院研究生入学考试的试卷是由教育部委托有关单位统一命题的。钢铁研究总院录取的研究生的水平是很高的，即使本院报考的职工也没有特殊照顾。邵先生多次告诫我们说，本院培养的硕士、博士一定要在社会上站得住脚，经得起考验，拿得出来，并且受应用单位的欢迎。为了做到博士严进严出，其中有一条是："授予博士学位答辩之前，博士研究生必须要在国内外比较著名的专业期刊上至少发表三篇论文。"就是这一条铁的规定，让博士研究生在读期间不敢怠慢，必须惜时如命地认真付出，努力拼搏。

我院研究生培养工作在邵象华、李文采两位老先生的主持领导下，取得了骄人成绩，1998 年本人获得教育部颁发的"全国研究生工作先进个人"，2000 年我院被评为"全国研究生工作先进集体"。

汪大洲（博士）：

我随邵象华学习长达五年之久，那时研究生很流行学英语口语，我知道邵老师留学英国多年，讲一口正宗流利的英式英语，柔美动听。有一回，我试探性地问邵先生，"邵先生，我们之间谈话用英语可以吗？"那年邵老快 70 岁了，我担心他会婉言拒绝。出乎意料的是，邵老不假思索地回答说："好啊！我再不说英语也是要忘掉的！今后你常常来我这里和我讲英语，那是挺好的事情。"

于是，我问道："How many countries have you been to?"（你曾到过多少个国家？）

"More than ten."（十多个国家）邵象华随口回答，接着说出一个国家的名字，当说到 Czechoslovakia（捷克斯洛伐克）时，他补充说：Only passed through without staying.（路过而没有停留）。从这件小事可见，邵象华老师说话很缜密，将一件事情讲得很清楚，而且滴水不漏。

开了这次头后，可以说我后来经常有空就跑到邵老师那里跟他学英语，用英语交谈、讨论问题，我自然是个受益者。可以说我后来被邀请参加冶金部钢铁司的外事活动，担任多位司领导的翻译，如果没有跟邵先生多年用英语对话交流、学习，恐怕后来我没有那种胆量和勇气。

我毕业后，邵象华老师很想把我留下来当助手，他是一般不开口求院领导帮助的，但这次为了我留京的名额问题，专门向冶金工业部副部长陆达去过信。这件事虽然无果而终，但邵象华为了我破了从不轻易开口求领导办私事的规矩，我很对不起他。

# 后　　记

我是 1962 年从南京工学院（现东南大学）机械系机制专业毕业的，分到钢铁研究院后，在中国科学院院士李文采副院长身边学习、工作了两年，引我入了钢铁冶金的大门。

到了炼钢研究室，邵象华主任让我参加他负责的铁水提铌的研究项目。1965 年秋末送我参加冶金部在北京钢校举办的美、德、日学习班，指定要我学日语，他说："日本的钢铁技术很先进，学好日语会有用的。"学习班办了半年之余，受"文革"冲击停办了。回到院里，邵象华被打成"反动学术权威"，靠边了，但他冒着很大的风险向院里申诉："包钢铁水提铌是国家项目，不能停呀!" 12 月初，杨同春（已故）、陶令辉和我与邵象华挤坐火车赴包钢讨论项目的扩大试验方案。从此，1967~1969 年间最动乱的年代里，累计一年多我们是在包钢铁水雾化提铌试验中度过的。

年近 60 岁的邵象华与大家挤坐火车，住招待所 6~8 人房间，每天必吃窝窝头，冬天抗零下 10 多度的严寒，春天能见度只有 2 米左右的沙尘暴的艰苦岁月中，邵老与大家一起将自己倡导的铁水雾化提纯搞成了。大家都被他的爱国情怀、敬业精神所感动，也结下了深厚的友情。

"文革"后期，年过 60 岁的邵老让我教他日语，我说都忘得差不多了。他鼓励说："抛砖引玉，边学边教。"日语业余学习班中，邵老学得最好，非常令人感动和钦佩。改革开放后，依照邓小平要派大批人员出国留学学习发达国家先进科学技术的重要指示，我通过教育部考试，1979 年 4 月 21 日成为首批出国留学人员，被派到日本东北大学，在日本著名学者、钢铁冶金专家大谷正康教授指导下进修学习两年，实现了邵老让我学好日语的初衷。

回国后十余年间，我负责承担了氧气转炉顶底复合吹炼、薄板坯连铸两项国家重大科技攻关项目，在邵老的指导和顾问下，都获得了部级科技进步奖一等奖、国家科技进步奖二等奖。数十年中工作、学习、生活都受到了邵老的指导、教诲与关怀，并指引我走在钢铁冶金新工艺、新技术开发研究的大道上。由于这份恩情、友情和亲近的驱使下，2009 年我主编了《邵象华院士文集》，完成了我应该做的一件大事。曾在中国科学院组织的《邵象华传》中担任部分主笔（北京科技大学吴石忠老师为主笔）。这次在中国工程院院士传记《邵象华传》的出版中我主要负责撰写邵象华在钢铁冶金工程上的业绩与成就，以及对我国钢铁工业发展所作的贡献。从开始收集邵老的文献、史料，整理、编辑纲要、条目，到书写的过程中，反复调整、修改，一心想把邵象华这位大科学家、钢铁巨匠的真实面貌呈现在读者面前，完成我应该做的第二件大事。

江君照原副院长是本"传记"的主持者和组织者。他收集了邵老的大量文献史料，并撰写许多章节，还为我执笔的稿子修改、成文、打印，付出了大量时间和心血，是本"传记"突出的贡献者。

姜曦博士是中国工程院邵象华院士传记的工作负责人，姜曦博士师从魏寿昆院士、博士后研究师从殷瑞钰院士。曾先后主持中国科协老科学家采集工程邵象华院士项目、魏寿昆院士项目，当代中国钢铁工业技术嬗变和中国土法冶炼研究项目；曾赴重庆、武汉、南京等地调查搜集邵老的历史文献、史料、民国档案，为本传记提供了基础和翔实的历史素材。同时姜曦博士主持了邵象华院士本人口述历史和邵象华团队的系列口述访谈，这些访谈录是本传记的重要组成部分，为传记积累了基础写作素材和历史文献。

邵贝羚女士是邵象华的女儿，她收集了祖辈许多十分珍贵的史料，提供了父母许多爱好、情趣、温馨家庭的生动故事，成为本传记极为精彩的组成部分。邵贝羚女士还是出版社、审稿者与执笔者之间的联络人和沟通者，并按审稿者意见与建议，帮助进行"传记"章节顺序的调整，部分内容补充、修改，打印成文，做出了独特的贡献。

对以上三位人士为本传记作出的努力与贡献深表谢意！

也非常感谢王海舟院士，邵象华团队唐仲和、姚锡仁、朱果灵、张德路、高峰、刘天良、汪大洲等教授、专家积极参与"邵象华在我心中"的访谈，访谈录是本传记极为精彩的组成部分。

大科学家、钢铁巨匠邵象华先生已离开了我们，但他对我国钢铁事业的发展作出的卓越贡献和举世瞩目的科技成就将永存史册。他的爱国情怀与奉献、顽强拼搏、开拓创新与敬业精神、淡泊名利、谦虚谨慎、治学严谨、育人爱才、良师益友的崇高思想和品德将永远留在我们心中，也永远值得我们学习和怀念。

本书第二作者江君照老先生不幸已于 2020 年 8 月 6 日病逝，老先生生前为本书的撰写、出版呕心沥血，作出巨大贡献，却没能见到本书的面世，成为永久的遗憾。仅在此表达对江君照老先生崇高的敬意和深切的怀念。

由于水平所限，书中不当之处，请读者批评和指正。

张柏汀

2021 年 11 月